Arrendamento Urbano

Arrendamento Urbano

2022 • 11ª Edição

Luís Manuel Teles de Menezes Leitão
Doutor e Agregado em Direito
Professor Catedrático da Faculdade de Direito de Lisboa
Advogado e Jurisconsulto
Bastonário da Ordem dos Advogados

ALMEDINA

ARRENDAMENTO URBANO

AUTOR
Luís Manuel Teles de Menezes Leitão

EDITOR
EDIÇÕES ALMEDINA, S.A.
Avenida Emídio Navarro, 81, 3D
3000-151 Coimbra
Tel.: 239 851 904 · Fax: 239 851 901
www.almedina.net · editora@almedina.net

DESIGN DE CAPA
EDIÇÕES ALMEDINA, S.A.

PRÉ-IMPRESSÃO
João Jegundo

IMPRESSÃO E ACABAMENTO

Agosto, 2022

DEPÓSITO LEGAL

ALMEDINA | GRUPOALMEDINA

BIBLIOTECA NACIONAL DE PORTUGAL – CATALOGAÇÃO NA PUBLICAÇÃO

LEITÃO, Luís Meneses, 1963-

Arrendamento urbano. – 11ª ed. – (Manuais universitários)
ISBN 978-989-40-0743-2

CDU 347

ABREVIATURAS

BOA	–	*Boletim da Ordem dos Advogados*
CIMI	–	*Código do Imposto Municipal de Imóveis*
CIS	–	*Código do Imposto de Selo*
CP	–	*Código Penal*
CRP	–	*Código do Registo Predial*
CIRE	–	*Código da Insolvência e Recuperação de Empresas*
CT	–	*Código do Trabalho*
LOSJ	–	*Lei Orgânica do Sistema Judiciário*
NRAU	–	*Novo Regime do Arrendamento Urbano*
RAU	–	*Regime do Arrendamento Urbano*
RJOPA	–	*Regime Jurídico das Obras em Prédios Arrendados*
RJRU	–	*Regime Jurídico da Reabilitação Urbana*
RJUE	–	*Regime Jurídico da Urbanização e da Edificação*
TGIS	–	*Tabela geral do Imposto de Selo*
VJ	–	*Vida Judiciária*

1
O arrendamento urbano como espécie do contrato de locação

O arrendamento urbano constitui uma espécie do contrato de locação. No âmbito do título dos contratos em especial, constante do Livro II – Direito das Obrigações do Código Civil, a locação encontra-se referida nos arts. 1022º a 1113º[1]. Neste âmbito, actualmente ocupam-se da locação

[1] Em geral, sobre o arrendamento urbano, cfr. INOCÊNCIO GALVÃO TELLES, *Arrendamento. Lições ao Curso do 5º ano jurídico no ano lectivo de 1944/1945*, publicadas pelos alunos Bento Garcia Domingues e Manuel A. Ribeiro, Lisboa, Pro Domo, 1945/1946, JOSÉ PINTO LOUREIRO, *Tratado da locação*, 3 vols., Coimbra, Coimbra Editora, 1946, LUÍS DA CUNHA GONÇALVES, *Tratado de Direito Civil em Comentário ao Código Civil Português*, VIII, Coimbra, Coimbra Editora, 1934, pp. 636 e ss., e *Dos contratos em especial*, Lisboa, Ática, 1953, pp. 297 e ss., RUI VIEIRA MILLER, *Arrendamento Urbano. Breves notas às correspondentes disposições do Código Civil*, Coimbra, Almedina, 1967, JOÃO DE MATOS, *Manual do Arrendamento e do Aluguer*, 2 vols., Porto, Fernando Machado, 1968, PIRES DE LIMA/ANTUNES VARELA, *Código Civil Anotado*, II, 4ª ed., Coimbra, Coimbra Editora, 1997, sub arts. 1022º e ss., pp. 339 e ss., FRANCISCO MANUEL PEREIRA COELHO, *Arrendamento. Direito substantivo e processual*, Coimbra, polic., 1988, ANTÓNIO MENEZES CORDEIRO/FRANCISCO CASTRO FRAGA, *Novo regime do arrendamento urbano*, com a colaboração de Ana Sousa Botelho e Maria Esperança Espadinha, Coimbra, Almedina, 1990, JORGE HENRIQUE DA CRUZ PINTO FURTADO, *Manual do Arrendamento Urbano*, I, 4ª ed., Coimbra, Almedina, 2007, e II, 4ª ed., Coimbra, Almedina, 2008, JORGE ALBERTO ARAGÃO SEIA, *Arrendamento Urbano*, 7ª ed., Coimbra, Almedina, 2003, PEDRO ROMANO MARTINEZ, *Direito das Obrigações (Parte especial). Contratos. Compra e venda. Locação. Empreitada*, 2ª ed., Coimbra, Almedina, 2001, pp. 153 e ss. e "Regime da locação civil e contrato de arrendamento urbano", em ANTÓNIO MENEZES CORDEIRO/LUÍS MENEZES LEITÃO/ JANUÁRIO DA COSTA GOMES, *Estudos em homenagem ao Prof. Doutor Inocêncio Galvão Telles*, III – *Direito do Arrendamento Urbano*, Coimbra, Almedina, 2002, pp. 7-32, e JANUÁRIO DA COSTA GOMES, *Constituição da relação de arrendamento urbano*, Coimbra, Almedina, 1980 e

em geral os arts. 1022º a 1063º e do arrendamento urbano em particular os arts. 1064º a 1113º[2].

A definição de locação consta do art. 1022º que dispõe o seguinte:

> "Locação é o contrato pelo qual uma das partes se obriga a proporcionar à outra o gozo temporário de uma coisa, mediante retribuição".

Desta definição resulta logo que o contrato de locação se caracteriza por uma específica prestação: a de proporcionar a outrem o gozo de uma coisa corpórea, bem como pela estipulação de uma contrapartida pecuniária para essa obrigação. Para além disso, a locação caracteriza-se pelo

Arrendamentos para habitação, 2ª ed., Coimbra, Almedina, 1996. Especificamente sobre o novo regime do arrendamento urbano (NRAU), cfr. JOAQUIM SOUSA RIBEIRO, "O novo regime do arrendamento urbano: contributos para uma análise", em *CDP* nº 14 (Abril/Junho 2006), pp. 3-24, MARIA OLINDA GARCIA, *A nova disciplina do arrendamento urbano*, 2ª ed., Coimbra, Coimbra Editora, 2006, e *Arrendamentos para comércio e* equiparados, Coimbra, Coimbra Editora, 2006, FERNANDO AUGUSTO CUNHA DE SÁ/LEONOR COUTINHO, *Arrendamento Urbano 2006*, Coimbra, Almedina, 2006, MANTEIGAS MARTINS/A. RAPOSO SUBTIL/ LUÍS FILIPE CARVALHO, *O novo regime do arrendamento urbano*, Lisboa, Vida Económica, 2006, MARGARIDA GRAVE, *Novo regime do arrendamento urbano. Anotações e comentários*, 3ª ed., Lisboa, ed. autor, 2006, LAURINDA GEMAS/ALBERTINA PEDROSO/JOÃO CALDEIRA JORGE, *Arrendamento Urbano*, Lisboa, Quid Juris, 2006, FERNANDO DE GRAVATO MORAIS, *Novo Regime do Arrendamento Comercial*, 2ª ed., Coimbra, Almedina, 2007, ANTÓNIO MENEZES CORDEIRO (org.), *Leis do Arrendamento Urbano Anotadas*, Coimbra, Almedina, 2014, e ANTÓNIO MENEZES CORDEIRO, *Tratado de Direito Civil*, XI- *Contratos em especial (1ª Parte). Compra e venda. Doação. Sociedade. Locação*, Coimbra, Almedina, 2018, pp. 581 e ss.

[2] Originariamente o regime da locação no Código Civil abrangia, para além dos arts. 1022º e 1063º, relativos à locação em geral ainda os arts. 1064º a 1082º, relativos ao arrendamento rural e os arts. 1183º a 1120º, relativos ao arrendamento urbano e rústico não rural. As disposições do Código Civil que tratavam do arrendamento rural vieram, porém, a ser revogadas pelo D.L. 201/75, de 15 de Abril. Actualmente o regime do arrendamento rural consta do D.L. 385/88, de 25 de Outubro, alterado pelo D.L. 524/99, de 10 de Dezembro, constando o regime do arrendamento florestal do D.L. 394/88, de 8 de Novembro. Já a matéria do arrendamento urbano e rústico não rural veio a ser revogada pela alínea *a)* do nº 1 do art. 3º do D.L. 321-B/90, de 15 de Outubro, que aprovou o Regime do Arrendamento Urbano (RAU), sucessivamente alterado pelo D.L. 278/93, de 10 de Agosto, D.L. 257/95, de 30 de Setembro, D.L. 64-A/2000, de 22 de Abril, e D.L. 329-B/2000, de 22 de Dezembro. Com a revogação do RAU pela Lei 6/2006, de 27 de Fevereiro, foi recolocada a disciplina substantiva do arrendamento urbano no Código Civil, tendo sido a ele aditados novamente os arts. 1064º a 1113º, o que demonstra que a regulação do arrendamento urbano se tornou consideravelmente maior. Efectivamente, os novos artigos vieram a ocupar, no âmbito do Código Civil, o lugar que anteriormente era ocupado pelo arrendamento rural.

seu carácter transitório, uma vez que apenas pode ser celebrada por período temporário.

A locação desempenha uma importante função económica, na medida em que permite ao titular de direitos de gozo sobre determinada coisa obter um rendimento, concedendo temporariamente o gozo dessa coisa a outrem, o que pode fazer sem abdicar do direito correspondente. Por outro lado, permite a quem não tem capacidade económica para adquirir os bens de que necessita obter o gozo correspondente aos mesmos, mediante o pagamento de uma quantia inferior ao que lhe custaria a sua aquisição. Por fim, a locação facilita o aproveitamento económico dos bens, na medida em que estes, em caso de não utilização pelo seu titular, em lugar de ficarem inactivos, podem ser aplicados à satisfação de necessidades alheias.

Se o art. 1022º define o contrato de locação é, no entanto, de referir que nem sempre a relação locatícia tem que resultar de um contrato[3]. Assim, na lei actual admite-se a constituição da relação de arrendamento através de sentença judicial, que o art. 1793º prevê para a hipótese de divórcio (ou separação judicial de pessoas e bens – art. 1794º) e que o art. 4º, nº 4, da Lei 135/99, de 28 de Agosto estendeu à simples quebra da união de facto (cfr. hoje o art. 4º da Lei 7/2001, de 11 de Março, alterada pela Lei 23/2010, de 30 de Agosto, e pela Lei 2/2016, de 29 de Fevereiro). Prevêem-se ainda hipóteses de arrendamentos impostos por orgãos públicos[4], os quais por isso não se poderão considerar como tendo a sua fonte em contratos. É também objecto de controvérsia na doutrina a possibilidade de constituição do direito do arrendatário por usucapião, tendo ainda havido nos

[3] Cfr., especialmente CARLOS LACERDA BARATA, "Formação do contrato de arrendamento urbano", em ANTÓNIO MENEZES CORDEIRO/LUÍS MENEZES LEITÃO/JANUÁRIO DA COSTA GOMES, *Estudos em homenagem ao Prof. Doutor Inocêncio Galvão Telles*, III – *Direito do Arrendamento Urbano*, Coimbra, Almedina, 2002, pp. 49-83.

[4] Essa situação encontrava-se prevista no art. 15º, nº 7 do RAU, que estabelecia que em caso de despejo administrativo para realização de obras coercivas e para efeitos de obtenção do reembolso do custo das obras, "pode a câmara municipal arrendar os fogos devolutos, por concurso público, em regime de renda condicionada nos termos do art. 98º, pelo prazo mínimo de três anos e máximo de oito anos, não sendo aplicável a caducidade prevista no nº 2 do art. 66º. Actualmente, encontra-se uma disposição semelhante no art. 20º do Regime Jurídico das Obras em Prédios Arrendados (RJOPA), que atribui ao município o direito de arrendar os fogos devolutos que existam nos prédios reabilitados, mediante concurso público, pelo prazo de dois anos, renovável. PINTO FURTADO, *Manual*, I, p. 24, equaciona a constitucionalidade desta solução.

anos conturbados de 1974-1975 situações de ocupação de prédios, que a legislação posterior resolveu converter em contratos de arrendamento[5].

Nos termos do art. 1023º é possível distinguir entre duas modalidades de locação: o aluguer e o arrendamento. Efectivamente, a locação é denominada de aluguer quando recai sobre coisa móvel e arrendamento quando recai sobre coisa imóvel. O arrendamento admite, por sua vez, várias modalidades. Efectivamente, consoante recaia sobre prédios urbanos ou sobre prédios rústicos, poderemos falar em arrendamento urbano ou rústico. O arrendamento urbano pode ser para habitação (arts. 1092º e ss.) ou para fins não habitacionais (arts. 1108º e ss.). O arrendamento rústico pode constituir arrendamento rural quando tenha fins agrícolas, florestais ou outras actividades de produção de bens ou serviços associadas à agricultura, à pecuária e à floresta (art. 2º, nº 1, do D.L. 294/2009, de 14 de Outubro) ou rústico não rural, quando for destinado a outros fins. Se o arrendamento recair sobre prédios rústicos, presume-se arrendamento rural, quando do contrato e respectivas circunstâncias não resulte destino diferente (art. 2º, nº 1, do D.L. 294/2009, de 14 de Outubro). Os arrendamento rústicos não sujeitos a regimes especiais são igualmente regulados pelo regime do arrendamento urbano, em conjunto com o regime geral da locação civil (art. 1108º, *in fine*)[6].

O objecto deste estudo é, porém, o arrendamento urbano, pelo que restringiremos a ele a nossa análise[7].

[5] Essa conversão foi efectuada pelo D.L. 198-A/75, de 14 de Abril, tendo sido continuada pelo D.L. 294/77, de 20 de Julho, que o substituiu. Cfr. Januário Gomes, *Constituição*, pp. 31 e ss.

[6] Por isso, Cunha de Sá/Coutinho, *op. cit.*, p. 11, sustentam que "a definição de arrendamento urbano obtém-se por exclusão de partes: é arrendamento urbano tudo o que não for arrendamento rural e este define-se quer pelo objecto (forçosamente um prédio rústico), quer pela finalidade (fins agrícolas, pecuários e florestais, nas condições de uma exploração regular)".

[7] Sobre o contrato de locação em geral e suas diversas modalidades, veja-se Luís Menezes Leitão, *Direito das Obrigações*, III- *Contratos em especial*, 11ª ed., Coimbra, Almedina, 2016, pp. 297 e ss.

2
A evolução histórica do arrendamento urbano

2.1. O Direito Romano

Enquanto espécie do contrato de locação, o arrendamento urbano tem origem na figura da *locatio conductio rei* do Direito Romano[8], contrato pelo qual alguém (o *locator*) se obrigava a colocar à disposição de outrem determinada coisa (*res*) a troco de uma retribuição (*merces*). A disciplina da *locatio conductio rei* encontra-se em Inst.3.24 e C.4.65, sendo de salientar já a previsão de alguns aspectos específicos da locação de casas para habitação (*insulae*).

A *locatio conductio rei* fazia nascer para o locador as obrigações de colocar a coisa à disposição do locatário durante o tempo acordado, manter a coisa em condições que permitissem o gozo pelo locatário, e indemnizar os danos da sua responsabilidade, sendo essas obrigações tuteladas pela *actio conducti*. Já o locatário obrigava-se a pagar a *merces* acordada, conservar a coisa locada em boas condições, sem fazer dela um uso reprovável e restituir a coisa no termo do contrato, sendo as suas obrigações tuteladas pela *actio locati*. Ambas estas acções eram consideradas como *iudicia bonae fidei*[9].

[8] Cfr. sobre esta, António Santos Justo, "A *locatio conductio rei* (Direito Romano)", no *BFD* 78 (2002), pp. 13-41 e António Menezes Cordeiro, *Tratado de Direito Civil*, XI – *Contratos em especial (1ª Parte). Compra e venda. Doação. Sociedade. Locação*, Coimbra, Almedina, 2018, pp. 588 e ss. Conforme explica Pinto Furtado, *Manual*, I, p. 8 "a denominação dobrada destinava-se a exprimir o acto de cada uma das partes no contrato: a *locatio*, por banda do detentor da coisa, que deste modo a trazia ao lugar, a *colocava*, por assim dizer, e a *conductio*, por parte do *accipiens*, que depois a *conduzia* para a sua esfera de utilização".

[9] Cfr. Santos Justo, *BFD* 78 (2002), pp. 22-23.

Sendo considerada como uma relação obrigacional, resultante de *actiones in personam*, a locação não era oponível a um novo proprietário da coisa (*emptio tollit locatum*), o qual poderia despedir o locatário, cabendo a este apenas exigir indemnização ao locador pelos prejuízos causados (D.19.1.13.30, D.19.2.25.1., e C.4.65.9). Tornou-se, porém, usual que, para evitar essa responsabilização, os vendedores das coisas locadas estipulassem com o comprador nos contratos de *emptio et venditio* uma cláusula que os obrigava a tolerar o locatário durante o tempo remanescente do contrato (D.19.2.25.1, e C.4.65.9)[10].

A *locatio conductio rei* terminava ainda no fim do prazo acordado, o qual era normalmente de cinco anos nos edifícios, não podendo o locatário abandonar o imóvel, nem o locador despejá-lo antes do fim do prazo acordado, sob pena de responsabilidade, a exigir através da *actio locati* ou da *actio conducti* (D.19.2.24.2. e C.4.65.15). No entanto, se o locatário se mantivesse no gozo da coisa após o termo do contrato ocorreria uma renovação tácita da locação (C.4.65.16.)[11].

A partir de 214 uma constituição de Caracala, constante de C.4.65.3., procurou atribuir mais estabilidade aos contratos de arrendamento, estabelecendo que, a partir do momento em que o inquilino os ocupasse, enquanto pagasse a renda, o senhorio não poderia despejá-lo contra a sua vontade antes do fim do prazo, salvo se necessitasse do imóvel para uso próprio, nele fosse necessário fazer obras, ou se o inquilino fizesse mau uso dele[12].

2.2. O Direito Intermédio

No Direito intermédio, foi naturalmente seguido o modelo romano da *locatio conductio*, embora o carácter tão comum da cláusula pela qual o comprador se comprometia a conservar o locatário levasse a que essa regra passasse a integrar o regime comum passando assim o brocardo a ser formulado de forma inversa: *emptio non tollit locatum*[13].

[10] Cfr. Santos Justo, *BFD* 78 (2002), p. 31.

[11] Cfr. Santos Justo, *BFD* 78 (2002), p. 32, e David Magalhães, *A resolução do contrato de arrendamento urbano*, Coimbra, Coimbra Editora, 2009, p. 87.

[12] Cfr. C.4.65.3.: "*Diaetae, quam se conductam habere dicis, si pensionem domino insulae solvis, invitum te expelli non oportet, nisi propriis usibus dominus esse necessariam em probaverit aut corrigere domum maluerit aut tu male in re locata versatus est*". Cfr. SantosJusto, *BFD* 78 (2002), p. 34.

[13] Cfr. Santos Justo, *BFD* 78 (2002), p. 31.

Entre nós, os "alugueres das casas" foram sucessivamente regulados no Livro IV, títulos 57 e 58 das Ordenações Manuelinas e no Livro IV, títulos 23 e 24 das Ordenações Filipinas, onde igualmente se atribuía estabilidade a este contrato em benefício do inquilino. Assim estabelecia-se a possibilidade de o inquilino requerer a continuação do contrato, se o mesmo não fosse denunciado pelo senhorio com um pré-aviso de 30 dias e tipificavam-se os fundamentos de resolução pelo senhorio, em termos semelhantes ao Direito Romano ("segundo a disposição do direito comum e leis imperiais"). Consequentemente, o senhorio apenas poderia resolver o contrato em quatro casos: *a)* se o inquilino não pagasse a renda no prazo estabelecido; *b)* fizesse mau uso da casa (danificando-a ou nela praticando actos ilícitos, desonestos ou danosos); *c)* o senhorio necessitasse de fazer obras na casa (mas nesse caso deveria posteriormente voltar a instalar o inquilino); *d)* ou o senhorio necessitasse da casa para sua habitação ou dos seus filhos ou irmãos[14].

2.3. O arrendamento urbano no Código Civil de 1867

O Código Civil de 1867 viria a regular a locação nos seus arts. 1595º e ss., tendo sido o primeiro diploma a distinguir entre arrendamento e aluguer consoante estivessem em causa coisas imóveis ou móveis (art. 1596º CC 1867). Embora exigisse a estipulação de um prazo certo para a locação (art. 1595º CC 1867), o Código não estabelecia limite máximo para esse prazo, admitindo que a locação se fizesse "pelo tempo que aprouver aos estipulantes" (art. 1600º CC 1867)[15]. No arrendamento de prédios urbanos, se nada tivesse sido estipulado, estabelecia-se supletivamente o prazo de um semestre ou um ano, consoante o costume da terra (art. 1623º CC 1867).

O arrendamento era, porém, especialmente regulado nos arts. 1606º e ss. CC 1867, existindo ainda disposições especiais para os arrendamentos de prédios urbanos nos arts. 1623º e ss. CC 1867. Em termos de obrigações das partes, o Código vinculava o senhorio às obrigações de: *a)* entrega do

[14] Cfr. *Ordenaç.ões Manuelinas.* IV, Reprodução em fac-símile da edição de Valentim Fernandes, Lisboa, 1512-1513, Lisboa, Centro de Estudos Históricos da Universidade Nova, 2002, tits. 57 e 58 e *Ordenações Filipinas*, IV, reprodução da edição de Cândido Mendes de Almeida, Rio de Janeiro, 1870, Lisboa, Fundação Calouste Gulbenkian, 1985, tits. 23 e 24.

[15] Os administradores de bens alheios e os titulares de direitos reais limitados não poderiam, no entanto, celebrar arrendamentos que extravasassem do tempo de duração do seu direito ou dos seus poderes de administração (arts. 1601º e 1602º CC 1867).

prédio (art. 1606, 1º CC 1867); *b)* sua conservação (art. 1606º, 2º CC 1867); *c)* não perturbar o gozo do arrendatário, a não ser no caso de o imóvel necessitar de obras urgentes e indispensáveis, caso em que o arrendatário adquiria direito a indemnização (art. 1606º, 3º CC 1867); *d)* assegurar o uso da coisa arrendada em relação aos direitos de terceiro, mas não contra meros factos de terceiro (art. 1606º 4º CC 1867), *e)* responder pelo prejuízo sofrido pelo arrendatário em consequência dos defeitos ou vícios ocultos da coisa, anteriores ao arrendamento (art. 1606º, 5º, CC 1867). Por sua vez, o arrendatário era obrigado a: *a)* pagar a renda estipulada (art. 1608º, 1º CC 1867); *b)* responder pelos prejuízos que ele, seus familiares e sublocatários tivessem causado à coisa (art. 1608º, 2º CC 1867); *c)* não utilizar a coisa para fim diverso do convencionado, ou conforme a sua natureza (art. 1608º, 3º CC 1867); *d)* avisar o senhorio das usurpações tentadas ou realizadas por terceiro e defender provisoriamente os seus direitos (art. 1608º, 4º, CC 1867); *e)* restituir a coisa locada no fim do arrendamento sem outras deteriorações, que não as resultantes do uso ordinário (art. 1608º, 5º, CC 1867).

O contrato de arrendamento cuja data fosse declarada em título autêntico ou autenticado não se rescindia por morte do senhorio nem do arrendatário nem por transmissão da propriedade a título universal ou particular (art. 1619º CC 1867).

A resolução do contrato pelo senhorio apenas era possível com base em dois fundamentos: o não pagamento da renda no prazo convencionado ou o uso do prédio para fim diferente daquele que lhe era próprio ou para que tinha sido arrendado (art. 1607º CC 1867). O senhorio tinha, porém, a possibilidade de despejar o arrendatário no termo do prazo, com um pré-aviso de quarenta dias (art. 1626º CC 1867), presumindo-se renovado o contrato se o arrendatário se não se tiver despedido ou se o senhorio o não despedir pelo tempo e pela forma costumados na terra (art. 1624º CC 1867).

2.4. A evolução do arrendamento urbano na primeira metade do séc. XX

O séc. XX viria a trazer medidas altamente gravosas para os senhorios, instituindo o denominado "vinculismo" nas relações de arrendamento[16].

[16] Sobre as medidas adoptadas ao longo do séc. XX, com referências de Direito Comparado, veja-se PINTO FURTADO, "Evolução e estado do vinculismo no arrendamento urbano". em

Essas medidas iniciam-se após a proclamação da República, na sequência do enquadramento ideológico que a esta vinha associado.

Assim, apenas passado um mês após a proclamação da República, o Decreto de 12 de Novembro de 1910 viria a congelar as rendas pelo prazo de um ano (art. 9º do Decreto), e a alargar o prazo de pré-aviso para a oposição à renovação do contrato (art. 12º do Decreto), ao mesmo tempo que reconhecia ao arrendatário comercial direito a uma indemnização no momento da cessação do arrendamento (art. 33º). Ficava assim iniciado o regime de congelamento das rendas em Portugal, que viria a ser seguido por inúmeros diplomas.

Efectivamente, a pretexto de "proteger, na medida do possível, as classes menos abastadas durante a crise económica e financeira", o Decreto 1079, de 23 de Novembro de 1914, proibiu os senhorios de aumentar as rendas, com excepção das mais elevadas, aquando da renovação dos contratos, sob pena de desobediência qualificada, qualificando-os legalmente como litigantes de má fé nas acções de despejo que interpusessem com outros fundamentos (art. 1º do Decreto 1079). Da mesma forma ficavam obrigados a aplicar aos novos contratos de arrendamento que celebrassem a renda que anteriormente tivessem praticado nos antigos contratos (art. 2º do Decreto 1079), ficando ainda obrigados a aceitar as propostas de novos contratos de arrendamento nos prédios devolutos que tivessem estado anteriormente arrendados, igualmente sob pena de desobediência qualificada (art. 3º do Decreto 1079). O regime duraria apenas enquanto se mantivesse o estado de crise.

A Lei 828 de 28 de Setembro de 1917 manteve esse regime, tendo inclusive elevado o montante das rendas mais elevadas que eram dele excepcionadas (art. 2º, nºs 1, 2, 3 e 4 da Lei 828), bem como a sanção criminal (art. 5º da Lei 828), ao mesmo tempo que proibia os proprietários de "intentarem acções de despejo fundadas em não convir-lhes a continuação do arrendamento, seja qual for o montante das rendas" (art. 2º, nº 5, Lei 828), passando assim a admitir apenas a resolução do contrato pelo senhorio com fundamentos legalmente tipificados (art. 2º § 1º, Lei 828).

António Menezes Cordeiro / Luís Menezes Leitão / Januário da Costa Gomes, *Estudos em Homenagem ao Professor Doutor Inocêncio Galvão Telles*, III – *Direito do Arrendamento Urbano*, Coimbra, Almedina, 2002, pp. 647-680 e Menezes Cordeiro, *Tratado*, XI, pp. 609 e ss. Uma enumeração sintética dos diversos diplomas publicados nesta matéria pode encontrar-se no preâmbulo ao D.L. 321-B/90, de 15 de Outubro, diploma que aprovou o RAU.

O Decreto 4499 de 27 de Junho de 1918 aprovou um novo regime geral para o arrendamento urbano, onde se voltou a admitir a denúncia do senhorio para o termo do prazo (art. 11º do Decreto 4499). Esta disposição foi, porém, apenas aplicável aos novos contratos, já que em relação aos antigos continuou a estabelecer-se que, enquanto durasse a guerra e até um ano depois de decretada a paz, era proibido aos senhorios aumentar as rendas, com excepção das mais altas (art. 45º do Decreto 4499), assim como instaurar acções de despejo fundadas em não lhes convir a continuação do arrendamento (art. 46º do Decreto 4499).

Precisamente no fim desse período transitório, surge o importante Decreto 5411 de 17 de Abril de 1919, que resolveu reunir num só diploma todas as disposições relativas ao arrendamento de prédios rústicos e urbanos. O primeiro capítulo era relativo ao contrato de arrendamento, onde depois de várias secções sobre disposições gerais (arts. 1º e ss. do Decreto 5411), direitos e obrigações de senhorios e inquilinos (arts. 15º e ss. do Decreto 5411), registo do arrendamento (arts. 27º e ss. do Decreto 5411), renovação do arrendamento (arts. 29º e ss. do Decreto 5411) e sublocação e transmissão do arrendamento (arts. 31º e ss. do Decreto 5411) se regulavam as especialidades do arrendamento de prédios urbanos (arts. 37º e ss. do Decreto 5411), a par com as do arrendamento de prédios rústicos (arts. 61º e ss. do Decreto 5411). Os capítulos seguintes regulavam sucessivamente o despejo (arts. 67º e ss. do Decreto 5411), o depósito de rendas (arts. 93º ess. do Decreto 5411), as disposições penais (arts. 100º e ss. do Decreto 5411) e as disposições especiais (arts. 106º e ss. do Decreto 5411). Essas disposições especiais conservavam, porém, um vinculismo absoluto nos contratos de arrendamento, na medida em que, com excepção dos contratos com rendas mais altas, proibiam os senhorios de aumentar a renda aquando da renovação dos contratos e intentar acções de despejo com fundamento em não lhes convir a continuação do arrendamento (art. 106º do Decreto 5411). Para além disso, o diploma obrigava os senhorios a manter a renda antiga nos novos contratos que celebrassem, sob pena de desobediência qualificada, podendo os arrendatários descontar as rendas que tivessem pago acima desse valor, a partir do momento em que descobrissem qual tinha sido a renda anterior (art. 107º do Decreto 5411). Os senhorios eram mesmo proibidos de recusar a celebração de novos contratos pela renda anterior em prédios que anteriormente tivessem estado arrendados, salvo no caso de obras urgentes, sob pena de desobediência qualificada (art. 108º do Decreto 5411), proibindo igualmente a estipulação de qualquer importância a título de cedência de chave (art. 110º do Decreto 5411). O art. 115º do Decreto 5411 declarava ainda sem efeito "os aumentos de rendas convencionados posteriormente ao decreto com força de lei nº 4499, fixando-se as rendas no que eram à data da publicação desse mesmo decreto". Proclamando o carácter transitório dessas disposições especiais, o diploma autorizava o Governo a proceder à sua revogação "quando entender que não subsistem as circunstâncias de carácter económico e financeiro que motivaram o Decreto nº 1079, de 23 de Novembro de 1914" (art. 117º do Decreto 5411).

A elevada inflação existente nessa época contribuiu para colocar sucessivamente as rendas assim fixadas em valores muito inferiores ao valor locativo real do imóvel. Os sucessivos diplomas, no entanto, em lugar de permitirem a livre fixação das rendas, optaram antes por permitir a sua actualização com base em valores administrativamente fixados. Assim, a Lei 1368, de 21 de Setembro de 1922, ao realizar a reforma fiscal de 1922, fixou os valores matriciais dos prédios para efeitos de contribuição predial, partindo do valor fixado em 1914, multiplicado por certos coeficientes (art. 25º da Lei 1368) ao mesmo tempo que permitia aos proprietários elevar as rendas até ao rendimento ilíquido correspondente ao rendimento colectável inscrito na matriz (art. 25º, § 3º, da Lei 1368).

Um ano depois, surge o Decreto 9118, de 10 de Setembro de 1923, que dispôs sobre a forma do contrato (arts. 1º-2º), acção de despejo (arts. 3º e ss.) e elevação das rendas (arts. 7º e ss.). Neste último ponto o Decreto procedia a uma efectiva regulamentação da actualização permitida pela Lei 1368, esclarecendo que os aumentos passavam a fazer parte integrante das rendas (art. 8º do Decreto 9118) e que constituía motivo para despejo a não aceitação pelos arrendatários dos aumentos propostos (art. 9º do Decreto 9118).

A elevação das rendas foi, no entanto, muito pouco significativa, uma vez que as matrizes já se encontravam altamente desactualizadas desde 1914, em virtude da desvalorização monetária que se seguiu à guerra, e mesmo a multiplicação dos coeficientes que se estabelecia não era suficiente para recuperar a inflação verificada. Generalizou-se consequentemente a fixação das rendas em moeda estrangeira, como forma de evitar a desvalorização da moeda portuguesa. Considerando essa prática como abusiva, o Decreto 9496, de 14 de Março, veio obrigar à fixação e pagamento das rendas em moeda portuguesa (art. 1º do Decreto 9946), ao mesmo tempo que retirava retroactivamente força jurídica aos arrendamentos em moeda estrangeira (art. 2º do Decreto 9946), obrigando as partes a alterar esses contratos em ordem a fixar a renda em escudos, com os limites resultantes do rendimento matricial (art. 3º do Decreto 9946), sob pena de desobediência qualificada (art. 4º do Decreto 9946).

O arrendamento voltaria ainda a ser alterado no ano seguinte pela Lei 1662, de 4 de Setembro de 1924. Esta lei veio determinar a manutenção dos arrendamentos após a morte do senhorio, do arrendatário ou a transmissão do prédio a qualquer título, salvo no caso de expropriação por utilidade pública, transmissão gratuita do prédio a favor de instituições que dele careçam para as suas instalações ou morte do arrendatário sem deixar cônjuge ou herdeiro legitimário que com ele habitasse há mais de seis meses (art. 1º). Ao mesmo tempo, considerou válidos os arrendamentos celebrados sem título escrito sempre que se demonstrasse que a sua falta era imputável ao senhorio (art. 4º). Foram ainda consideravelmente restringidas as acções e execuções de sentenças de despejo, tendo sido suspensas as que tivessem sido instauradas antes da entrada em vigor da lei (art. 5º). A lei continuou a permitir aos senhorios elevar as rendas, mas apenas dentro de limites muito reduzidos, a partir do rendimento inscrito na matriz predial (art. 10º).

Mais uma vez proclamando o seu carácter transitório, o art. 13º da Lei 1662 estabelecia que "as disposições restritivas desta lei e das leis actualmente em vigor sobre arrendamentos de prédios urbanos terminam em 31 de Dezembro de 1925". Esse prazo viria, no entanto, a ser sucessivamente prorrogado por diplomas posteriores. Assim o art. 1º do Decreto 10774, de 19 de Maio de 1925, prorrogou esse prazo até 31 de Dezembro de 1926, invocando a "crise económica que se acentuou e mantém, proveniente do conflito europeu". Sem qualquer justificação, o Decreto 12617, de 6 de Novembro de 1926 viria a prorrogar novamente esse prazo até 31 de Dezembro de 1927. Finalmente, o Decreto 14630, de 28 de Novembro de 1927 viria mesmo a abandonar a fixação de qualquer prazo, prorrogando "até à publicação de um novo diploma o art. 13º da Lei nº 1662, de 4 de Setembro", com o fundamento de "apesar de ser intenção do Governo modificar algumas das disposições legais sobre o inquilinato, não pôde este diploma estar publicado a tempo de evitar uma revogação pura e simples".

Após o golpe militar de 28 de Maio de 1926, o Governo da Ditadura Militar, através do Decreto 15289, de 30 de Março de 1928 voltou a efectuar nova actualização das matrizes, para efeitos de fixação da contribuição predial urbana, elevando os respectivos coeficientes, ao mesmo tempo que manteve a autorização de os proprietários elevarem as rendas até ao montante do rendimento matricial inscrito, com excepção dos prédios inscritos na matriz a partir de 1922 em que não era permitida qualquer actualização (art. 27º do Decreto 15289). O diploma permitia, no entanto, aos proprietários que tivessem cobrado renda superior continuar a cobrá-la, desde que a mesma tivesse sido ou fosse participada às Finanças (art. 28º do Decreto 15289). Para além disso, passava-se a admitir a possibilidade de elevar livremente as rendas nos casos de prédios sublocados ou devolutos ou casas de campo, termas e praias apenas habitados durante parte do ano (art. 29º do Decreto 15289). Era ainda permitida a livre elevação de rendas no caso de o inquilino ter uma segunda habitação, deixar a habitação devoluta por mais de seis meses, salvo caso de força maior, ou deixar o estabelecimento comercial e industrial encerrado por mais de um ano (art. 30º do Decreto 15289). A livre fixação das rendas era ainda permitida aos proprietários que após a entrada em vigor do diploma construíssem casas sem recurso aos subsídios do Fundo nacional de construções e rendas económicas (art. 54º do Decreto 15289), podendo nos contratos sujeitos a esse regime os proprietários despejar os inquilinos no termo do prazo apenas por não lhes convir a continuação do arrendamento (art. 54º, § 2º, do Decreto 15289). Finalmente, permitia-se aos proprietários despejar os arrendatários das casas que actualmente ocupavam, desde que lhes fornecessem outra casa por renda idêntica.

As medidas relativas aos arrendamentos antigos constantes dos arts. 30º e 55º do Decreto 15289 foram, no entanto, suspensas imediatamente a seguir, através do Decreto 15315, de 4 de Abril de 1928, tendo passado a ficar dependentes da publicação de regulamento ao referido Decreto-Lei, o qual nunca surgiu.

O arrendamento voltaria a ser objecto de intervenção legislativa através do Decreto 22661, de 13 de Junho de 1933. Justificado pelo facto de existirem inúmeros inquilinos que não pagavam as rendas, "confiados em que uma deficiente organização processual desvie os senhorios dos tribunais", o legislador agilizou as acções de despejo com esse fundamento (arts. 2º e ss.). Para além disso, por considerar descabido estender o regime de privilégio de que gozava o arrendatário a mais do que uma habitação, o art. 5º dispôs que "as disposições vigentes que restringem a liberdade contratual, incluindo as relativas a elevação de rendas e ao despejo por não convir a continuação do arrendamento, só podem ser invocadas por inquilinos que nele tivessem a sua residência permanente".

Em 1940 institui-se a faculdade de requerer avaliação fiscal para efeitos de fixação das rendas comerciais. Efectivamente, o art. 4º da Lei nº 1981, de 3 de Abril de 1940, atribuiu ao proprietário do prédio em que estivesse instalado estabelecimento comercial ou industrial ou sua dependência, em caso de trespasse, a faculdade de pedir avaliação, nos termos do Código da Contribuição Predial, e exigir do novo inquilino a renda fixada pela comissão avaliadora.

A importante Lei 2030 de 22 de Junho de 1948 viria a regular novamente o contrato de arrendamento na sua Parte V, tratando sucessivamente da formação do contrato (arts. 36º e ss. da Lei 2030), caducidade do arrendamento (arts. 41º e ss. da Lei 2030), transmissão do direito ao arrendamento (arts. 44º e ss. da Lei 2030), actualização das rendas (arts. 47º e ss. da Lei 2030), sublocação (arts. 59º e ss. da Lei 2030), direito de preferência (arts. 66º e ss. da Lei 2030), acções de despejo (arts. 67º e ss. da Lei 2030), depósito de rendas (arts. 73º e ss. da Lei 2030), prédios rústicos afectados a comércio e indústria (arts. 79º e ss. da Lei 2030), alçadas nas acções de despejo (art. 80º da Lei 2030) e disposições finais (arts. 81º e ss. da Lei 2030). Esta lei voltou a permitir uma actualização das rendas, mas no caso das habitações de Lisboa e Porto limitou-a ao duodécimo do rendimento inscrito na matriz em 1 de Janeiro de 1938 e apenas para os arrendamentos celebrados antes de 1 de Janeiro de 1943 (art. 47º da Lei 2030). Nos arrendamentos não habitacionais e nos arrendamentos habitacionais fora de Lisboa e Porto, foi estabelecido o princípio da actualização quinquenal da renda com base numa avaliação do imóvel (art. 50º da Lei 2030). A Lei 2030 veio ainda estabelecer dois novos fundamentos de resolução pelo senhorio (art. 67º Lei 2030), mas deixaria intocado o princípio da renovação obrigatória do arrendamento, apenas permitindo a denúncia pelo senhorio em caso de falta de residência permanente por parte do arrendatário ou necessidade do locado para habitação do senhorio (art. 69º da Lei 2030). Nas disposições finais a lei considerava crime de especulação a recusa do recibo de renda, a cobrança de indemnização da chave e o facto de o arrendatário receber qualquer quantia que não fosse indemnização pela extinção do arrendamento ou cessão do local (art. 85º da Lei 2030).

Já na segunda metade do séc. XX, a Lei 2088, de 3 de Junho de 1957, veio ainda permitir ao senhorio a denúncia do contrato no fim do prazo do arrendamento com fundamento na execução de obras que permitissem aumentar o número de arrendatários, em conformidade com o projecto aprovado pela câmara municipal.

2.5. O arrendamento urbano no Código Civil Português de 1966

O Código Civil de 1966 efectuou a codificação do regime do arrendamento urbano, tratando-o como uma das modalidades do contrato de locação (arts. 1022º e ss.). Efectivamente, depois de regular as disposições gerais da locação (arts. 1022º e ss.), obrigações do locador (arts. 1031º e ss.), obrigações do locatário (arts. 1038º e ss.), resolução e caducidade do contrato (arts. 1047º e ss.), transmissão da posição contratual (arts. 1057º e ss.) e sublocação (arts. 1060º e ss.), o Código ocupava-se sucessivamente do arrendamento rural (arts. 1064º e ss.) e do arrendamento urbano e rústico não rural (arts. 1083º e ss.). O regime do arrendamento urbano abrangia sucessivamente disposições gerais (arts. 1083º e ss.), resolução do contrato (arts. 1093º e ss.), denúncia do contrato (arts. 1095º e ss.), subarrendamento (arts. 1101º e ss.), actualização das rendas (arts. 1104º e ss.), disposições especiais dos arrendamentos para habitação (arts. 1107º e ss.), disposições especiais dos arrendamentos para comércio e indústria (arts. 1112º e ss.) e disposições especiais dos arrendamentos para o exercício de profissões liberais (arts. 1119º e ss.).

Em consequência da codificação realizada, o Código Civil de 1966 viria a atribuir perenidade ao vinculismo nos contratos de arrendamento urbano, que os anteriores diplomas apenas tinham consagrado a título transitório, ainda que por forma reiterada. O Código estabeleceu assim a prorrogação forçada com carácter permanente do contrato de arrendamento, retirando ao senhorio o direito de denúncia para o fim do prazo do contrato (art. 1095º)[17], apenas a possibilitando em caso de denúncia

[17] No seu anteprojecto, Inocêncio Galvão Telles, "Contratos civis (Projecto completo de um título do futuro Código Civil Português e respectiva exposição de motivos", no *BMJ* 83 (1959), pp. 114-283 (160), não instituía essa solução no Código Civil por considerar que "não conviria de maneira nenhuma encorporar desde já num Código que por sua natureza aspira à estabilidade, uma solução como essa, que por enquanto se apresenta como anómala

para habitação ou para aumento de locais arrendáveis (arts. 1096º e ss. e Lei 2088, de 3 de Junho de 1957). para além disso, a resolução do contrato pelo senhorio era sujeita a fundamentos taxativos (art. 1093º), que a jurisprudência aliás interpretava com especial rigor. Por último, estabeleceu-se igualmente a transmissão do arrendamento em caso de morte do arrendatário, com regimes distintos consoante se tratasse de arrendatário habitacional (art. 1111º) ou não habitacional (arts. 1113º e 1119º).

O Código Civil de 1966 veio, no entanto, permitir actualizações quinquenais das rendas, nos termos dos arts. 1104º e ss. Efectivamente, fosse qual fosse a renda estipulada no contrato, o senhorio poderia sempre exigir passados cinco anos uma renda correspondente ao duodécimo do rendimento inscrito na matriz (art. 1104º), podendo, para o efeito, solicitar a avaliação fiscal do prédio ao fim de cinco anos sobre a última fixação de renda e ainda no prazo de um ano após a verificação de trespasse ou cessão do arrendamento (art. 1105º). O senhorio poderia ainda exigir aumento de renda, caso fosse compelido administrativamente a fazer obras (art. 1106º). Dessa actualização de rendas foram, no entanto, exceptuadas as habitações das cidades de Lisboa e Porto (art. 10º do diploma preambular), que assim ficaram sujeitas ao mais longo bloqueio de rendas de que há memória em todo o mundo[18].

2.6. O arrendamento urbano após a Revolução de 25 de Abril de 1974

Na sequência da Revolução de 25 de Abril de 1974, surgiram novos diplomas restringindo ainda mais as possibilidades de actualização das rendas e acentuando de forma significativa o desequilíbrio nas relações de arrendamento, com um cada vez maior reforço da posição do arrendatário em prejuízo do senhorio. Assim, um mês após a Revolução, o Decreto-Lei 217/74, de 27 de Maio, do Governo Palma Carlos, ao mesmo tempo que instituía pela primeira vez o salário mínimo nacional em 3.300$00 (art. 1º do Decreto-Lei 217/74) resolveu congelar por 30 dias, até à publicação de um novo diploma, as rendas dos prédios urbanos nos valores praticados em 24 de Abril de 1974 (art. 9º do Decreto-Lei 217/74), punindo os

e transitória e que constitui na verdade um fundo desvio ao princípio do igual tratamento das partes contratantes". No entanto, a pp. 245, colocava uma disposição complementar que mantinha em vigor o art. 69º da Lei 2030, de 22 de Junho de 1948.

[18] Cfr. Pinto Furtado, "Evolução...", pp. 666-667.

senhorios que actualizassem as rendas com a pena do crime de especulação, sem admissão de medidas substitutivas da prisão efectiva (art. 16º, nº 2, do Decreto-Lei 217/74).

Nos Governos de Vasco Gonçalves foram tomadas ainda medidas mais gravosas para os senhorios. Assim, o Decreto-Lei 375/74, de 20 de Agosto, veio estabelecer uma elevadíssima tributação em contribuição predial para os imóveis que não fossem arrendados por causa imputável ao senhorio, com uma taxa de 20% no primeiro ano, 30% no segundo e 40% no quarto ano (arts. 5º, nº 5 e 4º, nº 4, do Decreto-Lei 375/74).

O condicionamento de rendas veio a ser acentuado pelo Decreto-Lei 445/74, de 12 de Setembro, o qual, apesar de ter proclamado "o seu carácter transitório", alargou "a todo o País a suspensão das avaliações fiscais para efeitos de actualização de rendas de prédios destinados a habitação presentemente em vigor para os concelhos de Lisboa e Porto" (art. 1º), e suspendeu o direito de demolição previsto na Lei 2088 (art. 2º). Ao mesmo tempo, estabeleceu para o proprietário um dever de arrendar o imóvel no prazo de 120 dias, com algumas excepções (art. 5º), tendo reduzido para três meses, após o incumprimento desse prazo, o momento a partir do qual o imóvel ficava sujeito à taxa de contribuição predial de 40% (art. 18º). Os novos contratos não poderiam ser celebrados em valor superior à renda anteriormente praticada, caso esta tivesse sido fixada após 31 de Dezembro de 1970 (art. 15º). Qualquer interessado no arrendamento poderia exigir ao município que compelisse o senhorio à sua celebração (art. 22º). O senhorio era punido com pena de prisão até dois anos caso estipulasse a renda em montante superior ou recusasse a celebração do arrendamento que lhe fosse exigida (art. 25º).

O Decreto-Lei 6/75, de 7 de Janeiro, mais uma vez proclamando o seu carácter transitório (art. 3º), veio suspender todas as execuções de despejo que tivessem por base os casos de caducidade do arrendamento previstos nos arts. 1051º *c)* e *d)* do Código Civil ou as ocupações relativas a arrendamentos comerciais sem título bastante (art. 1º). Para além disso, foram ainda suspensas todas as execuções de despejo de habitações na área metropolitana do Porto, em que o despejo tivesse sido decretado com base em sublocação ou pelo arrendatário contra meros ocupantes sem título legal de arrendamento ou de albergaria (art. 2º).

Posteriormente, o Decreto-Lei 67/75, de 17 de Fevereiro, veio alterar o Código Civil, imputando ao senhorio a responsabilidade pela falta de forma do arrendamento (nova redacção do art. 1029º) e veio permitir a manutenção da posição do arrendatário em certos casos de caducidade do arrendamento (nova redacção do art. 1051º).

O Decreto-Lei 155/75, de 25 de Março, alargando o âmbito do Decreto--Lei 6/75, de 7 de Janeiro, suspendeu igualmente todas as acções de despejo com fundamento na denúncia para habitação e na denúncia para obras (art. 1º), mais uma vez proclamando o seu carácter transitório até à aprovação de nova legislação (art. 2º).

Perante a multiplicação das ocupações de fogos devolutos, o Decreto-Lei 198-A/75, de 14 de Abril, veio proceder à sua legalização (art. 1º, nº 1), apenas punindo criminalmente as ocupações futuras (art. 8º). Para esse efeito, impôs aos senhorios a obrigação de celebrar contratos de arrendamento com os ocupantes no prazo de 30 dias (art. 1º, nº 2), sendo o contrato celebrado pela câmara municipal em caso da sua não celebração pelo senhorio (art. 1º, nºs 4, e 5). A renda corresponderia à fixada pelo D.L. 445/74, sendo que, na falta de elementos, a mesma não poderia ser superior a 1/6 do salário mínimo nacional, se por avaliação não devesse ser inferior (art. 1º, nº 6). No caso de imóveis devolutos, a câmara passava igualmente a poder proceder ao seu arrendamento compulsivo, sendo a junta de freguesia a escolher o inquilino (art. 7º). O diploma estabeleceu ainda a suspensão por 30 dias das acções de despejo por falta de pagamento de renda, podendo o inquilino evitar o despejo se pagasse as rendas em atraso (art. 11º).

Posteriormente, o Decreto-Lei 232/75, de 16 de Maio pretendeu reagir contra a sobreocupação de imóveis na área metropolitana do Porto (arts. 1º e 8º, nº 1), em virtude das excessivas sublocações e hospedagens realizadas pelos arrendatários, qualificando-as como crime de especulação, e permitindo a passagem dos sublocatários e dos hóspedes nessa situação a arrendatários directos (arts. 2º e ss.). O diploma suspendia todas as acções e execuções de despejo em relação a imóveis em situação de sobreocupação (art. 6º), mas revogava a suspensão decretada pelo Decreto 6/75, de 7 de Janeiro (art. 8º, nº 2).

O Decreto-Lei 539/75, de 27 de Setembro, veio ainda permitir a celebração de arrendamentos pelo Estado para realojar famílias de modestos recursos que fossem desalojadas das suas habitações em resultado de obras públicas.

O Decreto-Lei 188/76, de 12 de Março, reiterando que a falta de redução a escrito do arrendamento seria sempre imputável ao senhorio e a nulidade apenas invocável pelo arrendatário, que poderia provar o contrato por qualquer meio (art. 1º), estendeu a faculdade de invocação do arrendamento verbal aos contratos existentes, mesmo que já tivesse sido decretado o despejo, desde que ainda não tivesse ocorrido a entrega do prédio (arts. 2º e ss.).

O Decreto-Lei 366/76, de 15 de Maio, ao mesmo tempo que alterou o regime do processo de despejo (art. 1º) veio permitir aos arrendatários que estivessem a ser objecto de despejo por falta de pagamento de rendas que sobrestassem ao despejo, depositando as rendas em falta no prazo de oito dias, acrescidas de um juro de 10% (art. 3º).

O Decreto-Lei 420/76, de 28 de Maio, no intuito de evitar o despejo das pessoas que vivessem no locado, em caso de caducidade do arrrendamento por morte do arrendatário, atribuiu-lhes "um direito de preferência relativo a novo arrendamento" (art. 1º), ao mesmo tempo que suspendia por trinta dias as acções e execuções de despejo em curso, em ordem a poder ser exercido o referido "direito de preferência" (art. 3º).

2.7. O arrendamento urbano após a entrada em vigor da Constituição de 1976

A normalização constitucional permitiu introduzir paulatinamente alguma atenuação no desequilíbrio que a legislação revolucionária tinha introduzido em benefício dos arrendatários. O legislador foi sucessivamente proclamando que era necessário compatibilizar a tutela da habitação com o direito de propriedade e que a crescente tutela dos arrendatários estava a desincentivar a actividade de construção para arrendamento por parte dos privados, que o Estado não tinha condições de suprir. A legislação revolucionária foi sendo assim gradualmente mitigada, devolvendo-se alguns direitos aos senhorios. Essa situação era, no entanto, por vezes compensada com a atribuição de novos direitos aos arrendatários, gerando uma grande instabilidade nas relações arrendatícias.

Assim, o Decreto-Lei 583/76, de 23 de Julho, veio em primeiro lugar levantar a suspensão das denúncias para habitação do senhorio no caso de o mesmo ser retornado das ex-colónias, emigrante, reformado ou aposentado e trabalhador que em consequência da extinção do contrato de trabalho deixasse de ter casa fornecida pelo empregador.

O Decreto-Lei 293/77, de 20 de Julho, veio introduzir medidas de protecção do réu e de terceiros na acção de cessação do arrendamento (arts.

1º e ss.), como o diferimento da desocupação por carência de meios do réu (arts. 12º e ss.) ou por excessiva onerosidade para o locatário (art. 17º) e a possibilidade de o arrendatário fazer cessar certas causas de despejo, repondo a situação do locado no estado anterior (arts. 18º e ss.), as quais estendeu às acções de restituição de posse de prédio urbano ocupado (arts. 22º e ss.), determinando a sua aplicação às acções em curso (art. 31º). Em alteração ao art. 1111º do Código Civil (art. 27º) e ao art. 1º do Decreto-Lei 420/76, de 28 de Maio (art. 28º), consagrou-se a transmissão ilimitada do arrendamento para habitação em caso de morte dos sucessivos arrendatários, e estendeu-.se o "direito de preferência a novo arrendamento" a certos casos de resolução do contrato. O diploma veio, no entanto, terminar com a suspensão da denúncia para habitação do senhorio ou para aumento dos locais arrendáveis ao revogar os Decretos-Leis 155/75, de 25 de Março e 583/76, de 22 de Junho (art. 34º).

O Decreto-Lei 294/77, de 20 de Julho, reconhecendo o fracasso da tentativa de legalização das ocupações empreendida pelo Decreto-Lei 198/75, de 14 de Abril, veio permitir essa legalização por contratos de arrendamento celebrados entre os proprietários e os ocupantes ou por decisão judicial (art. 1º). Dessa legalização eram no entanto exceptuados os fogos que o proprietário destinasse a venda ou a fins de habitação própria ainda que não permanente (art. 2º). Em caso de falta de acordo, o arrendamento seria celebrado através do tribunal (arts. 5º e ss.). Eram punidos com pena de prisão até dois anos tanto aqueles que futuramente ocupassem imóveis sem o consentimento dos proprietários, assim como aqueles que recusassem a sua restituição ao proprietário, quando judicialmente ordenada (art. 16º).

A Lei 63/77, de 25 de Agosto, veio reconhecer ao arrendatário um direito de preferência na alienação do imóvel ou da fracção arrendada. Da mesma forma, a Lei 55/79, de 15 de Setembro veio excluir o direito de denúncia para habitação do senhorio de fracção autónoma, quando a constituição da propriedade horizontal fosse posterior ao arrendamento, salvo se a tivesse adquirido por sucessão (art. 1º). O direito de denúncia era ainda excluído quando o inquilino tivesse 65 anos de idade ou se mantivesse há mais de vinte anos nessa qualidade na unidade predial (art. 2º). Estas restrições não eram, porém, aplicáveis aos senhorios que tivessem regressado ao país há menos de um ano, depois de terem estado emigrados dez anos (art. 3º).

2.8. O arrendamento urbano nas duas últimas décadas do séc. XX

As duas últimas décadas do séc. XX permitiram questionar pela primeira vez o congelamento das rendas, que tinha conduzido a uma absoluta ineficiência do mercado de arrendamento, com a inerente degradação dos centros urbanos, e a deslocação de grande parte da população para os subúrbios. A questão foi, no entanto, sempre tratada através da instituição de novos condicionamentos legais e administrativos à actualização das rendas, o que implicou a instituição de sucessivos sistemas de bloqueio mitigado.

A primeira experiência neste âmbito ocorreu com a instituição da renda condicionada, através do Decreto-Lei 148/81, de 4 de Junho. Este diploma, restrito aos arrendamentos para habitação celebrados após a sua entrada em vigor (art. 1º), veio permitir a estipulação de dois regimes de renda: a renda livre e a renda condicionada (art. 2º, nº 1). No primeiro caso, a estipulação da renda não sofreria limitações, mas o senhorio não poderia exigir do inquilino a sua actualização (art. 2º, nº 2). Já no segundo caso, a renda não poderia exceder o duodécimo de aplicação da taxa de 7% ao sobre o valor do fogo (art. 3º), valor esse que era objecto de fixação legal ou administrativa (arts. 4º e 5º). A renda condicionada assim fixada poderia, no entanto, ser objecto de actualização anual, com base em coeficientes fixados a partir da inflação, constantes de portaria ministerial (art. 7º). A renda condicionada era obrigatoriamente aplicada aos arrendamentos constituídos por força do direito de preferência (art. 9º).

O Decreto-Lei 328/81, regulou em termos mais equilibrados a questão da extinção do arrendamento, voltando a alterar o art. 1111º do Código Civil em ordem a restringir a transmissão por morte do arrendamento por habitação aos casos de morte do primitivo arrendatário ou do seu cônjuge (art. 1º). Para além disso, regulou em novos termos o agora denominado "direito a novo arrendamento", que passou a ser limitado aos casos de caducidade do contrato por morte do inquilino, e a excluir do seu âmbito os hóspedes e os empregados domésticos (art. 3º). Reconheceu-se ao senhorio o direito a recusar o novo arrendamento em certas situações (art. 4º), atribuindo-se, no entanto, aos titulares do mesmo um direito de preferência na venda dos fogos (art. 6º). Passou a sujeitar-se à renda condicionada não apenas os contratos constituídos por força do direito a novo arrendamento, mas também a transmissão do arrendamento aos descendentes quando o mais novo atingisse 25 anos (art. 5º).

O Decreto-Lei 329/81, de 4 de Dezembro, veio restringir a futura celebração de arrendamentos não habitacionais em relação aos prédios que estivessem por licença camarária afectos ao fim de habitação.

O Decreto-Lei 330/81 veio, pela primeira vez, permitir a actualização das rendas nos contratos de arrendamento anteriores, mas apenas nos arrendamentos não habitacionais[19]. Consagrou-se efectivamente a possibilidade de o senhorio exigir a actualização da renda nesses arrendamentos decorrido um ano da data da sua fixação ou última alteração (art. 1º), com base nos coeficientes anualmente publicados por portaria ministerial (art. 2º). O diploma foi aplicado aos anteriores contratos a partir do momento em que passassem cinco anos sobre a última fixação de renda ou existisse trespasse ou cessão do arrendamento para profissão liberal (art. 4º, nº 1). Para além disso, possibilitava-se que fosse requerida uma avaliação fiscal extraordinária para ajustamento das rendas praticadas à data da actualização anual (art. 4º, nº 2).

O Decreto-Lei 330/81, de 4 de Dezembro, motivou um imediato recurso às avaliações fiscais extraordinárias, suscitando diversas questões que se tornou necessário esclarecer. Assim, o Despacho Normativo 75/82, de 11 de Maio, veio sustentar a interpretação de que as avaliações fiscais apenas poderiam ser transitoriamente requeridas em relação aos arrendamentos já existentes, e que, após a fixação da renda resultante da avaliação, a actualização anual apenas poderia ser praticada passado um ano. Depois, o Decreto-Lei 189/82, de 17 de Maio, veio interpretar autenticamente o Decreto-Lei 330/81, estabelecendo que o mesmo era aplicável a todos os arrendamentos não habitacionais (art. 2º), e que o requerimento de avaliação fiscal extraordinária realizado pelo senhorio não o impedia de aplicar entretanto o coeficiente anual de actualização (art. 1º, nº 1). O diploma permitiu ainda aos senhorios que já tivessem aplicado o coeficiente de actualização requerer a avaliação fiscal extraordinária no prazo de 90 dias (art. 1º, nº 2).

Em seguida, o Decreto-Lei 392/82, de 18 de Setembro, veio, no seu art. 1º, alterar o art. 4º do Decreto-Lei 330/81, de 4 de Dezembro, estabelecendo

[19] Cfr. Carlos Mateus, "A actualização das rendas nos arrendamentos não habitacionais: algumas considerações", em *Maia Jurídica* 4, nº 2 (Julho/Dezembro 1986), pp. 39-46, igualmente disponível em http://www.verbojuridico.com/doutrina/civil/actualizacaorendas_naohabitacional.pdf e Gravato Morais, *Novo Regime*, pp. 38-39.

que sempre que a avaliação fiscal extraordinária determinasse a elevação da renda para um montante superior ao dobro da renda inicial, o arrendatário tinha o direito de exigir ao senhorio que nos primeiros doze meses a renda não ultrapassasse esse valor, sendo a mesma depois actualizada anualmente no dobro do coeficiente legal até perfazer a renda resultante da avaliação. Para além disso, estabelecia-se que a avaliação fiscal extraordinária caso o senhorio e o arrendatário tivessem fixado por acordo o montante de actualização das rendas. O diploma estabeleceu ainda a anulação dos resultados de todas as avaliações fiscais extraordinárias realizadas ao abrigo do Decreto-lei 330/81, de 4 de Dezembro.

Os Decretos-Lei 330/81, de 4 de Dezembro, 189/82, de 17 de Maio, e 392/82, de 18 de Setembro, viriam a ser revogados pelo Decreto-Lei 436/83, de 19 de Dezembro, que instituiu um regime semelhante, mas colocou um importante travão ao resultado das avaliações fiscais extraordinárias, ao estabelecer que estas não poderiam ultrapassar a inflação entretanto decorrida (art. 5º, nº 2). Mas, uma vez que não tinha sido obtida a necessária autorização legislativa, este diploma viria a ser declarado inconstitucional pelo Tribunal Constitucional na maior parte das suas disposições, exceptuando apenas os arts. 6º e 7º, nºs 2 e 3, o que implicou que fossem repristinados aqueles diplomas[20].

Perante a óbvia degradação do parque habitacional devido à não realização de obras de conservação ou de beneficiação, o Decreto-Lei 294/82, de 27 de Junho, veio permitir ao senhorio a actualização das rendas em ordem a repercutir nelas o custo das obras, sempre que tivesse sido compelido a fazer obras por determinação legal, regulamentar ou administrativa ou a pedido da totalidade dos inquilinos do imóvel, e ainda em caso de substituição pelo município na sua realização (art. 1º). A actualização da renda era, no entanto, fixada legalmente, nunca podendo ultrapassar o valor da renda condicionada (arts. 2º e 3º). Posteriormente, o Decreto-Lei 449/83, de 26 de Dezembro, veio instituir um programa de financiamento para recuperação de imóveis em degradação (arts. 1º e ss.), alterando a forma de actualização das rendas, sempre que o senhorio a ele recorresse (art. 14º).

Outra importante reforma deste período é representada pela Lei 46/85, de 20 de Setembro, relativa aos arrendamentos para habitação. Esta lei

[20] Cfr. o Ac. Tribunal Constitucional 77/88, de 20 de Setembro (Cardoso da Costa), publicado no *D.R.* I Série, nº 98, de 28 de Abril de 1988, pp. 1698-1707.

veio estabelecer os regimes de renda livre, renda condicionada e renda apoiada, consoante a renda resultasse da livre estipulação das partes, fosse sujeita a limites máximos legais ou beneficiasse de apoio público (arts. 1º e ss.). No entanto, estendeu a todos os regimes de renda a regra da actualização anual com base em coeficientes aprovados por portaria (art. 6º). Para além disso, veio permitir uma actualização extraordinária de rendas para todas as rendas fixadas antes de 1980, com base numa majoração dos coeficientes anualmente estabelecidos (arts. 11º e ss.). A lei regulava ainda o regime das obras de conservação e beneficiação (arts. 16º e ss.), subsídio de renda (arts. 22º e ss.) e direito a novo arrendamento (arts. 28º e ss.). Para além disso, a lei criava um regime especial de arrendamentos para habitação relativo a prédios nunca arrendados, estabelecendo a possibilidade de os mesmas serem feitos em regime de renda condicionada, com a possibilidade de o senhorio denunciar efectivamente o contrato ao fim de cinco anos (arts. 31º e ss.). O diploma incluía ainda disposições de natureza tributária (arts. 35º e ss.), alterações a vários diplomas legais (arts. 40º e ss.) e disposições finais e transitórias (arts. 44º e ss.). Apesar de ter vindo a consagrar definitivamente o princípio da actualização anual das rendas segundo coeficientes fixados pelo Governo, a verdade é que esses coeficientes foram sempre estabelecidos abaixo da taxa de inflação pelo que, embora sujeitas a factores de correcção extraordinária, as rendas antigas continuaram a degradar-se de forma muito acentuada.

Em ordem a regulamentar a Lei 46/85, de 20 de Setembro, veio a ser aprovado o Decreto-Lei 13/86, de 23 de Janeiro. O diploma destinava-se essencialmente a estabelecer critérios de determinação do valor actualizado dos fogos sujeitos a renda condicionada (arts. 4º e ss.). No entanto, veio a ainda a regular aspectos gerais do arrendamento para habitação como a forma (art. 1º), menções obrigatórias (art. 2º) e comunicação do senhorio relativa à actualização das rendas (art. 3º). O subsídio de renda viria a ser objecto de regulamentação pelo Decreto-Lei 68/86, de 27 de Março.

Em 1990 surge o importante Regime do Arrendamento Urbano, através do Decreto-Lei 321-B/90 de 15 de Outubro. Este diploma pretendeu fazer uma ampla reforma do arrendamento, mas a reforma ficou-se pela (boa) intenção. Efectivamente, numa solução muito criticada, o RAU retirou desnecessariamente do Código Civil as normas relativas ao arrendamento urbano, reproduzindo-as em termos idênticos em diploma avulso, o qual consolidou ainda alguma da legislação extravagante. No entanto, embora continuasse a estabelecer a renovação obrigatória do arrendamento como regra (art. 68º, nº 2, RAU), e consequentemente não tivesse provocado qualquer alteração nos contratos antigos, o RAU estabeleceu uma inovação importante ao admitir, a par dos arrendamentos de duração ilimitada tradicionais, a celebração de contratos de duração limitada no arrendamento para habitação (arts. 98º e ss. RAU) nos quais passava a ser possível a denúncia pelo senhorio ao fim de cinco anos. Como seria de esperar, a prática utilizou amplamente essa possibilidade, tendo deixado praticamente de ser celebrados novos arrendamentos sob o figurino tradicional, apesar de o RAU continuar a considerá-lo como a regra.

O carácter limitado da reforma empreendida pelo RAU fez surgir a necessidade de novas alterações. Assim, o Decreto-Lei 278/93, de 10 de Agosto, veio dar nova redacção aos artigos 30º, 31º, 69º, 78º, 89º e 99º do RAU, aditando-lhe ainda os artigos 81º-A, 89º-A, 89º-B, 89º-C e 89º-D. Esse diploma veio permitir que, nos contratos de duração ilimitada ou com uma duração efectiva superior a oito anos, as partes estabelecessem livremente o regime de actualização das rendas (nova redacção dos arts. 30º, 31º e 78º) e que, em certas hipóteses de transmissão por morte, em que o inquilino possuísse uma segunda residência, o senhorio pudesse exigir a actualização da renda até ao montante da renda condicionada (art. 81º-A) ou em alternativa proceder à denúncia do contrato, oferecendo uma indemnização equivalente a dez anos de renda (art. 89º-A), podendo o arrendatário nesse caso propor a elevação da renda (art. 89º-B).

O artigo 81º-A foi alterado, em ratificação deste diploma, pela Lei nº 13/94, de 11 de Maio, no sentido de obrigar o senhorio a identificar as residências do arrendatário que pudessem servir para sua habitação.

Posteriormente, o Decreto-Lei 163/95, de 13 de Julho, que fez várias alterações ao Código Civil, atribuiu aos conservadores do registo civil a faculdade de decretar o divórcio por mútuo consentimento, tendo em consequência modificado igualmente o artigo 84º do RAU, em ordem a permitir aos cônjuges proceder também nesses casos à transmissão do arrendamento.

O Decreto-Lei nº 257/95, de 30 de Setembro, veio consagrar pela primeira vez a estipulação de contratos de duração efectiva nos arrendamentos não habitacionais (novos arts. 117º e 118º do RAU), permitindo igualmente a estipulação do regime da actualização das rendas nos contratos de duração ilimitada ou com duração efectiva superior a cinco anos (novo art. 118º RAU). Admitiu-se igualmente que as partes pudessem regular o regime das obras (arts. 12º e 120º RAU).

O Decreto-Lei 64-A/2000, de 22 de Abril, veio ainda alterar os arts. 7º, 9º, 111º e 122º do RAU voltando a considerar que a falta de forma escrita poderia ser suprida pela exibição do recibo de renda, determinando a aplicação do regime da renda condicionada, sem que daí pudesse resultar aumento de renda. Ao mesmo tempo, simplificou a forma do trespasse, da cessão do arrendamento para profissão liberal, e da cessão de exploração, permitindo que as mesmas se realizassem por escrito.

Mesmo no fim do século XX ainda viria a surgir uma reforma do arrendamento através dos Decretos-Lei 329-A/2000, e 329-B/2000, de 22 de Janeiro. O Decreto-Lei 329-A/2000, de 22 de Janeiro, limitou-se a alterar o regime do cálculo da renda condicionada, ainda regulada transitoriamente no Decreto-Lei 13/86, de 23 de Janeiro. Já o Decreto-Lei 329-B/2000, de 22 de Janeiro, alterou os arts. 12º, 15º, 16º, 18º, 31º, 32º, 36º, 38º, 56º, 64º, 69º, 71º, 73º e 107º do RAU, tendo alterado ainda os artigos 1º, 3º e 7º da Lei nº 2.088, de 3 de Junho de 1957 e aditado o artigo 5º-A à mesma lei. Esse diploma dispôs essencialmente sobre o regime das obras, regulando a actualização das rendas em consequência das mesmas, e tendo ainda revisto algumas disposições do RAU, essencialmente para remover questões de inconstitucionalidade orgânica, que tinham vindo a ser suscitadas.

2.9. O arrendamento urbano no início do século XXI

O Séc. XXI inicia-se em matéria de arrendamento com as Leis nº 6/2001 e 7/2001, de 11 de Maio, que estabelecem medidas de protecção das pessoas que vivem em economia comum e em união de facto. Ambas essas leis alteraram o art. 85º do RAU em ordem a estender a sucessão por morte do arrendamento por habitação a essas situações (art. 6º da Lei 6/2001 e 5º da Lei 7/2001), tendo sido igualmente prevista expressamente a possibilidade de transmissão do arrendamento em caso de rompimento da união de facto (art. 4º da Lei 7/2001).

Logo de seguida surgem novas tentativas de reforma do regime do arrendamento urbano. Há a salientar em primeiro lugar o anúncio público em 18 de Novembro de 2004 de um bem intencionado projecto de reforma, da iniciativa do XVI Governo Constitucional que, no entanto, viria a ser posteriormente abandonado em consequência da mudança de Governo[21]. Essa reforma assentava em Anteprojectos de Decretos-Lei que aprovavam o Regime dos Novos Arrendamentos Urbanos e o Regime de Transição para o Novo Regime do Arrendamento Urbano. O primeiro diploma voltava a inserir a disciplina do arrendamento urbano no Código Civil, agora numa perspectiva não vinculística. Já o segundo diploma estabelecia um regime de transição para o novo regime em relação aos contratos anteriores, a qual poderia ocorrer de quatro maneiras: 1) o acordo das partes (art. 3º); 2) a renovação do contrato, que ocorresse posteriormente à sua entrada em vigor (art. 4º, nº 1); 3) o decurso de um prazo de três anos, relativamente aos outros arrendamentos celebrados após a sua entrada em vigor (art. 4º, nºs 2 e 3); 4) a iniciativa do senhorio, relativamente aos arrendamentos celebrados antes da vigência do RAU (arts. 5º e ss.).

Em 2006, depois de uma discussão pública iniciada em 23 de Junho de 2005, é realizada mais uma reforma do arrendamento através do Novo Regime do Arrendamento Urbano (NRAU), aprovado pela Lei 6/2006, de 27 de Fevereiro, a qual, no entanto, representou um grande retrocesso em relação à proposta anterior. Das mais importantes alterações introduzidas pelo NRAU salienta-se a reintrodução do regime do arrendamento urbano

[21] Cfr., sobre este projecto, António Menezes Cordeiro, "A modernização do Direito português do arrendamento urbano", em *O Direito* 136 (2004), II-III, pp. 235-253, Carneiro da Frada, "O Regime dos novos Arrendamentos Urbanos: nótula", em *O Direito* 136 (2004), II-III, pp. 255-259, Menezes Leitão, "Primeiras observações sobre as disposições preliminares do Regime dos Novos Arrendamentos Urbanos e sobre os novos artigos 1064º a 1069º do Código Civil", em *O Direito* 136 (2004), II-III, pp. 263-272, Pedro Romano Martinez, "Celebração e execução do contrato de arrendamento segundo o Regime dos Novos Arrendamentos Urbanos", em *O Direito* 136 (2004), II-III, pp. 273-288, António Pinto Monteiro / Paulo Videira Henriques, "A cessação do contrato no Regime dos Novos Arrendamentos Urbanos", em *O Direito* 136 (2004), II-III, pp. 289-313, Rita Lobo Xavier, "O Regime dos Novos Arrendamentos Urbanos e a Perspectiva do Direito da Família", em *O Direito* 136 (2004), II-III, pp. 315-334. Pinto Furtado, "Do arrendamento para comércio ou indústria no Regime dos Novos Arrendamentos Urbanos", em *O Direito* 136 (2004), II-III, pp. 335-352, Francisco Castro Fraga / Cristina Gouveia de Carvalho, "O regime transitório" em *O Direito* 136 (2004), II-III, pp. 355-381, Maria da Glória Garcia, "A utilização dos edifícios para fins habitacionais, a sua conservação e a certificação das condições mínimas de habitabilidade dos edifícios arrendados", em *O Direito* 136 (2004), II-III, pp. 385-406, e João António Pinto Monteiro, "O Regime dos Novos Arrendamentos Urbanos sob uma perspectiva de Direito comparado", em *O Direito* 136 (2004), II-III, pp. 407-448.

no Código Civil, de onde tinha sido retirado pelo RAU (novos arts. 1064º a 1113º CC), assim como uma alteração substancial do regime do despejo (novos arts. 930º-B a E CPC).

O NRAU aboliu definitivamente a renovação obrigatória nos contratos de arrendamento, admitindo a sua denúncia pelo senhorio para o termo do prazo (art. 1097º CC) ou com uma antecedência de cinco anos nos contratos de duração indeterminada (art. 1101º *c)* CC). No entanto, o NRAU mais uma vez entendeu estabelecer, não um, mas dois regimes transitórios para os contratos antigos, consoante tivessem sido celebrados na vigência do RAU para os arrendamentos habitacionais ou do D.L. 257/95 para os arrendamentos não habitacionais (arts. 26º e ss. NRAU) ou antes da vigência destes diplomas (arts. 27º e ss. NRAU). Manteve-se assim o vinculismo nos contratos antigos, onde se conservou a proibição da denúncia pelo senhorio (arts. 26º, nº 4, e 28º NRAU), instituindo-se ainda um processo custoso, burocrático e altamente demorado de actualização das rendas (arts. 30º e ss. NRAU), que deixou desactualizada a esmagadora maioria das rendas. Para além disso, a recuperação do imóvel passou a ser realizada através de uma acção executiva para entrega de imóvel arrendado, regulada no art. 15º NRAU e nos novos arts. 930º-A a 930º-E do CPC.

O NRAU viria a ser complementado com seis diplomas especiais relativos à determinação e verificação do coeficiente de conservação (Decreto-Lei 156/2006, de 8 de Agosto), regime jurídico das obras em prédios arrendados (RJOPA, constante Decreto-Lei 157/2006, de 8 de Agosto, posteriormente alterado pelo D.L. 306/2009, de 23 de Outubro), e determinação do rendimento anual bruto corrigido e atribuição do subsídio de renda (Decreto-Lei 158/2006, de 8 de Agosto) conceito fiscal de prédio devoluto (Decreto-Lei 159/2006, de 8 de Agosto), requisitos dos contratos de arrendamento (Decreto-Lei 160/2006, de 8 de Agosto) e comissões arbitrais municipais (Decreto-Lei 161/2006, de 8 de Agosto).

A reforma de 2006 veio, no entanto, a verificar-se uma enorme fracasso. A esmagadora maioria dos contratos antigos permaneceu com as rendas por actualizar, em virtude dos elevadíssimos custos que eram exigidos aos senhorios para poderem procedr à sua actualização. Ao mesmo tempo, a acção executiva para entrega do imóvel arrendado revelou-se completamente inoperacional, sendo que as estatísticas oficiais indicavam o prazo médio de dezoito meses para o senhorio recuperar o imóvel, a partir do momento em que o arrendatário deixava de pagar a renda. O mercado de arrendamento tem permanecido paralisado, ao mesmo tempo que os imóveis antigos se vão degradando, em virtude da falta de condições económicas dos proprietários para proceder à sua reabilitação[22].

Perante o falhanço evidente da reforma de 2006, começou a ser sentida a necessidade de uma mais ampla reforma do arrendamento urbano, que pudesse dinamizar esse mercado, eliminado os bloqueios resultantes do NRAU. Essa necessidade intensificou-se ainda mais com a crise financeira internacional surgida a partir de 2007, que colocou elevadas restrições ao crédito bancário, inviabilizando a tradicional opção das famílias em recorrer à aquisição de casa própria. Essa opção era aliuás responsável por um valor enorme da dívida externa privada portuguesa, enquanto que a percentagem de imóveis arrendados no país permanecia uma das mais baixas da Europa.

Por esse motivo, no *Memorando de Entendimento celebrado entre o Estado Português e o Fundo Monetário Internacional, a Comissão Europeia e o Banco Central Europeu* em 17 de Maio de 2011 foi exigida como contrapartida para a concessão da ajuda financeira a Portugal a revisão da Lei 6/2006, em ordem a efectuar a liberalização do controlo das rendas antigas, estabelecendo ainda um procedimento de despejo extrajudicial[23].

[22] Sobre as consequências económicas desta situação, ver FERNANDO ARAÚJO, "O problema económico do controlo das rendas no arrendamento para habitação" em ANTÓNIO MENEZES CORDEIRO / LUÍS MENEZES LEITÃO / JANUÁRIO DA COSTA GOMES, *Estudos em Homenagem ao Professor Doutor Inocêncio Galvão Telles*, III – *Direito do Arrendamento Urbano*, Coimbra, Almedina, 2002, pp. 177-236.

[23] Cfr. *Memorando de Entendimento sobre as condicionalidades de política económica*, nº 6.1.: "O Governo apresentará medidas para alterar a nova Lei do Arrendamento Urbano, a Lei nº 6/2006, a fim de garantir obrigações e direitos equilibrados de senhorios e inquilinos, tendo em conta os grupos mais vulneráveis (T3-2011). Este plano conduzirá a uma proposta de legislação a ser apresentada à Assembleia da República até ao T4-2011 Em particular, o plano de reforma introduzirá medidas destinadas a: *i)* ampliar as condições ao abrigo das quais pode ser efectuada a renegociação de arrendamentos habitacionais sem prazo, incluindo a limitação da possibilidade de transmissão do contrato para familiares em primeiro grau; *ii)* introduzir um enquadramento para aumentar o acesso das famílias à habitação, eliminado gradualmente os mecanismos de controlo de rendas, tendo em conta os grupos mais vulneráveis; *iii)* reduzir o pré-aviso de rescisão de arrendamento para os senhorios; *iv)* prever um procedimento de despejo extrajudicial por violação de contrato, com o objectivo de encurtar o prazo de despejo para três meses, e; *v)* reforçar a utilização dos processos extrajudiciais existentes para acções de partilha de imóveis arrendados".

Com um enorme atraso em face do calendário previsto no *Memorando* foi publicada em 14 de Agosto de 2012 a Lei 31/2012, de 14 de Agosto. Conforme consta do seu art. 1º essa lei aprovou medidas destinadas a dinamizar o mercado de arrendamento urbano, nomedamente:

a) alterando o regime substantivo da locação, designadamente conferindo maior liberdade às partes na estipulação das regras relativas à duração dos contratos de arrendamento;
b) alterando o regime transitório dos contratos de arrendamento celebrados antes da entrada em vigor da Lei 6/2006, de 27 de Fevereiro, reforçando a negociação entre as partes e facilitando a transição dos referidos contratos para o novo regime;
c) Criando um procedimento especial de despejo do local arrendado que permita a célere recolocação daquele no mercado de arrendamento.

A Lei 31/2012, de 14 de Agosto, veio a ser complementada por vários diplomas. Em primeiro lugar surgiu o Decreto-Lei 266-B/2012, de 31 de Dezembro sobre o nível de conservação dos prédios, revogando os Decretos-Leis 156/2006, de 8 de Agosto, e 161/2006, de 8 de Agosto. Na mesma data foi igualmente publicado o Decreto-Lei 266-C/2012, de 31 de Dezembro, que adaptou à reforma o Decreto-Lei 158/2006, de 8 de Agosto, relativo ao rendimento anual bruto corrigido e subsídio de renda e o Decreto-Lei 160/2006, de 8 de Agosto, sobre os elementos do contrato de arrendamento e requisitos para a sua celebração.

Em termos gerais, pode considerar-se a Reforma de 2012 como globalmente positiva[24], rompendo com o imobilismo em matéria. Lamentavelmente, no entanto, a pressão de vários sectores levou a que rapidamente se procurasse recuar nesta área. Surgiu assim a Lei 79/2014, de 19 de Dezembro, que constituiu uma verdadeira contra-reforma do arrendamento urbano. Efectivamente, esta lei não apenas dilatou consideravelmente o universo dos arrendatários comerciais sujeitos a um regime especial, como também prorrogou o período transitório nesses arrendamentos. Para além disso, alterou o RJOPA, restringindo consideravelmente a denúncia para obras nos prédios arrendados.

[24] Para uma crítica à reforma, a nosso ver sem justificação, cfr. OLINDA GARCIA, "Alterações ao regime substantivo do arrendamento urbano – Apreciação crítica da reforma de 2012", na *ROA* 72, II-III (Abr./Set 2012), pp. 691-713.

A contra-reforma instituída pela Lei 79/2014 continuou, porém, a não ser considerada suficiente pelos que se opunham à liberalização do arrendamento, pelo que a Lei 43/2017, de 14 de Junho, veio estabelecer nova prorrogação do congelamento de rendas, desta vez por mais oito anos para os inquilinos em carência económica, com mais de 65 anos ou incapacidade superior a 60% e empresas e entidades objecto de protecção especial. Ao mesmo tempo, foi novamente dificultada a denúncia para obras, através de uma alteração profunda ao RJOPA. Também a Lei 42/2017, de 14 de Junho, a pretexto de um regime de protecção do que denomina de "lojas históricas", veio mais uma vez prorrogar os prazos contratuais e excluir totalmente a denúncia para obras, relativamente a estabelecimentos comerciais que os municípios decidam conservar.

Estas iniciativas vieram a ser seguidas por outras, mais uma vez destinadas a perseguir os senhorios, que apesar de todos os constrangimentos legais, ainda se mantinham a colocar os seus imóveis no mercado de arrendamento. Foi assim que, em primeiro lugar, a Lei 30/2018, de 16 de Julho, veio estabelecer um regime extraordinário e transitório para proteção de pessoas idosas ou com deficiência que sejam arrendatárias e residam no mesmo locado há mais de 15 anos. Esse regime traduziu-se na suspensão, até 31 de Março de 2019, das denúncias e oposições à renovação dos contratos de arrendamento relativamente a estes inquilinos, bem como na suspensão das acções de despejo e de procedimentos especiais de despejos a eles respeitantes. Depois a Lei 64/2018, de 29 de Outubro, a propósito de uma venda conjunta de imóveis por uma empresa, que não foi do agrado de alguns deputados, reforçou brutalmente o direito de preferência do arrendatário, tornando-o num enorme ónus incidente sobre os imóveis. O Tribunal Constitucional viria mesmo dois anos depois a declarar parcialmente inconstitucional essa alteração com força obrigatória geral[25].

Da mesma forma, através da Lei 12/2019, de 12 de Fevereiro, o legislador passou a sancionar o assédio no arrendamento, limitando-o, porém, ao assédio praticado pelos senhorios, seus representantes ou terceiros interessados na aquisição do imóvel, nada dispondo sobre o assédio de inquilinos em relação a senhorios. Finalmente, a Lei 13/2019, de 12 de Fevereiro, a pretexto de corrigir situações de desequilíbrio entre arrendatários e

[25] Cfr. Ac. Tribunal Constitucional 299/2020 (Lino Rodrigues Ribeiro), proc. 984/2018, publicado no D.R. nº 183/2020, I Série, de 18/9/2020.

senhorios, reforçar a segurança e a estabilidade do arrendamento urbano e proteger arrendatários em situação de especial fragilidade, voltaria atribuir cariz vinculístico aos contratos de arrendamento urbano antigos, e a dilatar os prazos dos novos contratos, efectuando um retrocesso de várias décadas no Direito do Arrendamento em Portugal. Para além disso, esta lei alteraria ainda mais uma vez o RJOPA, praticamente inviabilizando em termos práticos a denúncia para obras de remodelação ou de restauro profundo.

2.10. O arrendamento durante a pandemia de COVID-19

No início de Dezembro de 2019 foi referido o surgimento num mercado chinês de um novo coronavírus altamente infeccioso (SARS-CoV-2), susceptível de causar uma doença que se caracteriza, entre outros sintomas, por uma grave síndrome respiratória aguda, designada por COVID-19. O vírus e a doença espalharam-se rapidamente da China para outros países do mundo, vindo a atingir Portugal com a descoberta dos primeiros casos no nosso país em 2 de Março de 2020, e acabando a OMS por declarar uma situação de pandemia mundial em 11 de Março de 2020.

Infelizmente, em qualquer situação de crise os direitos dos proprietários são dos primeiros a ser atingidos e mais uma vez a pandemia de COVID-19 não foi excepção, tendo surgido sucessivas leis extravagantes que, a pretexto da pandemia, invocando a necessidade de proteger os arrendatários vieram sistematicamente ofender os direitos dos proprietários[26].

Assim, a Lei 1-A/2020, de 19 de Março, determinou até à cessação das medidas de prevenção, contenção, mitigação e tratamento da epidemia, a suspensão da produção de efeitos das denúncias de contratos de arrendamento habitacional e não habitacional efetuadas pelo senhorio (art. 8º *a)*), ao mesmo tempo em que suspendeu as acções de despejo, os procedimentos especiais de despejo e dos processos para entrega de coisa imóvel arrendada, quando o arrendatário, por força da decisão judicial final a proferir, possa ser colocado em situação de fragilidade por falta de habitação própria (art. 7º, nº 10).

Posteriormente, a Lei 4-A/2020, de 6 de Abril, viria a alterar a Lei 1-A/2020, de 19 de Março, estendendo o prazo de suspensão das denúncias

[26] Para uma análise dessa legislação, veja-se MARIA OLINDA GARCIA, "Alterações excecionais ao regime do arrendamento urbano (legislação COVID-19)", na *Julgar Online*, Setembro de 2020, disponível em http://julgar.pt/alteracoes-excecionais-ao-regime-do-arrendamento-urbano-legislacao-covid-19/

até 60 dias depois da cessação das medidas de prevenção, contenção, mitigação e tratamento da epidemia, e alargando ainda a suspensão a outras formas de extinção do arrendamento, como a caducidade, revogação, oposição à renovação, e ainda ao prazo indicado no art. 1053º do Código Civil (art. 8º da Lei 1-A/2020, na redacção da Lei 4-A/2020). Esta lei manteve ainda um regime especial em relação à suspensão dos processos relativos ao arrendamento (art. 7º, nº 11, da Lei 1-A/2020, na redacção da Lei 4-A/2020).

Exactamente com a mesma data da Lei 4-A/2020, surge também a 6 de Abril a Lei 4-C/2020, que estabelece um regime um regime excepcional para as situações de mora no pagamento da renda devida nos termos de contratos de arrendamento urbano habitacional e não habitacional, atendendo à situação epidemiológica provocada pela doença COVID-19 (art. 1º, nº 1). Esta lei estabeleceu moratórias no pagamento das rendas, com um regime diferente para os arrendamentos habitacionais (art. 3º) e os não habitacionais (art. 7º), bem como a exclusão de penalidades pela mora no pagamento da renda (art. 12º).

Posteriormente foi publicada a Lei 14/2020, de 9 de Maio. Essa lei alterou novamente o art. 8º da Lei 1-A/2020 para estabelecer que, em lugar de fazer depender a suspensão das formas de extinção do arrendamento de um diploma especial, estabeleceu-se que a mesma passava a vigorar até 30 de Setembro de 2020.

Apenas 20 dias depois surge a Lei 16/2020, de 29 de Maio. Esta lei aditou à Lei 1-A/2020 o art. 6º-A, que estabeleceu um regime processual transitário e excepcional que continuou, no entanto, a suspender as acções de despejo, os procedimentos especiais de despejo e dos processos para entrega de coisa imóvel arrendada, quando o arrendatário, por força da decisão judicial final a proferir, possa ser colocado em situação de fragilidade por falta de habitação própria ou por outra razão social imperiosa (art. 6º-A, nº 6, *c*)).

No mesmo dia surge ainda a Lei 17/2020, de 29 de Maio, que procedeu à alteração da Lei 4-C/2020, de 6 de Abril, fixando o período da moratória até 1 de Setembro de 2020. Mas a moratória viria ainda a ser prorrogada até 31 de Dezembro de 2020, primeiro para os arrendamentos não habitacionais pela Lei 45/2020, de 20 de Agosto, que alterou a Lei 4-C/2020, de 6 de Abril, e depois para os arrendamentos habitacionais pela Lei 58-A/2020, de 30 de Setembro.

Efectivamente, a Lei 58-A/2020 alterou ainda o art. 8º da Lei 1-A/2020, de determinou ainda a prorrogação da suspensão das formas de extinção do contrato de arrendamento até 31 de Dezembro de 2020. Tal passou, no entanto, a depender do regular pagamento da renda devida nesse mês, salvo se os arrendatários estiverem abrangidos pelo regime previsto no art. 8º da Lei 4-C/2020, de 6 de Abril.

Posteriormente a Lei 12/2022, de 26 de Junho, veio no seu art. 228º suspender os prazos de transição para o NRAU no ano de 2022 ou após a publicação de um relatório sobre a evolução do mercado de arrendamento, prorrogando ainda até 31 de Dezembro de 2027 o prazo de transição previsto na Lei 42/2017.

3
Elementos constitutivos do contrato de arrendamento urbano

3.1. Generalidades

Em face dos arts. 1022º e 1023º, é possível considerar os seguintes elementos constitutivos do contrato de arrendamento urbano:

a) obrigação de proporcionar a outrem o gozo de um prédio urbano;
b) carácter temporário;
c) retribuição.

Examinemos sucessivamente estes elementos:

3.2. Obrigação de proporcionar a outrem o gozo de um prédio urbano

O primeiro elemento do contrato de arrendamento urbano, conforme resulta do art. 1022º, é a obrigação de proporcionar a outrem o gozo de um prédio urbano. Essa obrigação constitui a prestação característica do contrato de arrendamento urbano, sendo referida no art. 1031º *b)* como uma obrigação de conteúdo positivo: "assegurar [ao arrendatário] o gozo da coisa para os fins a que esta se destina".

Tem sido, porém, controvertida na doutrina a configuração do arrendamento como instituindo uma efectiva obrigação de o senhorio assegurar ao arrendatário o gozo da coisa. Alguns autores, propugnando a natureza real do direito do arrendatário, contestaram que o gozo da coisa conferido pelo contrato resultasse de uma obrigação do senhorio, entendendo existir antes um direito do gozo do arrendatário inerente à coisa e dotado de sequela, que por isso se poderia considerar como real[27]. Outros, defendendo que não faria sentido considerar o senhorio vinculado positivamente a assegurar o gozo da coisa ao arrendatário, vieram sustentar que a sua obrigação teria antes conteúdo negativo, podendo ser considerada ou como uma prestação de *pati* (tolerar o gozo da coisa pelo arrendatário) ou *non facere* (não perturbar esse gozo)[28]. Por nossa parte, tendemos a aceitar a qualificação legal, entendendo assim que ao senhorio é atribuída no art. 1031º *b)* uma obrigação de conteúdo positivo de assegurar o gozo da coisa ao arrendatário, diferentemente do que sucede no comodato em que, atenta a natureza gratuita do contrato, é antes atribuída a essa obrigação um conteúdo negativo (art. 1133º, nº 1). No entanto, o facto de ser uma obrigação de conteúdo positivo não implica naturalmente que o senhorio esteja continuadamente a assegurar o gozo da coisa ao arrendatário, uma vez que, tendo a coisa lhe sido entregue, e estando ele consequentemente na sua posse, torna-se desnecessária qualquer intervenção do senhorio para assegurar esse gozo, bastando normalmente a sua abstenção em praticar actos que o impeçam ou diminuam (cfr. art. 1037º, nº 1), a não ser em casos excepcionais, como na hipótese de haver necessidade de fazer reparações na coisa locada (cfr. art. 1036º). A lei é, aliás, expressa no sentido de que o senhorio não tem obrigação de assegurar o gozo da coisa contra actos de terceiro (art. 1037º, nº 1, *in fine*), cabendo antes ao arrendatário o uso das acções possessórias para a sua tutela (art. 1037º, nº 2).

[27] É esta a posição de Oliveira Ascensão, *Direito Civil. Reais*, 5ª ed., Coimbra, Coimbra Editora, 1993, pp. 536 e ss.. Era também a doutrina de Menezes Cordeiro, *Da natureza do direito do locatário*, Lisboa, Separata da ROA, 1980, *passim*, maxime pp. 138 e ss., em relação à locação em geral, mas o autor veio rever a sua posição, em *A posse: Perspectivas dogmáticas actuais*, 3ª ed., Coimbra, Almedina, 2000, pp. 72-73 defendendo agora que sendo o arrendamento estruturalmente real, mantém-se, porém, como um direito obrigacional uma vez que historicamente deriva de uma situação jurídica que no Direito Romano era defendida por *actiones in personam*.

[28] A configuração da prestação do senhorio como uma prestação de *pati* foi defendida por Carnelutti e Natoli. Já a sua configuração como uma prestação de *non facere* foi sustentada por Messineo, Guarino, Dalmartello e Henri, Leon e Jean Mazeaud (referidos por Menezes Cordeiro, *Da natureza*, pp. 57 e ss. e Pinto Furtado, *Manual*, I, p. 32). Entre nós, manifesta alguma adesão a esta posição Pinto Furtado, *Manual*, I, p. 33, já que embora admita uma adstrição do senhorio a comportamentos positivos (como na obrigação de reparações ou outras despesas urgentes: art. 1036º) defende que, no essencial, a sua obrigação tem conteúdo negativo: não perturbar o uso da coisa pelo arrendatário.

O direito de gozo da coisa por parte do arrendatário compreende normalmente tanto o seu uso como a sua fruição, ainda que haja restrições a esta última, atento o facto de o subarrendamento ter que ser autorizado ou ratificado pelo senhorio (arts. 1088º e ss.). No arrendamento para habitação as possibilidades de fruição são muito limitadas, dado que apenas se admite o exercício de uma indústria doméstica (art. 1092º), e a celebração de três contratos de hospedagem (art. 1093º nº 1, *c)*). Na hipótese de subarrendamento total, o direito do arrendatário ficará limitado à mera fruição, perdendo este a possibilidade de usar a coisa[29].

3.3. Carácter temporário

Outro dos elementos essenciais do contrato de arrendamento é o carácter temporário do gozo proporcionado ao arrendatário. Esta situação resulta logo da definição do art. 1022º e encontra-se expressamente referida no art. 1025º a proibição de a locação não poder celebrar-se por mais de trinta anos, sendo reduzida a esse limite, quando celebrada por tempo superior ou como contrato perpétuo. Foi assim alterado o regime do art. 1600º do Código Civil de 1867, que se tinha mantido através do art. 2º do Decreto nº 5411, nos termos do qual a locação poderia estabelecer-se pelo tempo que aprouvesse aos estipulantes, o que levou a que se tivessem chegado a celebrar no país arrendamentos com a duração de centenas de anos[30].

O prazo de 30 anos previsto no art. 1025º corresponde apenas ao limite máximo do prazo inicial do contrato e não ao seu limite de duração, pelo que ocorrendo a renovação do prazo, nos termos do 1054º do Código Civil, naturalmente que nada impedirá que tal leve a que o contrato de arrendamento tenha uma duração máxima superior a trinta anos[31].

O NRAU veio ainda permitir, nos termos do arts. 1099º e ss., que o arrendamento possa ser celebrado como contrato de duração indeterminada. Este tipo de contratos não coloca, porém, obstáculos à natureza

[29] Cfr. PINTO FURTADO, *Manual*, I, p. 35.

[30] Cfr. PIRES DE LIMA/ANTUNES VARELA, *op. cit.*, II, sub art. 1025º, nº 2, p. 348 e PINTO FURTADO, *Manual*, I, pp. 41 e ss.

[31] Em sentido contrário, PINTO FURTADO, *Manual*, I, pp. 44-45, sustenta que a renovação forçada dos arrendamentos só é possível enquanto não for esgotado o prazo máximo do art. 1025º que instituiria assim não apenas um prazo máximo inicial, mas também um limite de duração do arrendamento. No sentido defendido PIRES DE LIMA/ANTUNES VARELA, *op. cit.*, II, sub art. 1025º, nº 4, p. 348.

temporária do arrendamento[32]. Efectivamente, além de o arrendamento se poder sempre extinguir por denúncia (art. 1100º e ss. e 1110º), são limitadas as possibilidades de este se transmitir por morte (arts. 1106º e 1113º).

3.4. Retribuição

O último elemento essencial do contrato de arrendamento é a retribuição. Efectivamente, o arrendamento é um contrato essencialmente oneroso, surgindo como contrapartida das prestações do senhorio uma contraprestação do arrendatário, de pagar a renda (art. 1038º *a)*). A obrigação de arrendatário urbano tem assim por objecto uma prestação pecuniária de quantidade, que se caracteriza pelo seu carácter periódico (art. 1075º, nº 1).

[32] Já neste sentido, em relação aos antigos arrendamentos de prédios rústicos por tempo indeterminado, cfr. GALVÃO TELLES, *Arrendamento*, pp. 95-96. Actualmente no mesmo sentido, veja-se JANUÁRIO GOMES, "A desvinculação *ad nutum* no contrato de arrendamento urbano na reforma de 2012. Breves notas", na *ROA* 72, II-III (Abr./Set 2012), pp. 619-651 (626).

4
Características qualificativas do contrato de arrendamento urbano

4.1. O arrendamento urbano como contrato nominado e típico

O arrendamento urbano é, em primeiro lugar, um contrato nominado, uma vez que a lei o reconhece como categoria jurídica, e típico porque estabelece para ele um regime, quer no âmbito do Código Civil (arts. 1022º e ss., e principalmente arts. 1064º e ss.), quer em diversos diplomas especiais.

4.2. O arrendamento urbano como contrato consensual

O arrendamento urbano deve ser considerado como um contrato consensual (por oposição a real *quoad constitutionem*). Efectivamente, a noção legal de locação do art. 1022º não inclui a entrega como elemento necessário à constituição do contrato e o art. 1031º *a)* faz referência expressa à obrigação do senhorio de entregar ao arrendatário a coisa locada. Isso só por si demonstra que o arrendamento se constitui antes da entrega da coisa locada, ao contrário do que ocorre nos contratos reais *quoad constitutionem*[33].

[33] No actualmente revogado art. 1º do RAU existia uma noção de arrendamento como o contrato pelo qual "uma das partes concede à outra o gozo de uma coisa", o que foi apontado como podendo admitir a interpretação de que o arrendamento passaria a ser um contrato real *quoad constitutionem*. A nossa doutrina considerou, porém, que se tratava de uma má redacção dessa norma, defendendo a qualificação do arrendamento como um contrato consensual, dada a falta de qualquer fundamento, histórico ou lógico, para a solução contrária. Nesse sentido, cfr. PAULO MOTA PINTO, *Declaração tácita e comportamento concludente no negócio jurídico*, Coimbra, Almedina, 1995, pp. 447-448, nota (25), PINTO FURTADO, *Manual do Arrendamento Urbano*, 3ª ed., Coimbra, Almedina, 2001, pp. 225 e ss., ARAGÃO SEIA, *Arrendamento*, p. 83, e ROMANO MARTINEZ, *Obrigações*, p. 164, nota (2). Actualmente, perante a revogação dessa disposição, o problema deixou de se colocar.

4.3. O arrendamento urbano como contrato formal

O arrendamento é um contrato formal, dado que a lei actualmente o sujeita a forma escrita (cfr. art. 1069º, nº 1). Após a Lei 31/2012, essa solução é aplicável a todos os contratos, mesmo os que tenham curta duração, como os arrendamentos para férias em locais de vilegiatura. Consequentemente, a ausência de forma escrita no arrendamento determina hoje a nulidade do contrato (art. 220º)[34].

Por razões de protecção do arrendatário, a lei admite, porém, no art. 1069º, nº 2, que "na falta de redução a escrito do contrato de arrendamento que não seja imputável ao arrendatário, este pode provar a existência de título por qualquer forma admitida em direito, demonstrando a utilização do locado pelo arrendatário sem oposição do senhorio e o pagamento mensal da respetiva renda por um período de seis meses". Nesse caso, parece assim que após seis meses de utilização do locado pelo arrendatário, com pagamento da renda respectiva, a nulidade por falta de forma é convertida numa invalidade mista, deixando o senhorio de a poder invocar.

Da mesma forma, continuam a ser válidos os arrendamentos verbais celebrados ao abrigo de anterior legislação que não exigisse a forma escrita para o contrato, ou que não sancionasse a ausência de forma com a sua invalidade, nos termos do art. 12º CC. No entanto, a ausência de forma escrita não permite que nestes arrendamentos o senhorio possa recorrer ao procedimento especial de despejo previsto nos arts. 15º e ss. NRAU.

4.4. O arrendamento urbano como contrato obrigacional (e não real *quoad effectum*). O problema da natureza do direito do arrendatário

Uma das grandes controvérsias no âmbito do contrato de arrendamento urbano diz respeito à sua qualificação ou não como contrato real *quoad effectum*. Esta discussão prende-se com a controvérsia em torno da natureza jurídica do direito do arrendatário. Efectivamente, enquanto que para

[34] Assim, conforme refere Maria Olinda Garcia, *Arrendamento Urbano Anotado. Regime substantivo e processual*, 2ª ed., Coimbra, Coimbra Editora, 2013, p. 24, se "alguém toma de arrendamento verbalmente, no mês de Maio, um imóvel para aí passar férias no mês de Agosto, mas posteriormente muda de planos, não chegando a ocupar o imóvel, pode invocar a nulidade do contrato e pedir a restituição das rendas que antecipadamente tenha pago, nos termos do art. 289º do CC (o que não era possível anteriormente dada, a validade deste tipo de contratos)".

a posição clássica, sufragada entre nós por GALVÃO TELLES, PIRES DE LIMA/ANTUNES VARELA, ROMANO MARTINEZ e JANUÁRIO GOMES[35], o arrendatário é meramente titular de um direito pessoal de gozo, não produzindo consequentemente o contrato de arrendamento quaisquer efeitos reais, outra posição, defendida entre nós por OLIVEIRA ASCENSÃO[36] e por MENEZES CORDEIRO numa primeira fase do seu pensamento[37], sustentou a natureza real do direito do arrendatário.

A favor da tese personalista tem-se afirmado que a locação não aparece colocada no Código Civil no livro III, relativo aos direitos reais, como se imporia se o legislador lhe quisesse atribuir essa natureza. Por outro lado, o art. 1031º *b)* do Código Civil expressamente qualifica o gozo da coisa como correspondendo a uma obrigação por parte do senhorio, o que naturalmente corresponde a um direito de crédito do arrendatário. Para além disso, noutras disposições o legislador vem expressamente qualificar o direito do arrendatário como correspondendo a um direito pessoal de gozo (cfr. art. 1682º-A, nº 1 *a)* e nº 2).

A favor da tese realista tem-se afirmado que o art. 1037º, nº 2, atribui ao arrendatário o direito a utilizar, mesmo contra o senhorio, as acções atribuídas ao possuidor nos art. 1276º e ss. Ora, como a toda a acção corresponde um direito, o direito subjacente a estas só poderia ser a posse e, sendo a posse restrita pelo art. 1251º aos direitos reais, parece que por essa via teria que se qualificar a locação como um direito real. Por outro lado, o art. 1057º ao estabelecer que "o adquirente do direito com base no qual foi celebrado o contrato sucede nos direitos e obrigações do senhorio, sem prejuízo das regras do registo" vem determinar que a locação não é prejudicada no caso de o bem locado vier a ser adquirido por terceiro (*emptio non tollit locatum*). Ora, essa situação corresponderia à sequela, típica dos direitos reais.

[35] Cfr. GALVÃO TELLES, *Arrendamento*, pp. 305 e ss., PIRES DE LIMA/ANTUNES VARELA, *op. cit.*, II, sub art. 1022º, nº 2, p. 342 e sub art. 1º RAU, nº 2, p. 480, ROMANO MARTINEZ, *Obrigações*, pp. 160 e ss. e JANUÁRIO GOMES, *Constituição*, pp. 122 e ss.

[36] Cfr. OLIVEIRA ASCENSÃO, *Reais*, pp. 536 e ss. e "Locação de bens dados em garantia (Natureza jurídica da locação)", na *ROA* 45 (1985), 2, pp. 345-390 (366 e ss.).

[37] Cfr. MENEZES CORDEIRO, *Da natureza*, passim, maxime, pp. 138 e ss. Actualmente o autor tem defendido a natureza de direito pessoal de gozo do direito do locatário. Cfr. por último em ANTÓNIO MENEZES CORDEIRO (org.), *Leis do Arrendamento Anotadas*, sub art. 1022º, nºs 22 e ss., p. 27 e em *Tratado*, XI, pp. 694 e ss.

A posição que temos vindo a defender[38] passa, porém, pela adesão à tese personalista, não nos parecendo aceitáveis os argumentos invocados pelas posições realistas. Efectivamente, o facto de a lei conceder as acções possessórias ao arrendatário nada demonstra, uma vez que essas acções têm sido concedidas noutras situações em que nunca se considerou existir um direito real, como em relação ao parceiro pensador (art. 1125º, nº 2) ao comodatário (art. 1133º, nº 2) e ao depositário (art. 1188º, nº 2). Por outro lado, apesar da referência no art. 1251º, nada justifica que o regime da posse não possa ser estendido a outras situações que não a dos direitos reais, pelo que a atribuição de posse ao arrendatário não constitui necessariamente argumento no sentido do carácter real do seu direito. Também o art. 1057º nada demonstra, uma vez que essa norma não constitui uma hipótese de sequela, mas antes a de uma transmissão imposta da obrigação do senhorio (sub-rogação legal)[39], dado que tem como pressuposto a aquisição do direito com base no qual foi celebrado o contrato, ou seja, uma aquisição derivada, não tendo que se demonstrar a válida constituição desse direito através de uma aquisição originária, ao contrário do que sucede nos direitos reais. Não há assim traços característicos da realidade no direito do arrendatário.

Antes pelo contrário, verifica-se que a lei actual estrutura, tal como o fazia o Direito Romano, o arrendamento como um direito pessoal de gozo, contraposto a uma obrigação positiva do senhorio (art. 1031º *b)*). Dessa solução resultam várias consequências de regime. A primeira é o facto de o senhorio ter a obrigação de assegurar o gozo da coisa ao arrendatário, respondendo por incumprimento do contrato, se não o fizer (art. 798º e art. 1032º)[40]. Outra é o facto de o senhorio poder constituir validamente o contrato, mesmo não sendo proprietário da coisa locada, apenas res-

[38] Cfr. Luís Menezes Leitão, *Direito das Obrigações*, I, 14ª ed., Coimbra, Almedina, 2017, pp. 102 e ss.

[39] Cfr. Carlos Mota Pinto, *Cessão da posição contratual* (reimp.), Coimbra, Almedina, 1982, pp. 84 e ss. e Pinto Furtado, *Manual*, I, p. 63.

[40] Esta situação é muito distinta dos direitos reais, já que, conforme afirma Galvão Telles, *Arrendamento*, p. 59, por exemplo, no usufruto "o nu-proprietário nada tem que fazer para tornar mais cómodo ou fácil e mais proveitoso o uso e fruição pelo usufrutuário; este recebe a coisa, tal como ela existe, e deverá contentar-se com as utilidades que a mesma coisa está em condições de lhe fornecer. O locador, ao contrário, assume pela relação obrigacional estabelecida, *o dever*, de proporcionar o gozo da coisa, nos termos convencionados, e é responsável se o não fizer".

pondendo por incumprimento se não conseguir proporcionar o gozo da mesma ao arrendatário (art. 1034º). Outra ainda é a circunstância de o direito do arrendatário não ser tutelável através da acção de reivindicação (art. 1311º), como sucede com os direitos reais, mas antes através da acção de cumprimento (art. 817º). Parece, assim, que a atribuição de carácter pessoal ao direito do arrendatário é a qualificação que melhor se harmoniza com o regime legal.

4.5. O arrendamento urbano como contrato oneroso

O arrendamento urbano constitui um contrato oneroso, uma vez que implica sacrifícios económicos para ambas as partes. Efectivamente, enquanto que o senhorio abdica do gozo da coisa, o arrendatário abdica do correspondente preço locativo, assumindo assim ambas as partes sacrifícios económicos equivalentes.

4.6. O arrendamento urbano como contrato sinalagmático

O arrendamento consiste num contrato sinalagmático, uma vez que a obrigação do senhorio de proporcionar ao arrendatário o gozo da coisa (art. 1031º *b)*) tem como correspectivo a obrigação de pagar a renda ou aluguer (art. 1038º *a)*), ficando assim ambos os contraentes sujeitos a obrigações recíprocas.

Da qualificação do arrendamento como contrato sinalagmático resulta a aplicação de vários institutos jurídicos[41]. O primeiro é a excepção de não cumprimento do contrato (arts. 428º e ss.), que se encontra de algum modo aflorada no art. 1040º, ao admitir que, se o locatário sofrer privação ou diminuição do gozo da coisa locada efectue uma redução da renda proporcional ao tempo da privação ou diminuição ou à extensão desta. Assim, se por exemplo o senhorio se atrasar na entrega da coisa ao arrendatário, este poderá naturalmente suspender o pagamento da renda, até que essa entrega se verifique. Inversamente, no entanto, se o arrendatário deixar de pagar a renda, o senhorio que já tenha entregue a coisa não terá possibilidade de recorrer à excepção de não cumprimento do contrato, cabendo-lhe apenas a via da resolução.

[41] Sobre o regime dos contratos sinalagmáticos, veja-se por todos Menezes Leitão, *Obrigações*, I, pp. 196 e ss.

Outro instituto típico dos contratos sinalagmáticos é precisamente a resolução por incumprimento, regulada genericamente no art. 801º, nº 2, e que tem aplicação em matéria de arrendamento urbano nos arts. 1083º e ss. A resolução não tem, no entanto, eficácia retroactiva, dado que o arrendamento constitui um contrato de execução duradoura (art. 434º, nº 2).

Finalmente, aplica-se igualmente ao arrendamento urbano o instituto da caducidade do contrato por impossibilidade não culposa de uma das prestações, a que se refere o art. 795º, nº 1, de que constitui exemplo a caducidade da locação por perda da coisa locada ou pela expropriação por utilidade pública, ou pela cessação dos serviços que determinaram a ocupação do prédio, referidas no art. 1051, *e)*, *f)* e *g)*.

4.7. O arrendamento urbano como contrato comutativo

O arrendamento constitui um contrato comutativo, uma vez que as atribuições patrimoniais de ambas as partes – concessão de gozo da coisa e pagamento do preço locativo – se apresentam como certas e não como aleatórias.

4.8. O arrendamento urbano como contrato de execução duradoura

O arrendamento constitui um contrato de execução duradoura, uma vez que as prestações de qualquer das partes aparecem relacionadas com um certo período de tempo que delimita o seu conteúdo e extensão[42]. A prestação do senhorio de proporcionar o gozo da coisa ao arrendatário (art. 1031º *a)*) constitui uma prestação contínua, uma vez que não sofre qualquer interrupção, mas antes se exerce por forma constante. Já a prestação do arrendatário de pagar a renda (art. 1038º *a)* e 1075º e ss.) constitui uma prestação de natureza periódica, uma vez que não é executada ininterruptamente, mas antes se renova em sucessivos períodos de tempo.

O facto de o arrendamento urbano ser qualificado como contrato de execução duradoura tem várias consequências de regime. A primeira é a aplicação do instituto da denúncia do contrato, sempre que ele seja celebrado com duração indeterminada (arts. 1099º e ss.). Outro é a existência de um regime especial para a resolução, a qual não possui eficácia retroactiva (art. 434º, nº 2) e quando exercida pela senhorio é sujeita a fundamentos mais retritos em ordem à tutela da parte mais fraca (art. 1083º, nº 2).

[42] Sobre as prestações duradouras, cfr. Menezes Leitão, *Obrigações*, I, pp. 131 e ss.

5
Objecto do arrendamento urbano

Nos termos do art. 1023º, o contrato de arrendamento tem por objecto as coisas imóveis, correspondendo, quando incide sobre móveis, antes a um contrato de aluguer. A classificação das coisas em móveis e imóveis consta dos arts. 204º e 205º.

Nos termos do art. 1064º, o contrato de arrendamento urbano tem normalmente por objecto prédios urbanos, na sua totalidade ou em parte, ainda que possa abranger outras situações legalmente previstas. Efectivamente, o arrendamento de prédios rústicos é igualmente regulado pelos disposições relativas ao arrendamento urbano, sempre que não seja objecto de regimes especiais (art. 1108º, *in fine*)[43]. Da mesma forma, é integrada no

[43] A solução não se afasta muito da que anteriormente vigorava. Efectivamente, na sua versão original, o anterior artigo 1083º do Código Civil sujeitava ao regime do arrendamento urbano o arrendamento de prédios rústicos não sujeitos ao arrendamento rural. O art. 5º do RAU veio limitar a sua aplicação ao arrendamento urbano, mas o art. 6º do RAU determinava, para além da sujeição ao regime geral da locação civil, ainda a aplicação subsidiária de certas disposições do RAU aos arrendamentos de prédios rústicos não sujeitos a regimes especiais. Agora, o novo art. 1064º refere genericamente o arrendamento, total ou parcial de prédios urbanos "e outras situações nela previstas", parecendo que entre essas situações se encontrará igualmente o arrendamento de prédios rústicos não sujeitos a regimes especiais, dado o que se dispõe no novo art. 1108º. Esta solução resultava expressamente do nº 2 do art. 1120º, incluído numa subsecção relativa a outros arrendamentos. Essa subsecção desapareceu, no entanto, do actual NRAU, embora, como se vê, não pareça que tal implique alteração da solução. É de referir, no entanto, que o art. 2º, nº 2, do D.L. 294/2009, de 13 de Outubro veio estabelecer que se presume como arrendamento rural todo o arrendamento que recaia sobre prédios rústicos, quando do contrato e respectivas circunstâncias não resulte destino diferente.

regime do arrendamento urbano, a locação de estabelecimento, regulada no art. 1109º, a qual constitui uma locação de coisas incorpóreas.

No caso de o contrato ter por objecto não apenas um prédio urbano mas também elementos de outra natureza, como móveis e acessórios, ou uma parte rústica, estar-se-á, não perante um contrato de arrendamento urbano típico, mas antes perante um contrato misto, o qual no entanto é normalmente regulado integralmente pelo regime do arrendamento urbano.

Assim, o art. 1065º considera a locação de imóveis mobilados e seus acessórios como um contrato unitário, regulado pelo arrendamento urbano. Efectivamente, o arrendamento de casas mobiladas pode naturalmente ser qualificado como um contrato misto de arrendamento e aluguer, justificando, como normalmente sucede nos contratos mistos, a discussão sobre o regime do arrendamento deve absorver a situação do aluguer (teoria da absorção), se devem aplicar-se combinadamente os dois regimes (teoria da combinação) ou se o regime deve considerar-se lacunoso, a integrar por analogia (teoria da analogia). Originariamente, o art. 1107º do Código Civil, transposto sem modificações para o art. 74º do RAU, determinava injuntivamente a aplicação da teoria da absorção, considerando arrendamento urbano todo o contrato e renda todo o preço locativo. Esta solução era justificada pelo regime vinculístico do arrendamento, pretendendo-se evitar que a locação de imóveis mobilados a ele escapasse, já que o senhorio poderia pretender livremente aumentar o valor do aluguer dos móveis, sem se sujeitar aos condicionalismos do vinculismo em sede de imóveis[44]. No entanto, uma vez que o NRAU determinou a extinção do vinculismo arrendatício deixa-se de se estabelecer injuntivamente a absorção, passando esta a constituir uma mera presunção, que as partes podem afastar, diferenciando a situação do arrendamento do imóvel em relação ao aluguer do móveis. Há ainda a salientar, em relação a este art. 1065º, que, enquanto as disposições que o antecederam eram restritas ao arrendamento para habitação, passa-se agora a regular genericamente a situação da locação de imóveis mobilados.

Da mesma forma, o art. 1066º determina a possibilidade de os arrendamentos conjuntos de parte urbana e parte rústica serem considerados como urbanos quando essa for a vontade dos contraentes (nº 1), atendendo-se, em caso de dúvida, ao fim principal do contrato e à renda atribuída a cada

[44] Cfr. MANUEL JANUÁRIO GOMES, *Constituição*, pp. 164 e ss.

uma das partes (nº 2), considerando-se, em qualquer caso, o arrendamento como urbano, na falta ou insuficiência de qualquer desses critérios (art. 1066º, nº 3). Em termos paralelos, o art. 2º, nº 3, do D.L. 294/2009, de 13 de Outubro, estabelece que "o arrendamento conjunto de uma parte rústica e de uma parte urbana é considerado rural quando seja essa a vontade expressa dos contratantes ou, na dúvida, quando seja considerado como tal, nos termos do artigo 1066º do Código Civil". Estas disposições alteram bastante a doutrina que resultava do original art. 1084º do Código Civil, integralmente transposto sem modificações para o art. 2º do RAU, segundo os quais "envolvendo o contrato uma parte urbana e uma parte rústica só se considera como urbano o arrendamento se a parte urbana for superior à rústica", devendo atender-se, para esse efeito, "ao valor que resulta da matriz ou, na falta ou deficiência desta, à renda que os contraentes tiverem atribuído a cada uma das partes; na falta de discriminação, procede-se a avaliação". Agora, passa antes a estabelecer-se que é a vontade dos contraentes que determina a qualificação do arrendamento como urbano (novo art. 1066º, nº 1) ou rural (art. 2º, nº 3, D.L. 294/2009), funcionando o fim principal do contrato e a renda atribuída a cada uma das partes apenas como critérios de resolução de casos dubitativos (art. 1066º, nº 2), sendo que, na falta ou insuficiência de qualquer desses critérios, o arrendamento será havido como urbano (art. 1066º, nº 3). Esta inovação coloca especiais problemas.

Efectivamente, deixou de ser a diferenciação entre a parte rústica e a parte urbana a delimitar a aplicação ou não do regime do arrendamento urbano, dado que se a parte rústica não estiver sujeita ao regime do arrendamento rural, poderá considerar-se eventualmente sujeita ao regime geral da locação civil e ao regime do arrendamento urbano, com as devidas adaptações. Não parece, por isso, que seja a esse caso que primordialmente se destina o critério instituído no art. 1064º, parecendo pressupor-se que terá que ocorrer concomitantemente uma destinação da parte rústica ao regime do arrendamento rural, ainda que por força da presunção do art. 2º, nº 2, D.L. 294/2009, estando assim aqui em causa um contrato misto de arrendamento urbano e de arrendamento rural. Neste enquadramento, parece de concluir que, enquanto que a legislação anterior se destinava a impedir a regulação integral deste arrendamento misto pelo regime do arrendamento urbano, de acordo com a teoria da absorção, já que a condicionava à circunstância de a parte urbana ser de valor superior à rústica, a actual legislação deixa de colocar esse entrave, atendendo primordialmente ao fim das partes, e até preferindo a qualificação como arrendamento urbano.

O contrato de arrendamento urbano pode abranger tanto a totalidade como parte da coisa sobre que incide (art. 1064º). Assim, nos prédios urbanos podem ser arrendados separadamente partes do prédio, ou até apenas muros e terraços (para publicidade) ou janelas (para assistir a um cortejo).

Há, no entanto, condicionalismos legais ao objecto do contrato de arrendamento urbano, dado que o art. 1070º, nº 1, estabelece que ele só pode incidir sobre "locais cuja aptidão para o fim do contrato seja atestada pelas entidades competentes, designadamente através de licença de utilização, quando exigível", sendo que este requisito será regulado em diploma próprio (art. 1070º, nº 2). Esse diploma é presentemente o D.L. 160/2006, de 8 de Agosto, cujo art. 5º, nº 1, vem determinar que "só podem ser objecto de arrendamento urbano os edifícios ou suas fracções cuja aptidão para o fim pretendido no contrato seja atestado pela licença de utilização". Essa exigência apenas não se aplica "quando a construção do edifício seja anterior à entrada em vigor do Regulamento Geral das Edificações Urbanas, aprovado pelo Decreto-Lei nº 38382, de 7 de Agosto de 1951, caso em que deve ser anexado ao contrato documento autêntico que demonstre a data da construção (art. 5º, nº 2, D.L. 160/2006, de 8 de Agosto). No entanto, quando as partes aleguem urgência na celebração do contrato, a referida licença pode ser substituída por documento comprovativo de a mesma ter sido requerida com a antecedência mínima prevista na lei (art. 5º, nº 3, D. L. 160/2006, de 8 de Agosto)[45].

Da mesma forma, é exigida autorização prévia da câmara municipal para a mudança de finalidade e o arrendamento para fim não habitacional de prédios ou fracções não licenciados (art. 5º, nº 4, D.L. 160/2006, de 8 de Agosto).

Qualquer destes documentos vem, no entanto, a ser dispensado em relação aos arrendamentos que tenham por objecto espaços não habitáveis

[45] A licença de utilização que se exige nesta disposição é a licença para o exercício de uma actividade genérica (habitação, comércio, profissão liberal, etc.), pois só essa constitui obrigação do senhorio, a qual é aliás dispensada no caso de edifícios construídos antes do D.L. 38.382, de 7 de Agosto de 1951. Relativamente à licença de utilização para uma actividade específica (lar residencial, farmácia, consultório médico), a mesma tem que ser obtida pelo arrendatário. Neste sentido, cfr. Ac. RP 16/1/2012 (ANA PAULA AMORIM), em *CJ* 37 (2012), 1, pp. 168-173.

ou utilizáveis para comércio, indústria ou serviços, nomeadamente para afixação de publicidade ou outro fim limitado (art. 5º, nº 9, D.L. 160/2006, de 8 de Agosto).

Caso o arrendamento venha ser celebrado sem a licença de utilização ou dos documentos que a substituem, ou sem a necessária autorização camarária, este não é inválido, mas o senhorio é sujeito a coima não inferior a um ano de renda, observados os limites do D.L. 433/82, de 27 de Outubro, salvo quando a falta de licença se fique a dever a atraso que não lhe seja imputável (art. 5º, nº 5, D.L. 160/2006, de 8 de Agosto), podendo o arrendatário resolver o contrato com direito a indemnização nos termos gerais (art. 5º, nº 7, D.L. 160/2006, de 8 de Agosto)[46]. O arrendamento é, porém, nulo se for realizado para fim diverso do licenciado, sendo aplicável coima do mesmo montante e tendo o arrendatário direito a indemnização, nos termos gerais (art. 5º, nº 8, D.L. 160/2006, de 8 de Agosto).

[46] Cfr. Ac. STJ 22/9/2016 (Abrantes Geraldes), processo 681.14.8TVLSB.L1.S1, na *CJ-ASTJ* 24 (2016), 3, pp. 51-54.

6
Fim do arrendamento urbano

Aspecto importante na disciplina do arrendamento urbano é o fim para que o imóvel é arrendado. Já no âmbito da locação em geral, a lei se refere à estipulação do fim do contrato, embora o art. 1027º preveja que, na ausência dessa estipulação, passa a ser permitido ao arrendatário aplicar a coisa a quaisquer fins lícitos, dentro da função normal das coisas de igual natureza.

Bastante mais relevante é, no entanto, a determinação do fim no arrendamento urbano, que gera a aplicação de regimes específicos. No âmbito do RAU, os prédios urbanos podiam ser arrendados para habitação, comércio ou indústria, profissão liberal ou outros fins lícitos (art. 3º, nº 1 do RAU), sujeitos respectivamente aos arts. 74º e ss., 110º e ss., 121º e ss., e 123º do RAU. Se nada se estipulasse, o arrendatário só poderá utilizar o prédio para habitação (art. 3º, nº 2, do RAU). Esse regime veio a ser consideravelmente empobrecido pelo NRAU, que se limita a distinguir entre o arrendamento para fim habitacional e o arrendamento para fim não habitacional (art. 1067º, nº 1), regendo-se o primeiro especificamente pelos arts. 1092º e ss., e o segundo pelos arts. 1108º e ss., ainda que, neste último caso, continue haver algumas diferenciações de regime entre o arrendamento para comércio e indústria e para o exercício de profissão liberal (cfr. art. 1112º)[47]. A diferença principal de regime entre o arrendamento para habitação e o arrendamento para fins não habitacionais reside na muito maior relevância da autonomia privada neste último, cujas normas são normalmente supletivas[48].

[47] Conforme refere Gravato Morais, *Novo Regime*, p. 30, esta solução não parece a mais adequada.

[48] Neste sentido, vide Maria Olinda Garcia, *Arrendamentos para comércio*, p. 11.

Caso as partes não estipulem o fim do contrato de arrendamento urbano, determina o art. 1067º, nº 2, que o local arrendado pode ser usado no âmbito das suas aptidões, tal como resultem da licença de utilização. Na falta de licença de utilização[49], o arrendamento vale como habitacional se o local for habitável ou como não habitacional se o não for, salvo se outro destino lhe tiver vindo a ser dado (art. 1067º, nº 3)[50].

É possível, no entanto, que as partes estipulem uma pluralidade de fins no arrendamento urbano, designadamente se pretenderem que o arrendatário habite o prédio e nele exerça simultaneamente a sua profissão ou estipularem que arrendatário exerça no locado vários ramos de actividade diferentes[51].

Nesse caso, estaremos perante uma situação de arrendamentos mistos, regulada presentemente pelo art. 1028º, cujo nº 1 estabelece que "se uma ou mais coisas forem locadas para fins diferentes, sem subordinação de uns a outros, observar-se-á, relativamente a cada um deles, o regime respectivo". Nesse caso, "as causas de nulidade, anulabilidade ou resolução que respeitem a um dos fins não afectam a parte restante da locação, excepto se do contrato ou das circunstâncias que o acompanham não resultar a discriminação das coisas ou partes da coisa correspondentes às várias finalidades ou se estas forem solidárias entre si" (art. 1028º, nº 2). Encontra-se aqui consagrada a *teoria da combinação*, que determina que no âmbito do contrato misto, cada um dos elementos se rege pelo respectivo regime, ainda que se admita que a invalidade ou resolução de um dos elementos possa afectar igualmente o outro em caso de não ser possível a discriminação ou haver solidariedade dos diversos elementos entre si[52].

[49] Esta expressão não se destina a permitir que o arrendamento seja celebrado sem licença de utilização, quando exigível, o que é expressamente vedado pelo art. 1070º, nº 1. Estão apenas em causa as situações em que a licença de utilização não é exigível, o que ocorre relativamente a prédios construídos antes de 1951. Neste sentido, MANTEIGAS MARTINS/RAPOSO SUBTIL/CARVALHO, *op. cit.*, p. 102.

[50] Esta formulação já foi criticada por MENEZES CORDEIRO, "A aprovação do NRAU (Lei nº . 6/2006, de 27 de Fevereiro): primeiras notas", em *O Direito* 138 (2006), II, pp. 229-242 (240), que salienta o facto de não permitir abranger os fins ambíguos e mistos. Também MARIA OLINDA GARCIA, *Arrendamentos para comércio*, pp. 40-41, critica esta norma, considerando que "não deveria existir, pois não tem conteúdo normativo útil, servindo apenas para criar confusões interpretativas acerca da importância e da utilidade jurídica da licença de utilização".

[51] Cfr. GALVÃO TELLES, *Arrendamento*, pp. 205-206, e PINTO FURTADO, *Manual*, I, pp. 433 e ss.

[52] Assim, se por exemplo alguém arrendar simultaneamente duas fracções, uma para instalação de um restaurante e outra para servir de armazém aos produtos desse restaurante,

O art. 1028º, nº , 3, estabelece, no entanto que "se, porém, um dos fins for principal e os outros subordinados, prevalecerá o regime correspondente ao fim principal; os outros regimes só são aplicáveis na medida em que não contrariem o primeiro e a aplicação deles se não mostre incompatível com o fim principal". Consagra-se assim a *teoria da absorção*, sempre que exista um fim preponderante no arrendamento, determinando-se nesse caso a aplicação principal do respectivo regime.

a invalidade ou resolução do arrendamento relativo ao restaurante afectará igualmente o arrendamento relativo ao armazém, devido à solidariedade existente entre os dois.

7
Forma, formalidades e outros requisitos do contrato de arrendamento urbano

Diferentemente do que sucede com a locação em geral, em princípio não sujeita a forma especial (art. 219º), o contrato de arrendamento urbano está sujeito a forma escrita (art. 1069º, nº 1). Para além disso, o referido documento obedece a determinadas formalidades, como prévia obtenção de licença de utilização do imóvel, quando exigível (art. 1070º, nº 1) e a inclusão no contrato de toda uma série de elementos, constantes de diploma especial (art. 1070º, nº 2).

A falta de forma escrita no contrato de arrendamento determinará a sua nulidade (art. 220º). No entanto, o art. 1069º, nº 2, determina que, se essa falta não for imputável ao arrendatário, este pode provar a existência de título por qualquer meio, demonstrando a utilização do locado sem oposição do senhorio e o pagamento mensal da respetiva renda por um período de seis meses. Nestes casos, a sanção para a falta de forma não será assim a nulidade, mas a invalidade mista. Para além, poderá ainda ocorrer uma inalegabilidade formal, no caso de a invocação da nulidade por falta de forma se apresentar como contrária à boa fé, por haver abuso de direito na sua invocação[53].

[53] Neste sentido, cfr. António Menezes Cordeiro, em ID (org.), *Leis do Arrendamento Anotadas*, sub art. 1022º, nº 25, p. 27 e sub art. 1069º, nºs 28-29, p. 159. Na jurisprudência, veja-se Ac. RP 31/5/2001 (Pinto De Almeida), na *CJ* 26 (2001), 3, pp. 205-210 (208), onde se admite essa possibilidade, embora no caso concreto não se tenha considerado verificar-se esse abuso, e especialmente Ac. RG 22/2/2011 (Rosa Tching), processo 2019/06.9TBVCT.G1. Em geral sobre as inalegabilidades formais, veja-se António Menezes Cordeiro, *Tratado de Direito Civil Português*, I- *Parte Geral*, tomo IV – *Exercício Jurídico*, Coimbra, Almedina, 2005, pp. 299 e ss.

A lei prevê, ainda, a exigência de certas formalidades para o contrato de arrendamento urbano, designadamente a licença de utilização e a inclusão de determinadas menções no contrato, a regular em diploma próprio (art. 1070º, nº 2). Esse diploma é presentemente, conforme acima se referiu, o D.L. 160/2006, de 8 de Agosto.

Assim, nos termos do art. 2º do D.L. 160/2006, de 8 de Agosto, na redacção do Decreto-Lei 266-C/2012, de 31 de Dezembro, o contrato de arrendamento deverá conter: *a)* a identificação das partes, indicando os seus nomes, números de identificação civil e fiscal e, quando aplicável, naturalidade, data de nascimento e estado civil; *b)* o domicílio ou sede do senhorio, *c)* a identificação e localização do arrendado, ou da sua parte; *d)* o fim habitacional ou não habitacional do contrato, indicando, quando para habitação não permanente, o motivo da transitoriedade; *e)* a existência da licença de utilização, o seu número, a data e a entidade emitente, ou a referência a não ser aquela exigível; *f)* o quantitativo da renda; *g)* a data da celebração.

Para além disso, nos termos do art. 3º, nº 1, do D.L. 160/2006, de 8 de Agosto, na redacção do Decreto-Lei 266-C/2012, de 31 de Dezembro, sempre que tal seja aplicável, o contrato deverá ainda mencionar: *a)* a identificação dos locais de uso privativo do arrendatário, dos de uso comum a que ele tenha acesso e dos anexos que sejam arrendados com o objecto principal do contrato; *b)* a natureza do direito do locador, sempre que o contrato seja celebrado com base num direito temporário ou em poderes de administração de bens alheios; *c)* o número de inscrição na matriz predial ou a declaração de o prédio se encontrar omisso; *d)* o regime da renda ou da sua actualização; *e)* o prazo; *f)* a existência de regulamento da propriedade horizontal; *g)* o domicílio convencionado; e *h)* quaisquer outras cláusulas permitidas por lei e pretendidas pelas partes, directamente ou por remissão para regulamento anexo. As partes devem ainda assinar e anexar ao contrato o regulamento de condomínio ou qualquer outro para que remetam, bem como um documento onde se descreva o estado de conservação do local e suas dependências, bem como do prédio, aplicando-se, na sua falta ou em caso de omissão ou dúvida o disposto no nº 2 do art. 1043º (art. 3º, nº 2, D.L. 160/2006, de 8 de Agosto, na redacção do Decreto-Lei 266-C/2012, de 31 de Dezembro).

O facto de o contrato de arrendamento não possuir algum ou alguns dos elementos acima referidos não é, porém, causa de invalidade ou ineficácia do mesmo, quando possa ser suprida nos termos gerais e desde que os motivos determinantes da forma se mostrem satisfeitos (art. 4º do D.L. 160/2006, de 8 de Agosto). *A contrario*, essa invalidade ou ineficácia poderá ocorrer caso a falta não possa ser suprida, ou a omissão implique afastamento dos motivos determinantes da exigência de forma.

Por outro lado, e conforme acima se referiu, é condicionalismo da celebração do contrato de arrendamento a existência de licença de utilização, quando exigível (arts. 1070º e 5º, nº 1, D.L. 160/2006, de 8 de Agosto), sendo que a mesma só não é exigível quando a construção do edifício seja anterior à entrada em vigor do Regulamento Geral das Edificações Urbanas, aprovado pelo Decreto-Lei nº 38382, de 7 de Agosto de 1951 devendo nesse caso ser anexado ao contrato documento autêntico que demonstre a data da construção (art. 5º, nº 2, D.L. 160/2006, de 8 de Agosto). No entanto, quando as partes aleguem urgência na celebração do contrato, a referida licença pode ser substituída por documento comprovativo de a mesma ter sido requerida com a antecedência mínima prevista na lei (art. 5º, nº 3, D. L. 160/2006, de 8 de Agosto). Da mesma forma, é exigida autorização camarária para a mudança de finalidade e para o arrendamento não habitacional de prédios ou fracções não licenciados (art. 5º, nº 4, D.L. 160/2006, de 8 de Agosto). Qualquer destes documentos vem, no entanto, a ser dispensado em relação aos arrendamentos que tenham por objecto espaços não habitáveis ou utilizáveis para comércio, indústria ou serviços, nomeadamente para afixação de publicidade ou outro fim limitado (art. 5º, nº 9, D.L. 160/2006, de 8 de Agosto).

Para além disso, o contrato de arrendamento urbano pode necessitar de obedecer a determinados requisitos em ordem à sua plena eficácia perante terceiros. O primeiro deles é o registo, sempre que seja celebrado por mais de seis anos, bem como as suas transmissões ou sublocações (art. 2º, nº 1, *m)* CRP), sem o que a duração do arrendamento superior a seis anos deixa de ser oponível a terceiros (art. 5º, nº 5, CRP)[54].

[54] No âmbito do direito anterior, o art. 1029º, nº 1, *a)* do Código Civil, obrigava a reduzir a escritura pública os arrendamentos sujeitos a registo, dispondo, porém, o nº 2, que a falta da escritura pública ou do registo não impedia que o contrato fosse considerado validamente celebrado e plenamente eficaz pelo prazo máximo por que o poderia ser sem a exigência de escritura e registo. Face à revogação do art. 1029º pelo art. 2º, nº 1, do NRAU, deixou de se exigir forma especial em caso de sujeição a registo do arrendamento.

O contrato de arrendamento urbano é ainda sujeito a imposto de selo, que deve ser liquidado pelo senhorio[55].

[55] Efectivamente, nos termos do nº 2 da TGIS são sujeitos a imposto de selo o arrendamento e subarrendamento, incluindo as alterações que envolvam aumento de renda operado pela revisão de cláusulas contratuais e a promessa quando seguida da disponibilização do bem locado ao locatário. A taxa do imposto de selo é nesse caso de 10% sobre a renda ou seu aumento convencional, correspondentes a um mês ou, tratando-se de arrendamentos por períodos inferiores a um mês, sem possibilidade de renovação ou prorrogação, sobre o valor da renda ou aumento estipulado para o período da sua duração. O encargo do pagamento do imposto recai sobre o locador e sublocador, que são considerados seus sujeitos passivos (arts. 2º, nº 1, *g)* e 3º, nº 3, *b)* CIS), sendo estes obrigados a efectuar a comunicação dos contratos de arrendamento, subarrendamento e respectivas promessas bem como as suas alterações ao serviço de finanças da área da situação do prédio (art. 60º CIS).

8
Formação do contrato de arrendamento urbano

8.1. Capacidade para a celebração do contrato de arrendamento urbano

Refere o art. 1024º, nº 1 que a locação constitui para o locador um acto de administração ordinária, sempre que for celebrada por prazo inferior a seis anos. Essa disposição é naturalmente aplicável ao arrendamento urbano, que será assim igualmente qualificado como acto de administração ordinária. Consequentemente, têm capacidade para celebrar contratos de arrendamento com prazo certo (arts. 1095º e ss. e 1110º) até seis anos, como senhorios, todos os que podem contratar e administrar os seus bens, o que ocorre genericamente em relação às pessoas singulares (art. 67º). Apenas os incapazes de contratar, como os menores (arts. 122º e ss.) ou os maiores acompanhados (arts. 138º e ss.) estarão impedidos de celebrar contratos de arrendamento com prazo certo até seis anos. Nestes casos, será o representante legal (pais, tutor, administrador de bens ou acompanhante) que poderá celebrar os respectivos contratos. Nesse caso, no entanto, o contrato de locação caducará com a cessação dos poderes legais de administração (art. 1051º, nº 1 *c*)). No caso de o maior de dezasseis anos adquirir imóveis com o produto do seu trabalho, pode validamente administrar e dispor deles (art. 127º, nº 1 *a*)), pelo que nesse caso terá igualmente capacidade para celebrar contratos de arrendamento urbano até seis anos[56].

Já relativamente aos arrendamentos urbanos celebrados com prazo certo superior a seis anos (arts. 1095º, nº 2 e 1110º) ou com duração indeterminada (arts. 1099º e ss. e 1110º) eles são considerados em relação ao senhorio actos

[56] Cfr. Januário Gomes, *Constituição*, p. 271.

de administração extraordinária, pelo que apenas poderão ser celebrados nessa qualidade por pessoas com capacidade para a prática desses actos.

Relativamente à capacidade para celebrar contratos de arrendamento urbano na qualidade de arrendatário, atento o facto de nos contratos habitacionais com prazo certo a lei admitir a sua denúncia a todo o tempo após decorrido um terço do prazo inicial do contrato ou da sua renovação, mediante um pré-aviso de 120 dias (art. 1098º, nº 3), podendo fazê-lo após seis meses de duração efectiva do contrato com o mesmo pré-aviso nos contratos habitacionais de duração indeterminada (art. 1100º) e tendo supletivamente o prazo de um ano para a denúncia nos contratos de arrendamento não habitacionais (art. 1110º, nº 2), parece que o arrendamento urbano constitui para o arrendatário sempre um acto de administração ordinária.

Em relação às pessoas colectivas, refere o art. 160º, que a sua capacidade "abrange todos os direitos e obrigações necessários ou convenientes à prossecução dos seus fins", apenas dela se exceptuando "os direitos e obrigações vedados por lei ou que sejam inseparáveis da personalidade singular". Não há assim em princípio obstáculos para que a pessoa colectiva celebre contratos de arrendamento urbano, quer como senhoria, quer como arrendatária. Essa capacidade parece, no entanto, já não existir em relação ao arrendamento para habitação, uma vez que sendo a habitação atributo próprio das pessoas singulares, não está a pessoa colectiva em condições de exercer os correspondentes direitos. Já não parece, porém, de excluir que a pessoa colectiva celebre um arrendamento para habitação a favor de terceiro, caso em que, no entanto, é naturalmente o terceiro que assume a posição de arrendatário[57].

8.2. Legitimidade para a celebração do contrato de arrendamento urbano

Uma vez que o arrendamento urbano constitui um acto de administração ordinária para o senhorio, sempre que seja celebrado por prazo inferior a seis anos, pode o respectivo contrato ser celebrado por mandatário com poderes gerais de administração (art. 1159º, nº 1), bem como todos os que

[57] Neste sentido, PINTO FURTADO, *Manual*, 3ª ed., pp. 315 e ss. Em sentido algo distinto, veja-se, porém, a 4ª ed., I, pp. 362 e ss., onde considera que os arrendamentos para habitação celebrados por pessoas colectivas têm um regime especial, não podendo ser considerados vinculísticos.

possuam esses poderes, como os pais, tutores, administradores de bens, ou acompanhantes de maiores acompanhados (arts. 1889º *m)* a contrario, 1935º, 1971º, 145º, nº 2º), os curadores provisórios (art. 94º) ou definitivos do ausente (art. 110º), o consignatário de rendimentos (art. 661º, nº 1 *b)*); o cabeça-de-casal (art. 2087º, nº 1) e os administradores de sociedades e outras pessoas colectivas[58].

Há, no entanto, algumas situações de pluralidade de titulares do imóvel em que a lei exige o consentimento de todos eles para se poder celebrar um contrato de arrendamento. Assim, estando em causa um arrendamento de prédio indiviso feito pelo consorte ou consortes administradores, este só será considerado válido se os restantes comproprietários manifestarem, antes ou depois do contrato, o seu assentimento (art. 1024º, nº 2). Também carece do consentimento de ambos os cônjuges, salvo se entre eles vigorar o regime da separação de bens, o arrendamento de imóveis próprios ou comuns (art. 1682º-A, nº 1 *a)*), sendo sempre exigido esse consentimento, se o arrendamento incidir sobre a casa de morada da família (art. 1682º-A, nº 2).

No caso de arrendamento com prazo certo superior a seis anos ou com duração indeterminada, já não é, porém, admissível a sua celebração por quem tenha apenas competência para administrar o prédio, exigindo-se poderes de administração extraordinária ou de disposição[59]. Nesse caso, o arrendamento apenas poderá ser celebrado pelo proprietário (art. 1305º), usufrutuário (art. 1444º), fiduciário (art. 2290º) ou procuradores destes com poderes especiais para o acto. O arrendamento pode ainda ser celebrado pelo arrendatário, no caso de este se encontrar autorizado a subarrendar o prédio, total ou parcialmente.

No caso de ser celebrado um arrendamento por quem não tem legitimidade para o celebrar, o mesmo não deve, porém, ser considerado inválido mas apenas ineficaz em relação ao proprietário ou aos restantes contitulares do imóvel[60]. Efectivamente, e apesar do que refere o art. 1024º, nº 2,

[58] Neste sentido, PEREIRA COELHO, *Arrendamento*, pp. 100 e ss,

[59] Cfr. neste sentido, JANUÁRIO GOMES, *Constituição*, p. 274 e PINTO FURTADO, *Manual*, I, p. 370.

[60] Neste sentido, VAZ SERRA, "Anotação Ac. STJ 3/12/1968", na *RLJ* 103 (1970), pp. 52-55 e 55-61 (57, nota), e na jurisprudência Ac. STJ 13/3/2003 (ARAÚJO BARROS), processo 03B211. Em sentido contrário, defendendo que se trata de uma nulidade de regime especial, susceptível de sanação ou convalidação a todo o tempo, cfr. PIRES DE LIMA / ANTUNES VARELA, *op. cit*,

a questão da validade do contrato coloca-se apenas no plano das relações internas, sendo que em relação aos verdadeiros titulares do imóvel o contrato é ineficaz, podendo estes facilmente obter a restituição do imóvel com esse fundamento, através de uma acção de reivindicação. Se tal acontecer, naturalmente que quem arrendou o imóvel responderá por incumprimento perante o arrendatário, como expressamente resulta dos arts. 1034º, nº 1, *a)* e 1032º.

Já em relação ao arrendatário, a lei não toma posição expressa sobre a sua qualificação como acto de administração ou disposição, o que originou certa controvérsia doutrinária. Para CUNHA GONÇALVES, a locação deveria ser considerada em relação ao arrendatário sempre como um acto de mera administração, uma vez que, seja qual for o prazo, este só tem a lucrar com a locação[61]. Mas já GALVÃO TELLES considerou que a celebração do arrendamento nunca se poderia considerar, em relação ao arrendatário, como acto de mera administração, uma vez que não se destina à conservação ou mera frutificação de bens, antes implicando a assunção de obrigações pelo arrendatário[62]. Já para JANUÁRIO GOMES, o arrendamento é um acto de disposição quando celebrado por prazo superior a seis anos e um acto de administração extraordinária se celebrado por prazo inferior. O autor defende assim que o arrendamento não pode ser celebrado por mandatário sem poderes especiais (art. 1159º) e que os pais (art. 1889º, nº 1, alíneas *h)* e *m)*), o tutor (art. 1938º), o administrador de bens (art. 1971º) e o curador (art. 94º) só podem tomar de arrendamento com autorização do tribunal (actualmente do Ministério Público)[63].

Em nosso entender, o arrendamento urbano é para o arrendatário uma simples assunção de obrigações como contrapartida do gozo de uma coisa, pelo que deve ser considerada um acto de mera administração, até por que a lei permite amplamente a denúncia do arrendatário, independentemente do prazo estipulado, conforme acima se referiu (cfr. arts. 1098º, nº 3, 1100º e 1110º, nº 2). Pode assim o arrendamento ser celebrado, em relação ao arrendatário, por mandatário com poderes gerais de administração (art. 1159º) e pelos pais em representação do menor (art. 1889º *h)*). Em relação

II, sub art. 1024º, nº 3, pp. 346-347, e MENEZES CORDEIRO, em ID (org.), *Leis do Arrendamento Anotadas*, sub art. 1024º, nº 21, p. 32.

[61] Cfr. CUNHA GONÇALVES, *Tratado*, VIII, p. 685.

[62] Cfr. GALVÃO TELLES, *Arrendamento*, p. 148.

[63] Cfr. JANUÁRIO GOMES, *Constituição*, pp. 324-325.

ao tutor, ser-lhe-á permitido tomar de arrendamento, se for para assegurar habitação ao pupilo (o que é uma componente do seu direito a alimentos) ou tal se mostre necessário à administração do património dele (art. 1938º, nº 1, *d)*), sendo este regime igualmente aplicável ao administrador de bens (art. 1971º) e curador do ausente (art. 94º). Da mesma forma, em relação ao maior acompanhado, o acompanhante poderá celebrar em seu nome contratos de arrendamento (art. 145º, nº 2, *b)*).

No caso de arrendamento urbano celebrado por um dos cônjuges, determina o art. 1068º que o direito do arrendatário comunica-se ao seu cônjuge, nos termos gerais e de acordo com o regime de bens vigente[64]. No entanto, dado que a celebração do arrendamento constitui uma mera assunção de obrigações, qualquer dos cônjuges tem legitimidade para o celebrar sem o consentimento do outro cônjuge (art. 1690º, nº 1), ainda que depois não possa isoladamente dispor dele se o arrendamento se comunicar ao outro cônjuge, nos termos do regime de bens adoptado (cfr. art. 1068º). A disposição do direito ao arrendamento que incida sobre a casa de morada de família, resultante de resolução, denúncia, revogação, cessão da posição de arrendatário e subarrendamento ou empréstimo total ou parcial, carece, aliás, sempre do consentimento de ambos os cônjuges (art. 1682º-B), pelo que não poderá ser realizada individualmente por um deles, mesmo na hipótese de separação de bens. Para além disso, a dívida das rendas relativas à casa de morada de família deve ser considerada da responsabilidade de ambos os cônjuges, nos termos do art. 1691º, nº 1, *b)*)[65].

8.3. Igualdade e não discriminação na celebração de contratos de arrendamento urbano

Em transposição da Directiva 2004/113/CE do Conselho, de 13 de Dezembro, a Lei 14/2008, de 12 de Março, veio proibir a discriminação directa ou indirecta, em função do sexo, no acesso a bens e serviços e seu fornecimento (art. 1º). O art. 4º, nº 2, *c)* da mesma Lei considera como prática discriminatória a recusa ou o condicionamento de arrendamento ou subarrendamento de imóveis, sendo assim vedado recusar a celebração de contratos de arrendamento ou de subarrendamento por motivos rela-

[64] Conforme salienta MENEZES CORDEIRO, em ID (org.), *Leis do Arrendamento Anotadas*, sub art. 1068º, nº 23, p. 55, esta disposição apenas se aplica aos arrendamentos celebrados depois de 2006, mantendo-se em relação aos anteriores o regime da incomunicabilidade.

[65] Neste sentido, CUNHA DE SÁ/COUTINHO, *Arrendamento*, p. 47.

tivos ao sexo do arrendatário, ou estabelecer pelos mesmos motivos condições discriminatórias nos contratos de arrendamento. É da mesma forma proibido o pedido de informação relativamente à situação de gravidez da mulher candidata a um arrendamento, salvo por razões de saúde (art. 5º da Lei 14/2008).

A prática de qualquer acto discriminatório em função do sexo no acesso ao arrendamento, além de constituir contra-ordenação (art. 12º da Lei 14/2008), legitima o lesado a reclamar indemnização por todos os danos patrimoniais e não patrimoniais causados, a título de responsabilidade civil extracontratual (art. 10º, nº 1, da Lei 14/2008). Para além disso, nos contratos que envolvam cláusulas discriminatórias, o contraente lesado adquire direito à alteração do contrato por forma a que os direitos e obrigações sejam equivalentes aos do sexo mais beneficiado (art. 10º, nº 3, da Lei 14/2008).

Posteriormente, o art. 1067º-A, aditado pela Lei 13/2019, veio ainda estabelecer no seu nº 1 que "ninguém pode ser discriminado no acesso ao arrendamento em razão de sexo, ascendência ou origem étnica, língua, território de origem, nacionalidade, religião, crença, convicções políticas ou ideológicas, género, orientação sexual, idade ou deficiência" . O nº 2 acrescenta que "o anúncio de oferta de imóvel para arrendamento e outra forma de publicidade ligada à disponibilização de imóveis para arrendamento não pode conter qualquer restrição, especificação ou preferência baseada em categorias discriminatórias violadoras do disposto no número anterior".

8.4. O contrato-promessa de arrendamento urbano

O arrendamento urbano pode ser objecto de contrato-promessa nos termos gerais (art. 410º do Código Civil). Face ao facto de o art. 1069º, nº 1, impor a celebração por escrito do contrato de arrendamento urbano, o respectivo contrato-promessa terá igualmente que ser celebrado por documento escrito, assinado pela parte que se vincula (cfr. art. 410º, nº 2). Não é, porém, aplicável à promessa de arrendamento o art. 410º, nº 3, uma vez que o arrendamento não constitui um direito real.

Em caso de não cumprimento da promessa de arrendamento, deve entender-se que a mesma estará normalmente sujeita à execução específica (art. 830º), uma vez que a natureza da obrigação assumida não é incompatível com essa figura[66]. Uma vez que não estamos perante uma

[66] Cfr. PEREIRA COELHO, *Arrendamento*, pp. 89-90 e PINTO FURTADO, *Manual*, I, p. 333.

das promessas a que se refere o art. 410º, nº 3, a execução específica pode ser afastada pelas partes (art. 830º, nº 1 e 830º, nº 3 *a contrario*), o que se presumirá ter ocorrido, se tiver sido estipulado sinal ou fixada uma pena para o não cumprimento da promessa.

8.5. Invalidade do contrato de arrendamento urbano

Cabe agora examinar a invalidade do contrato de arrendamento urbano, a qual pode ocorrer sempre que o arrendamento não seja celebrado pela forma legalmente exigida (art. 1069º, nº 1, e 220º, salvo na situação prevista no art. 1069º, nº 2), ocorra violação dos limites legais relativos ao objecto e fim negocial (arts. 280º e 281º), ou o arrendamento seja celebrado contra disposição de carácter injuntivo (art. 294º)[67].

Verificada uma situação de invalidade o senhorio deixa de ser obrigado a assegurar o gozo do imóvel e perde igualmente o direito a receber a renda. Dado que a invalidade tem efeito retroactivo, o senhorio terá quer restituir as rendas recebidas, enquanto que o arrendatário, dado que não é possível a restituição em espécie da prestação que recebeu, deverá restituir o valor correspondente ao gozo locativo do imóvel (art. 289º, nº 1), o que tenderá a coincidir com a renda estipulada[68]. As duas obrigações de restituição deverão ser cumpridas simultaneamente, sendo aplicáveis as regras da excepção de não cumprimento do contrato (art. 290º).

Para obter a restituição do prédio em caso de invalidade do arrendamento, parece que poderá ser instaurada uma acção de invalidade e consequente restituição do imóvel (arts. 285º), ou uma acção de reivindicação, no caso de o senhorio ser proprietário do mesmo (art. 1311º), onde a validade jurídica do arrendamento terá necessariamente que ser discutida[69]. Não parece, porém, possível que seja utilizada para o efeito a acção de despejo, já que esta, nos termos do art. 14º do NRAU, destina-se antes a fazer cessar a situação jurídica do arrendamento, não abrangendo assim os casos de invalidade do contrato.

[67] Exemplo desta situação será a celebração de arrendamento para fim diverso do licenciado, o qual é nulo, nos termos do art. 5º, nº 8. D.L. 160/2006, de 8 de Agosto.

[68] Neste sentido, cfr. Ac. STJ 24/11/2016 (António Piçarra), processo 36/12.9TBCTB.C1.S1, na *CJ-ASTJ* 24 (2016), 3, pp. 116-118.

[69] Cfr., sobre esta situação processual, Miguel Teixeira de Sousa, *O concurso de títulos de aquisição da prestação. Estudo sobre a dogmática da pretensão e do concurso de pretensões*, Coimbra, Almedina, 1988, pp. 261 e ss.

No caso de a invalidade de o arrendamento ser imputável ao senhorio, designadamente por este não ter aceite celebrar o arrendamento pela forma legalmente exigível, a nossa tradição jurídica tem sido no sentido de não permitir que este comportamento prejudique os direitos do arrendatário, que lhe têm sido reconhecidos, mesmo em caso de invalidade do contrato, gerando-se assim uma invalidade atípica, que poderia suprida pelo arrendatário[70]. Essa tradição tinha sido abolida pelo NRAU, mas foi retomada com Lei 13/2019, de 12 de Fevereiro, que passou a determinar no art. 1069º, nº 2, a atribuição de título de arrendamento no caso de o arrendatário demonstrar por qualquer meio a permanência no locado e o pagamento da renda durante seis meses, configurando assim neste caso a falta de forma como meramente geradora de invalidade mista. Para além disso, pode ser equacionada a existência de uma inalegabilidade formal por parte de quem deu causa à invalidade, no caso de a invocação da nulidade por falta de forma se apresentar como contrária à boa fé, por haver abuso de direito na sua invocação[71].

[70] Cfr. Galvão Telles, *Arrendamento*, pp. 172 e ss., e Pinto Furtado, *Manual*, I, p. 66. A primeira disposição a consagrar essa solução foi o art. 4º da Lei 1662, de 4 de Setembro de 1924, segundo a qual os arrendamentos de prédios urbanos seriam, não obstante a falta de título escrito, reconhecidos em juízo, por qualquer outro meio de prova, quando se demonstre que a falta era imputável a negligência, coacção, dolo ou má fé do senhorio. Mais tarde essa solução seria alargada pelo D.L. 22661, de 13 de Junho de 1933, que estabeleceu que os arrendamentos de prédios urbanos serão, não obstante a falta de título escrito, reconhecidos em juízo, por qualquer meio de prova, quando se prove que a falta é imputável ao senhorio ou ao arrendatário. A solução seria abolida com o Código Civil de 1966, cujo art. 1029º ao consagrar a exigência de escritura pública em certos arrendamentos, nada dispunha sobre a sua imputabilidade a qualquer das partes. No entanto, esse artigo veio a ser alterado pelo D.L. 67/75, de 19 de Fevereiro, que determinou que a falta de escritura pública era sempre imputável ao senhorio e a respectiva nulidade só seria invocável pelo arrendatário, que poderia fazer a prova do contrato por qualquer meio, tendo depois a mesma solução sido estendida pelo D.L. 188/76, de 12 de Março, aos arrendamentos para habitação não reduzidos a escrito.
Posteriormente, no entanto, o art. 7º, nº 2, do RAU veio dispor que a inobservância de forma escrita só poderia ser suprida pela exibição do recibo de renda, tendo como efeito sujeitar o arrendamento a renda condicionada, sem que daí possa resultar aumento de renda.

[71] Cfr. Menezes Cordeiro, *Tratado*, I, tomo IV, pp. 299 e ss., e na jurisprudência o já citado Ac. RP 31/5/2001 (Pinto de Almeida), na *CJ* 26 (2001), 3, pp. 205-210 (208). Galvão Telles, *Arrendamento*, pp. 172 e ss. (185), chegou a designar esta situação como correspondendo a um arrendamento de facto, qualificando-o como "*facto jurídico em sentido restrito*, porque a lei, autonomamente, faz surgir das cinzas do contrato uma nova figura jurídica, a que associa efeitos que não se podem dizer fruto de uma vontade inválida".

9
Efeitos essenciais do contrato de arrendamento urbano

9.1. Obrigações do senhorio

9.1.1. Obrigação de entrega

Resulta do art. 1031º *a)* que a primeira obrigação do senhorio é a de entregar ao arrendatário a coisa locada. Ao contrário do que sucede na compra e venda (art. 882º) e na doação (art. 955º) a lei não concretiza o regime da obrigação de entrega no âmbito do contrato de arrendamento. Essa solução explica-se pelo facto de não se justificar instituir uma obrigação de custódia do senhorio em relação ao imóvel após a celebração do contrato, uma vez que o senhorio responde sempre por vícios da coisa locada que datem do momento da entrega, se não provar que os desconhecia sem culpa (art. 1032º *b)*) ou que os defeitos eram conhecidos ou cognoscíveis pelo arrendatário (art. 1033º *a)* e *b)*). Também não se justifica estabelecer supletivamente que a obrigação de entrega abranja os frutos pendentes e as partes integrantes, e muito menos os documentos relativos à coisa ou direito, uma vez que caberá às partes determinar a extensão da locação.

A entrega do imóvel pode ser material ou simbólica (art. 1263º, *b)*), sendo esta última a mais comum, resultando normalmente da tradição das chaves (*traditio clavium*). A entrega pode ser realizada pelo próprio senhorio ou por terceiro (entrega indirecta), o que se verificará, por exemplo, se o anterior senhorio instruir o anterior arrendatário a entregar as chaves directamente ao novo arrendatário. É ainda possível a ocorrência da *traditio brevi manu*, como sucederá se o arrendatário, detendo o imóvel a outro título, como por exemplo na situação de comodatário, acordar com o senhorio a passagem a arrendatário por mero consenso[72].

Mais controvertida tem sido a admissibilidade do constituto possessório (arts. 1263º *c)* e 1264º) no âmbito do arrendamento. Para PINTO FURTADO, o constituto possessório não se pode verificar no arrendamento, uma vez que "por seu intermédio a *detenção material* persiste no *tradens*, ao passo que a entrega tem de a fazer passar necessariamente ao *accipiens* (o *locatário*)"[73]. DAVID MAGALHÃES considera, no entanto, como possível o constituto possessório no caso de o arrendatário anterior manter sempre o domínio fáctico do imóvel e o actual arrendatário acabar por lho subarrendar (art. 1264º, nº 2)[74]. Parece-nos de concordar com esta última posição.

Em relação ao lugar do cumprimento da obrigação de entrega em caso de falta de estipulação das partes, não havendo disposição específica para o arrendamento, a tradição material do imóvel, por força da natureza das coisas deverá realizar-se no lugar onde se encontra o imóvel[75]. Já em relação ao tempo do cumprimento, se houver prazo estipulado para a entrega, o senhorio deverá cumprir esse prazo, sob pena de entrar em mora (art. 805º, nº 2, *a)*). Não havendo prazo estipulado, o arrendatário poderá, após a celebração do arrendamento, exigir a todo o tempo a entrega do imóvel, assim como o senhorio poderá, a todo o tempo, proceder a essa entrega (art. 777º, nº 1).

9.1.2. Obrigação de assegurar ao arrendatário o gozo do imóvel para os fins a que este se destina

O senhorio é ainda obrigado a assegurar ao arrendatário o gozo do imóvel para os fins a que esta se destina (art. 1031º *b)*). Efectivamente, o principal direito do arrendatário é o direito de gozo do imóvel arrendado. Constituindo, conforme se referiu, esse um direito pessoal de gozo, estrutura-se com base numa obrigação do senhorio. No entanto, a verdade é que não deixa de conferir ao arrendatário a posse do imóvel, sendo-lhe consequentemente atribuída a possibilidade de, em caso de ser privado do gozo do imóvel, ou perturbado no exercício dos seus direitos, utilizar as acções

[72] Cfr. PINTO FURTADO, *Manual*, I, pp. 486-487, e DAVID MAGALHÃES, *A resolução*, pp. 172-173.

[73] Cfr. PINTO FURTADO, *Manual*, I, pp. 487-488.

[74] Cfr. DAVID MAGALHÃES, *A resolução*, pp. 172-173.

[75] Neste sentido, PINTO FURTADO, *Manual*, I, p. 488.

possessórias, referidas nos arts. 1276º e ss., ainda que contra o próprio dono (art. 1037º, nº 2). O arrendatário tem assim posse em nome próprio do imóvel arrendado, correspondente ao seu direito de gozo sobre ele[76], tendo ainda, nos termos do art. 1253º *c)* posse em nome alheio do direito do senhorio. Nos termos gerais, pode, no entanto, sempre exigir do senhorio que cumpra a sua obrigação de lhe assegurar o gozo do imóvel.

A obrigação do senhorio de assegurar o gozo do imóvel vem a ser, no entanto, objecto de alguma limitação no art. 1037º, nº 1, onde se estabelece que "não obstante convenção em contrário, o locador não pode praticar actos que impeçam ou diminuam o gozo da coisa pelo locatário, com excepção dos que a lei ou os usos facultem ou o próprio locatário consinta em cada caso, mas não tem obrigação de assegurar esse gozo contra actos de terceiro". Desta disposição resulta que a obrigação do senhorio em assegurar o gozo do imóvel tem, após a sua entrega, um conteúdo primordialmente negativo, bastando a mera abstenção do senhorio em praticar actos que possam perturbar o gozo da coisa pelo arrendatário[77]. Só em casos particulares essa obrigação assumirá cariz positivo, quando circunstâncias excepcionais, pelas quais o senhorio deva responder, perturbem o gozo da coisa pelo locatário. A lei ressalva, no entanto, que esses casos particulares não abrangem os actos de terceiro, cabendo por conta do locatário a sua defesa contra esses actos, para o que pode usar as acções possessórias (art. 1037º, nº 2).

9.1.3. Obrigação de realizar reparações e obras no imóvel

9.1.3.1. Generalidades

Uma das alterações de regime mais importantes realizadas pelo NRAU diz respeito à obrigação do senhorio em efectuar reparações e obras na coisa locada. O regime passou a adquirir uma complexidade muito grande,

[76] Trata-se, no entanto, de uma posse correspondente ao exercício de um direito pessoal de gozo e não de um direito real. Cfr. Galvão Telles, *Arrendamento*, p. 307 e Romano Martinez, *Obrigações*, p. 161. Por isso, e conforme salienta Menezes Cordeiro, em ID, *Leis do Arrendamento Anotadas*, sub art. 1037º, nºs 29-30, p. 62, trata-se de uma posse meramente interdictal, que não permite beneficiar integralmente dos *commoda possessionis*, designadamente da usucapião.

[77] Conforme salienta David Magalhães, *A resolução*, p. 176, o senhorio tem em consequência dos deveres de "não entrar nas dependências locadas sem autorização do arrendatário (com a possível excepção de casos de urgência; não obstruir entradas; não impedir o acesso de clientes, fornecedores ou visitas, não perturbar os fornecimentos de gás, água e electricidade".

na medida em que existe um regime geral da locação civil, que vem a ser de certa forma derrogado pelo NRAU, constando, no entanto, o cerne da matéria de um diploma regulamentar, o Regime Jurídico das Obras em Prédios Arrendados (RJOPA), aprovado pelo Decreto-Lei nº 157/2006, de 8 de Agosto, e alterado pelo D.L. 306/2009, de 23 de Outubro, pela Lei 30/2012, de 14 de Agosto, pela Lei 79/2014, de 19 de Dezembro, pelas Leis 42/2017 e 43/2017, de 14 de Junho e pela Lei 13/2019, de 12 de Fevereiro.

Examinemos esses regimes:

9.1.3.2. O regime geral da locação civil relativo às obras

A estrutura geral do regime da locação civil relativamente às obras não foi alterada. Efectivamente, e como vimos, o locador é obrigado a assegurar ao locatário o gozo da coisa para os fins a que esta se destina (art. 1031º *b)*). Essa obrigação pode implicar a necessidade de o locador fazer reparações e outras despesas necessárias à conservação da coisa locada (art. 1036º). O locatário pode assim exigir do locador que as efectue. Caso o locador entre em mora quanto a essa obrigação, se as despesas ou as reparações, pela sua urgência, se não compadecerem com as delongas de um processo judicial, pode o locatário fazê-las extrajudicialmente, com direito ao seu reembolso (art. 1036º, nº 1). Caso a urgência não consinta qualquer dilação, o locatário pode mesmo efectuar as reparações e despesas, independentemente de mora do locador, contanto que o avise a tempo (art. 1036º, nº 2). Esse regime geral da locação manteve-se inalterado na alteração do Código Civil, tendo sido, no entanto, muito modificado o regime previsto especificamente para o arrendamento urbano.

9.1.3.3. A supletividade geral do regime das obras em sede de arrendamento urbano

Anteriormente, no âmbito do arrendamento urbano, os arts. 11º e ss. RAU estabeleciam uma distinção relativamente a obras de conservação ordinária, obras de conservação extraordinária e obras de beneficiação, sujeitando-as a regimes diversos[78].

[78] Cfr. especialmente António Pais de Sousa, "Obras no locado e sua repercussão nas rendas", em António Menezes Cordeiro/Luís Menezes Leitão/Januário da Costa Gomes, *Estudos em homenagem ao Prof. Doutor Inocêncio Galvão Telles,* III – *Direito do Arrendamento Urbano,* Coimbra, Almedina, 2002, pp. 159-176.

Eram consideradas obras de conservação ordinária, nos termos do art. 11º, nº 2, do RAU: *a)* a reparação e limpeza geral do prédio e suas dependências; *b)* as obras impostas pela Administração Pública, nos termos da lei geral e local aplicável, e que visem conferir ao prédio as características apresentadas aquando da concessão da licença de utilização; *c)* e, em geral, as obras destinadas a manter o prédio nas condições requeridas pelo fim do contrato e existentes à data da sua celebração. Nos termos do art. 12º RAU estas obras ficavam a cargo do senhorio, ressalvado o dever de o locatário manter e restituir a coisa no estado em que a recebeu, salvo pequenas deteriorações em conformidade com o fim do contrato (arts. 1043º e 4º do RAU). Nos arrendamentos não habitacionais era possível, porém, convencionar que esta obrigação ficasse a cargo do arrendatário (arts. 120º, 121º e 123º RAU). Em qualquer caso, a realização destas obras pelo senhorio, dava-lhe direito a exigir aumento de renda, nos termos dos arts. 38º e 39º do RAU.

Eram consideradas obras de conservação extraordinária, nos termos do art. 11º, nº 3 RAU "as ocasionadas por defeito de construção do prédio ou por caso fortuito ou de força maior, e, em geral, as que não sendo imputáveis a acções ou omissões ilícitas perpretadas pelo senhorio, ultrapassem, no ano em que se tornem necessárias, dois terços do rendimento líquido desse mesmo ano". Já eram consideradas obras de beneficiação as que não se pudessem considerar obras de conservação, ordinária ou extraordinária (art. 11º, nº 4 RAU). As obras de conservação extraordinária e de beneficiação ficavam a cargo do senhorio quando, nos termos das leis administrativas em vigor, a sua execução lhe fosse ordenada pela câmara municipal competente ou quando houvesse acordo escrito das partes no sentido da sua realização, com discriminação das obras a efectuar (art. 13º, nº 1 RAU), parecendo, portanto, *a contrario* que ficariam a cargo do arrendatário quando nenhuma destas situações se verificasse. Em qualquer caso, a realização destas obras pelo senhorio, dava-lhe igualmente direito a exigir aumento de renda, nos termos dos arts. 38º e 39º do RAU.

Consequentemente, no regime do RAU apenas ficavam a cargo do senhorio as obras de conservação ordinária (art. 12º, nº 1 do RAU), sendo que relativamente às obras de conservação extraordinária ou de beneficiação, a sua realização pelo senhorio dependia de tal lhe ser ordenado pela Câmara Municipal, ou haver acordo escrito das partes nesse sentido (art.

13º, nº 1 RAU), tendo o senhorio direito a actualizar a renda sempre que realizasse obras (art. 12º, nº 2 e 13º, nº 2 RAU).

O regime actualmente consagrado no art. 1074º do Código Civil é bastante diferente em relação ao regime das obras. Efectivamente, em coerência com a obrigação que incumbe ao senhorio de proporcionar o gozo da coisa ao locatário para os fins a que esta se destina (art. 1031º *b*)), o novo art. 1074º, nº 1, vem estabelecer que lhe incumbe efectuar obras de conservação ordinária ou extraordinária, sempre que elas sejam requeridas pelas leis ordinárias ou resultem do fim do contrato, salvo estipulação em contrário. Assim, embora se preveja supletivamente que é sobre o senhorio que recai o dever de realizar obras, admite-se estipulação em contrário, o que se justifica, pois é natural que por contrato certas obras possam ficar a cargo do arrendatário, uma vez que o valor da renda pode ser convencionado em função dessa obrigação, como acontece nos casos da cláusula de "arrendamento do imóvel no estado em que se encontra".

A remissão do regime das obras para a estipulação das partes é ainda prevista expressamente no âmbito do arrendamento de fins não habitacionais, onde o art. 1111º, dispõe que as obras relativas à responsabilidade pela realização das obras de conservação ordinária ou extraordinária, requeridas por lei ou pelo fim do contrato, são livremente estabelecidas pelas partes (nº 1). Apenas se as partes nada convencionarem, a lei estabelece como regime supletivo que cabe ao senhorio executar as obras de conservação, considerando-se o arrendatário autorizado a realizar as obras exigidas por lei ou requeridas pelo fim do contrato (nº 2).

O art. 7º, nº 7, da Lei 42/2017 reconhece ainda aos arrendatários de imóvel em que esteja situado estabelecimento ou entidade reconhecidos como de interesse histórico e cultural ou social local a faculdade de realizar as obras de conservação indispensáveis à conservação e salvaguarda do locado, do estabelecimento ou da entidade quando, após ter sido interpelado para o fazer, o senhorio não as desencadeie em prazo razoável.

9.1.3.4. A possibilidade de o senhorio denunciar ou suspender o contrato quando decida realizar obras de remodelação ou restauro profundos, demolição do prédio urbano ou edificação em prédio rústico arrendado não sujeito a regime especial

Sempre que o estado do prédio o justifique, a lei atribui ao senhorio a possibilidade de realizar obras de remodelação ou restauro profundos, sendo consideradas como tais apenas as seguintes obras, nos termos do art. 4º, nº 1, RJOPA:

a) as obras de reconstrução definidas no art. 2º *c)* do RJUE;

b) as obras de alteração ou ampliação definidas no art. 2º *d)* e *e)* do RJUE desde que destas resulte um nível bom ou superior no estado de conservação do locado, de acordo com a tabela referida no art. 6º, nº 3, da Portaria 1192-B/2006, de 3 de Novembro, e o custo da obra a realizar no locado, incluindo imposto sobre o valor acrescentado corresponda, pelo menos, a 25% do valor aplicável ao locado, em função da sua localização e área bruta de construção, de acordo com o valor mediano das vendas por m2 de alojamentos familiares (€), por concelho, divulgado pelo Instituto Nacional de Estatística, I. P., para o trimestre anterior.

Essas obras podem decorrer de intervenções urbanísticas realizadas em área de reabilitação urbana (art. 4º, nº 4, RJOPA), sendo que o regime dessas áreas consta do D.L. 307/2009, de 23 de Outubro, alterado pela Lei 32/2012, de 14 de Agosto e pelo D.L. 136/2014, de 9 de Setembro.

A denúncia para remodelação ou restauro profundo não é, no entanto, admitida nos casos em que um estabelecimento ou uma entidade situados no locado tenham sido reconhecidos pelo município como de interesse histórico e cultural ou social local, nos termos da Lei 42/2017, casos em que o estabelecimento ou entidade se mantém no locado (art. 6º, nº 7, RJOPA). Nessa situação, caso venha a ser efectuada a remodelação ou restauro profundo do imóvel, cabe aos municípios salvaguardar a manutenção da actividade e património material existentes no locado, designadamente impondo para o efeito as condicionantes necessárias, no âmbito da respectiva competência de controlo prévio urbanístico e demais competências em matéria urbanística (art. 6º, nº 8, RJOPA).

A denúncia para para obras de remodelação e restauro profundo só é possível no caso de não resultar das obras local com características equivalentes à do locado onde seja possível a manutenção do arrendamento (art. 5º-A RJOPA). No caso contrário há lugar à suspensão do contrato de arrendamento, nos termos dos arts. 9º-A e ss. RJOPA.

Sendo realizada a denúncia do contrato para remodelação ou restauro profundos, a mesma obriga o senhorio, mediante acordo e em alternativa:

a) ao pagamento de uma indemnização no valor correspondente a dois anos de renda, não podendo este ser inferior a 2/15 do valor patrimonial tributário do locado (art. 6º, nº 1, *a)* RJOPA);

b) a garantir o realojamento do arrendatário por período não inferior a três anos e em condições análogas às que ele detinha, quer quanto ao local, quer quanto ao valor da renda e encargos (art. 6º, nº 1, *b)* e nºs 3 a 5 RJOPA).

A opção por qualquer das soluções deve ser precedida de acordo com o arrendatário (art. 6º, nº 1, proémio, RJOPA). Na falta de acordo no prazo de 60 dias após a recepção da comunicação do senhorio aplica-se a título supletivo a solução do realojamento (art. 6º, nº 2, RJOPA). No entanto, caso o arrendatário não aceite a proposta de realojamento, nos termos do art. 6º, nºs 3 a 5 RJOPA, ou caso, tratando-se de arrendamento não habitacional, não seja possível o realojamento, passa a ser aplicável a atribuição da indemnização (art. 6º, nº 9 RJOPA).

Tratando-se de obra realizada no âmbito do regime da reabilitação urbana aplica-se o disposto no art. 73º RJRU, de 23 de Outubro (art. 6º, nº 6, RJOPA).

O senhorio pode igualmente denunciar o contrato, quando pretenda efectuar a demolição do imóvel (art. 1101º *b)*). Nos termos do art. 7º, nº 1, do RJOPA a denúncia para demolição pode ocorrer quando a demolição:

a) Seja ordenada nos termos do nº 3 do artigo 89º do RJUE ou do artigo 57º do RJRU;

b) Seja necessária por força da degradação do prédio, a atestar pelo município;

c) Resulte de plano de ordenamento do território aplicável, nomeadamente de plano de pormenor de reabilitação urbana.

A denúncia para demolição obriga o senhorio a indemnizar o arrendatário ou a garantir o seu realojamento nos mesmos termos da denúncia para remodelação ou restauro profundos. (art. 7º, nº 2, do RJOPA). No entanto, caso a necessidade de demolição resulte de plano de ordenamento do território aplicável, nomeadamente de plano de pormenor de reabilitação urbana, o proprietário pode pedir à entidade responsável pela execução do plano o ressarcimento dos custos suportados com o realojamento ou indemnização dos arrendatários. (art. 7º, nº 3, RJOPA).

A denúncia para demolição de imóveis onde se encontrem instalados estabelecimentos ou entidades de interesse histórico ou cultural e social local obedece a algumas especialidades (art. 7º, nº 4, RJOPA). Assim, mesmo no caso de se verificar algum dos pressupostos referidos no nº 1 do art. 7º RJOPA, a demolição do imóvel só pode ser permitida pelos órgãos municipais competentes ocorrendo "situação de ruína ou de verificação em concreto de primazia de um bem jurídico superior ao que está presente na tutela dos bens em causa, desde que, em qualquer dos casos, se não mostre viável nem razoável, por qualquer outra forma, a salvaguarda ou o deslocamento (*sic*) do estabelecimento" (art. 7º-A, nº 1, *a)* RJOPA) e desde que "a situação de ruína não tenha sido causada por incumprimento do dever de conservação exigível ao proprietário" (art. 7º-A, nº 1, *b)* RJOPA).

Caso a situação de ruína tenha sido causada pelo incumprimento do dever de conservação previsto no art. 89º RJUE ou no art. 6º RJRU o valor da indemnização prevista no art. 6º, nº 1, *a)* RJOPA é duplicado (art. 7º-A, nº 3, RJOPA). Caso a situação de ruína resulte de acção ou omissão culposa do proprietário o valor da indemnização eleva-se a 10/15 do valor patrimonial tributário do imóvel (art. art. 7º-A, nº 4, RJOPA)[79].

A lei determina ainda que o regime das obras para remodelação e restauro profundos ou demolição do imóvel é aplicável, com as necessárias adaptações, à denúncia de arrendamento em prédio rústico não sujeito a regime especial, quando o senhorio pretenda aí construir um edifício (art. 11º do RJOPA).

Caso o senhorio venha a exercer a denúncia para obras, o arrendatário tem direito de preferência no âmbito de novo arrendamento celebrado pelo senhorio durante o prazo de dois anos a partir da data da cessação do contrato (art. 9º-A RJOPA).

9.1.3.5. A exigência pelo arrendatário da realização de obras pelo senhorio

A lei remeteu, porém, novamente para o art. 1036º do Código Civil o regime da exigência de realização de obras por parte do arrendatário no âmbito

[79] Há uma manifesta contradição entre estas duas disposições, uma vez que os casos em que a denúncia resulta de omissão culposa, para efeitos do nº 4, correspondem igualmente às situações previstas no nº 3. Parece-nos que a melhor forma de compatibilizar estas duas disposições é interpretar restritivamente o nº 4, restringindo-o às hipóteses de acção culposa, ficando as situações de omissão abrnagidas pelo nº 3.

do arrendamento urbano, a qual se rege assim pelo regime já exposto em relação à locação civil. Esta previsão vem a ser confirmada no âmbito do arrendamento de prédios urbanos pelo art. 1074º, n 3. Por outro lado, a menos que haja estipulação em contrário, o arrendatário tem direito, no final do contrato, a compensação por obras licitamente feitas, nos termos aplicáveis ao possuidor de boa fé (art. 1074º, nº 5).

No caso de as obras estarem a cargo do senhorio, a sua não realização constitui fundamento de resolução do contrato pelo arrendatário (art. 1083º, nº 1). Não parece, porém, que, enquanto se mantiver no gozo do imóvel o arrendatário possa utilizar a excepção de não cumprimento do contrato para se recusar a pagar a renda, em consequência da não realização das obras[80], apenas podendo efectuar a redução da renda na medida proporcional à privação ou diminuição do gozo nos termos do art. 1040º.

Importante é também a alteração da faculdade de exigência de obras ao senhorio por parte do arrendatário. Efectivamente, no âmbito do RAU, o art. 16º previa que o arrendatário deveria requerer que a Câmara Municipal ordenasse a realização de obras ao senhorio, solução que desapareceu no NRAU. Fica-se assim sem saber o que ocorre quando o prédio se encontre em estado que exija intervenção administrativa, e o senhorio tenha passado para o arrendatário o dever de realização de obras, ao abrigo do art. 1074º, nº 1. Efectivamente, o art. 1074º, nº 2, prevê que o arrendatário pode efectuar quaisquer obras quando o contrato o faculte ou quando seja autorizado, por escrito, pelo senhorio. A solução que nos parece resultar hoje do art. 2º, nº 2, do RJOPA, é que o município ou a entidade gestora da operação de reabilitação só podem intimar o senhorio à realização coerciva de obras, no caso de ele não efectuar as obras a que está obrigado, pelo que deixará de ter aplicação essa intimação no caso de esse dever passar a recair sobre o arrendatário[81].

Tendo o arrendatário direito de exigir obras ao senhorio, nos casos previstos no art. 13º-B, nº 2 NRAU, o mesmo pode recorrer ao procedimento de injunção para o efeito, nos termos do art. 15º-T, nº 1, *c), d)* e *e)* NRAU. No caso de o senhorio ser intimidado a executar as obras nos termos do nº 2 do art. 89º RJUE ou do nº 1 do art. 55º RJRU, ou no caso de o arrenda-

[80] Neste sentido. Ac. STJ 4/4/2006 (Afonso Correia), em *CJ-ASTJ* 14 (2006), 2, pp. 33-42.

[81] Considera ainda David Magalhães, *A resolução*, p. 183, que, quando as partes tenham atribuído ao arrendatário o dever de realizar as obras, este deixará de ser interessado para as requerer, ao abrigo do art. 89º, nº 2, do RJUE.

tário exercer a faculdade prevista no art. 1036º do Código Civil, este pode igualmente utilizar o processo de injunção para reclamar as importâncias gastas em obras (arts. 22º-A e ss. RJOPA e art. 15º-T, nº 1, *a)* e *b)* NRAU).

A exigência de obras pelo arrendatário pode, porém, ser paralisada pelo abuso de direito (art. 334º). Efectivamente, o congelamento das rendas durante décadas veio provocar uma grande desactualização com graves distorções no mercado de arrendamento, levando a que os senhorios tivessem deixado de efectuar obras, já que não retiravam qualquer proveito desse investimento. Por outro lado, com o decurso do tempo e a desvalorização da moeda, gerou-se uma grande desproporção entre o valor das rendas e aquele correspondente às obras que o inquilino reclamava ao senhorio em ordem a assegurar o mínimo gozo do locado. Daí ter surgido a *boutade* de que há duas maneiras de destruir uma cidade: os bombardeamentos e o congelamento das rendas[82]. Perante as exigências do inquilino surgiu por isso uma corrente jurisprudencial consistente que considerou ocorrer abuso de direito na exigência de obras ao senhorio, que não tivessem correlação com a renda paga[83]. Efectivamente, tem que se considerar como abusivo que o inquilino, pagando por vezes apenas alguns euros pela renda, solicite ao senhorio obras que custariam sempre dezenas, senão centenas de milhares de euros[84]. O retorno efectuado ao vinculismo justifica por isso novamente a aplicação dessa corrente jurisprudencial.

9.1.3.6. A determinação da realização de obras pelo município e outras entidades com esse direito

O município ou a entidade gestora de operação de reabilitação urbana podem determinar a realização de obras coercivas nos prédios arrendados, caso as mesmas não sejam realizadas (art. 12º do RJOPA). Para esse efeito, a entidade promotora das obras coercivas pode, nos termos dos arts. 91º e 107º do RJUE, proceder ao despejo administrativo e ocupar o prédio ou fogos, total ou parcialmente, até ao período de um ano após a data da conclusão das obras, após o que tal ocupação cessa automaticamente (art. 13º

[82] Pais de Sousa, *op. cit.*, p. 160.

[83] Cfr. a recolha de decisões judiciais nesse sentido, realizada por Menezes Cordeiro, *O Direito* 138 (2006), II, pp. 237-238. Mais recentemente, cfr. Ac. STJ 27/5/2008 (Carlos Albuquerque), em *CJ* 16 (2008), 2, pp. 67-71 e Ac. STJ 30/9/2008 (Paulo de Sá), em *CJ* 16 (2008), 3, pp. 46-50.

[84] Cfr. António Pais de Sousa, *op. cit.*, pp. 159-160.

do RJOPA). Nesse caso, a entidade promotora tem, no entanto, que assegurar o realojamento dos arrendatários existentes, em condições idênticas, quer quanto ao local, quer quanto ao valor da renda e encargos (arts. 15º, nº 1, e 6º, nº 3 a 5, do RJOPA), ocorrendo a suspensão do contrato de arrendamento nos termos do art. 9º-B RJOPA, mas mantendo-se a obrigação de pagamento da renda, a qual deve passar a ser depositada pelo arrendatário (arts. 15º, nº 2, e 19º RJOPA). No caso do arrendamento não habitacional, a entidade promotora pode, no entanto, limitar-se a indemnizar o arrendatário, caso não seja possível o realojamento ou o arrendatário não concorde com as condições oferecidas (arts. 15º, nº 3 e 6º, nº 1, *a)* do RJOPA). Nesse caso, a entidade promotora pode arrendar o prédio após as obras, para se ressarcir da indemnização paga (arts. 15º, nº 3, e 20º RJOPA).

Para poder proceder às obras, a entidade promotora deve elaborar previamente um orçamento, que envia ao senhorio por escrito, o qual representa o valor máximo pelo qual este será responsável (art. 14º do RJOPA). Antes da concretização do despejo administrativo, o arrendatário deve ser notificado, por carta registada ou por afixação de edital na porta da respectiva casa e na sede da junta de freguesia: *a)* da data do despejo administrativo; *b)* do local de realojamento que lhe foi destinado; *c)* da obrigação de retirar todos os bens do local despejando; *d)* da duração previsível das obras; e *e)* da obrigação de depositar as rendas, nos termos do art. 19º RJOPA (art. 16º RJOPA). No caso de serem encontrados bens no local, aquando da sua ocupação para efeitos de realização das obras, proceder-se-á ao seu arrolamento, nos termos do art. 21º RJOPA.

Uma vez concluídas as obras, deve o arrendatário ser notificado para reocupar o locado no prazo de três meses, salvo justo impedimento, caducando o contrato se o não fizer (art. 17º RJOPA).

A entidade promotora recupera os gastos realizados nas obras recebendo os depósitos de renda que o arrendatário é obrigado a efectuar (cfr. arts. 19º, nº 1, e 18º RJOPA), mas o montante total a receber não pode ultrapassar o limite do orçamento inicialmente enviado ao senhorio (art. 14º RJOPA). No entanto, caso o senhorio demonstre que as rendas são indispensáveis para o sustento do seu agregado familiar ou para a sustentabilidade económica da pessoa colectiva, pode ser autorizado a receber 50% dos depósitos da renda em vigor no início das obras, acrescida das actualizações anuais, (art. 18º, nº 2, RJOPA). Quando a entidade promotora se encontre integralmente ressarcida, deve notificar o arrendatário no prazo de dez dias, cessando então o dever de o arrendatário depositar a renda (art. 19º, nº 2, RJOPA).

Caso existam fogos devolutos no prédio reabilitado, o município pode arrendá-los, em ordem a obter o rembolso das obras realizadas, mediante concurso público, pelo prazo de dois anos renováveis nos termos do art. 1096º do Código Civil (art. 20º, nº 1, RJOPA). Nesse caso, o proprietário só tem o direito de se opor à renovação do contrato, quando o fim do respectivo prazo se verifique após o ressarcimento integral da entidade promotora (art. 20º, nº 2, RJOPA). A renda anual a praticar corresponde a 1/15 do valor do locado, avaliado nos termos do CIMI (arts. 35º, nº 2 *a)* e *b)* do NRAU e 20º, nº 3, RJOPA), sendo o arrendatário obrigado a depositar essa renda a favor da entidade promotora, e só podendo o senhorio ser autorizado a receber metade do valor dos depósitos, caso tal seja indispensável ao sustento do seu agregado familiar ou à sustentabilidade económica da pessoa colectiva (arts. 20º, nº 5, 19º, nº 1 e 18º, nº 2, RJOPA). O senhorio pode, porém, impedir o arrendamento pelo município, caso o venha a realizar ele mesmo por uma renda não inferior à acima referida (art. 20º, nº 4, RJOPA), ficando este arrendamento sujeito ao mesmo regime de depósito a favor da entidade promotora, cabendo ao senhorio o mesmo direito em caso de necessidade de sustento do agregado familiar ou sustentatibilidade económica da pessoa colectiva (art. 20º, nº 5, RJOPA).

O regime da realização de obras pelo município ou entidade gestora de operação de reabilitação urbana é igualmente aplicável, com as devidas adaptações, à realização de obras em prédios arrendados por entidades a quem a lei atribua esse direito, nomeadamente Sociedades de Reabilitação Urbana, Fundos de Investimento Imobiliário e Fundos de Pensões (art. 22º RJOPA). Neste âmbito, há que tomar em consideração o Regime Jurídico da Reabilitação Urbana, constante do D.L. 307/2009, de 23 de Outubro, alterado pela Lei 32/2012, de 14 de Agosto, e pelo D.L. 136/2014, de 9 de Setembro.

9.1.4. Eventual obrigação de pagamento dos encargos da coisa locada

Refere o art. 1030º que "os encargos da coisa locada, sem embargo de estipulação em contrário, recaem sobre o senhorio, a não ser que a lei os imponha ao arrendatário". No âmbito da locação em geral, incide assim sobre o locador a obrigação de suportar os encargos da coisa locada, a menos que a lei disponha coisa diferente. Não parece possível admitir a derrogação desta disposição por convenção em contrário das partes, uma vez que a expressão "sem embargo de convenção em contrário" expressa claramente o cariz injuntivo desta norma[85].

No âmbito do arrendamento urbano, a solução é, no entanto, diferente, dado que o art. 1078º, nº 1, remete para a estipulação escrita das partes o regime dos encargos da coisa locada. Para efeitos desta disposição constituem encargos da coisa locada, os impostos prediais, as taxas, os prémios de seguro, os encargos de condomínio, bem como o pagamento de bens ou serviços relativos ao local arrendado. Estes encargos ficarão assim a cargo de quem forem contratualmente atribuídos. A lei determina, porém, que eles devem ser contratados por aquele que for responsável pelo seu pagamento (art. 1078º, nº 4).

No arrendamento de fracção autónoma, a lei presume que ficam a cargo do senhorio os encargos e despesas referentes à administração, conservação e fruição de partes comuns do edifício, bem como do pagamento de serviços comuns (art. 1078º, nº 3). Assim, se nada for estipulado em contrário, o senhorio será responsável pelo pagamento dessas despesas.

9.1.5. Obrigação de reembolso de benfeitorias

O art. 1046º, nº 1, estabelece que, salvo quanto às obras, reparações e despesas que a lei permite ao locatário realizar em caso de mora do locador ou urgência improrrogável (cfr. art. 1036º), aquele é equiparado, salvo estipulação em contrário, ao possuidor de má fé quanto a benfeitorias que haja efectuado na coisa locada. Desta solução resulta assim que o locatário tem direito a ser indemnizado das benfeitorias necessárias que haja efectuado bem como a levantar as benfeitorias úteis, se tal puder ser efectuado sem detrimento da coisa, havendo lugar à restituição do enriquecimento por despesas no caso contrário (art. 1273º). O locatário, não tem, porém, direito ao levantamento de benfeitorias voluptuárias (art. 1275º). A lei admite, no entanto, estipulação em contrário pelo que este regime poderá ser derrogado por convenção das partes.

[85] Em sentido contrário, veja-se, porém, Pires de Lima/Antunes Varela, *op. cit.*, II, sub art. 1030º, nº 2, p. 357, que, no entanto, reconhecem estar a interpretar esta expressão em sentido diferente do habitual, e também Romano Martinez, *op. cit.*, p. 191, nota (1) e António Menezes Cordeiro, em ID (org.), *Leis do Arrendamento Anotadas*, sub art. 1030º, nº 7, pp. 48 e ss, e *Tratado*, XI, pp. 727. A verdade, no entanto, é que a supletividade do art. 1030º tornaria completamente inútil o regime do art. 1078º, que excepciona a imperatividade desta norma.

Esta disposição relativa à locação civil vem a ser pouco modificada em sede de arrendamento urbano. Efectivamente, do art. 1074º, nºs 2 e 3, resulta que a realização de obras pelo arrendatário depende de cláusula do contrato ou de autorização por escrito do senhorio, salvo se se verificar a mora do senhorio ou uma urgência improrrogável na realização das obras, caso em que o arrendatário pode proceder à sua realização, com direito a reembolso. Nesta última situação, o arrendatário pode efectuar a compensação pelo valor das despesas com a obrigação de pagamento da renda (art. 1074º, nº 3, *in fine*).

No caso de o arrendatário efectuar licitamente as obras terá direito, no final do contrato, a uma "compensação" por essas obras, nos termos aplicáveis às benfeitorias realizadas pelo possuidor de boa fé (art. 1074º, nº 5). O arrendatário terá assim direito ao reembolso das benfeitorias necessárias e ao levantamento das benfeitorias úteis, quando este possa ser efectuado sem detrimento da coisa, tendo direito à restituição do enriquecimento por despesas no caso contrário (art. 1273º). O arrendatário pode ainda levantar as benfeitorias voluptuárias que tenha feito, não se dando detrimento da coisa, perdendo as mesmas na hipótese contrária (art. 1275º, nº 1)[86]. O arrendatário terá ainda direito de retenção (art. 754º)[87]. A lei admite, porém, estipulação em contrário, pelo que este regime poderá ser derrogado por convenção das partes, designadamente estabelecendo que o arrendatário não terá direito a qualquer indemnização pelas obras que venha a fazer no prédio, o que aliás costuma ser estabelecido nas cláusulas contratuais gerais relativas ao arrendamento urbano.

Cabe, porém, perguntar o que sucede no caso de as partes nada dispuserem sobre o regime das obras, mas estas sejam realizadas ilicitamente pelo arrendatário, por designadamente este as ter realizado sem permissão legal ou contratual e sem autorização escrita. Nessa situação, embora a realização das obras possa ser fundamento de resolução do contrato (cfr. art. 1083º, nº 1), parece que se passará a aplicar ao caso o regime do art. 1046º, nº 1, relativo à locação em geral, tendo o arrendatário igualmente direito à restituição das benfeitorias, mas agora de acordo com o regime

[86] Para MENEZES CORDEIRO, *O Direito* 138 (2006), II, p. 241, a interpretação literal do preceito implicaria o pagamento de uma compensação por todas as benfeitorias, em lugar do *ius tollendi*. Parece-nos, no entanto, que a remissão para a posse de boa fé implica a sujeição ao respectivo regime, estando a expressão "compensação" utilizada em sentido impróprio.

[87] Neste sentido, veja-se CUNHA DE SÁ/COUTINHO, *op. cit.*, p. 72.

aplicável à posse de má fé, o que implica perder o direito às benfeitorias voluptuárias (art. 1275º, nº 2). Nessa situação, o arrendatário já não disporá igualmente de direito de retenção (art. 756º *b*)).

9.1.6. Obrigação de preferência

9.1.6.1. Generalidades

Outra obrigação para o senhorio, no âmbito do arrendamento urbano, é a de dar preferência ao arrendatário[88], no caso de compra e venda ou dação em cumprimento do local arrendado há mais de dois anos (art. 1091º, nº 1, *a*)), assim como na celebração de novo contrato de arrendamento, em caso de caducidade do seu contrato por ter cessado o direito ou terem findado os poderes legais de administração com base nos quais o contrato fora celebrado (art. 1091º, nº 1 *b*)). Examinaremos em seguida essas duas obrigações.

9.1.6.2. A obrigação de preferência em caso de venda do local arrendado há mais de dois anos

9.1.6.2.1. Pressupostos gerais

No âmbito do arrendamento urbano, é atribuído ao arrendatário um direito real de preferência, no caso de compra e venda ou dação em cumprimento do local arrendado há mais de dois anos (art. 1091º, nº 1, *a*)). Depois da alteração deste regime pela Lei 64/2018, de 29 de Outubro, este é praticamente o único ponto que existe em comum em todas as modalidades de arrendamento, havendo depois uma grande variação, quer do objecto, quer do regime do direito de preferência, consoante a categoria de arrendamento em questão.

9.1.6.2.2. A restrição da preferência ao local arrendado, salvo no caso do arrendamento habitacional e do arrendatário de loja histórica

Na sua versão actual, o art. 1091º, nº *a*)) do Código Civil refere-se apenas à venda e dação em cumprimento do local arrendado, não distinguindo se este é um prédio ou uma fracção autónoma, permitindo ao arrendatário exercer a preferência, caso o senhorio proceda à sua alienação por qual-

[88] Cfr. José de Oliveira Ascensão, "Subarrendamento e direitos de preferência no novo regime do arrendamento urbano", na *ROA* 51 (1991), 1, pp. 45-73 (55 e ss.) e "Direito de preferência do arrendatário", em António Menezes Cordeiro/Luís Menezes Leitão/Januário da Costa Gomes, *Estudos em homenagem ao Prof. Doutor Inocêncio Galvão Telles, III – Direito do Arrendamento Urbano*, Coimbra, Almedina, 2002, pp. 249-273.

quer destes negócios. Assim, no caso de se tratar de uma alienação de um prédio que só esteja parcialmente arrendado, o arrendatário não gozará em princípio do direito de preferência, uma vez que não se está perante uma alienação do local arrendado na sua totalidade.

Exceptua-se, porém, o caso do arrendatário habitacional, nos termos do nº 9 do art. 1091º, e também do arrendatário de loja histórica, nos termos do art. 7º, nº 3, da Lei 42/2017, de 14 de Junho, que a seguir se examinarão.

A lei previa ainda no art. 1091º, nº 8, a possibilidade de aquisição pelo arrendatário habitacional de uma quota-parte do imóvel em prédio não constituído em propriedade horizontal mas essa solução foi declarada inconstitucional com força obrigatória geral pelo Tribunal Constitucional[89], o que temos por perfeitamente justificado. Efectivamente, não se compreendia como é que num prédio não constituído em propriedade horizontal poderia ser exercida uma preferência idêntica ao de arrendatário de fracção autónoma, uma vez que nesses prédios, por definição, não existem fracções autónomas. Esta conversão legal do objecto da preferência, que deixaria de ser o imóvel para passar a ser uma quota do mesmo, correspondia assim a um novo direito atribuído ao arrendatário habitacional, que já não era uma mera preferência, mas o direito à constituição de uma compropriedade sobre imóvel alheio, em caso de ocorrer a sua alienação. Só que essa solução violava a protecção constitucional da propriedade, desrespeitando assim o art. 62º, nº 1, da Constituição.

9.1.6.2.3. A possibilidade de aquisição conjunta do imóvel pelos vários arrendatários habitacionais em caso de venda de imóvel não submetido ao regime da propriedade horizontal

A lei permite igualmente que no arrendamento habitacional, no caso de venda de imóvel não submetido ao regime da propriedade horizontal, os arrendatários do mesmo possam exercer o direito de preferência em conjunto, adquirindo, na proporção a totalidade do imóvel em compropriedade (art. 1091º, nº 9). Estranhamente a lei não impõe que na comunicação para preferência os arrendatários sejam avisados dessa possibilidade, pelo que nos parece que será rara essa situação. Em qualquer caso, a situação é mais favorável ao senhorio, que conseguirá de facto alienar o imóvel,

[89] Cfr. Ac. Tribunal Constitucional 299/2020 (Lino Rodrigues Ribeiro), proc. 984/2018, publicado no D.R. nº 183/2020, I Série, de 18/9/2020.

como pretendia, não ficando sujeito a uma compropriedade forçada com o arrendatário, embora nestes casos a compropriedade seja voluntária em relação a este.

Para se poder exercer esta faculdade de aquisição conjunta, será naturalmente necessário que todos os arrendatários do imóvel aceitem adquiri-lo, bastando que um deles não o pretenda para que a preferência continue a incidir sobre as quotas do imóvel em compropriedade, nos termos acima referidos.

9.1.6.2.4. A obrigação de preferência em relação ao arrendatário de loja histórica

Existe ainda um caso especial de obrigação de preferência de o senhorio dar preferência ao arrendatário relativamente às "transmissões onerosas de imóveis ou partes de imóveis" (*sic*), nos quais se encontrem instalados estabelecimentos ou entidades reconhecidos como de interesse histórico e cultural ou social local, nos termos do art. 7º, nº 3, da Lei 42/2017, de 14 de Junho.

Para além do arrendatário, a lei atribui ainda neste caso uma obrigação de preferência do senhorio em relação ao município, nos termos do art. 7º, nº 5, da Lei 42/2017. Não esclarece, no entanto, o legislador como se graduam neste caso os dois direitos de preferência. A nosso ver, e uma vez que os direitos de preferência são de exercício autónomo, caso ambos venham a exercer esse direito, deverá efectuar-se licitação entre ambos, revertendo o excesso para o alienante (art. 419º, nº 2).

9.1.6.2.5. O regime do exercício do direito de preferência

9.1.6.2.5.1. Generalidades

O direito de preferência do arrendatário é graduado imediatamente acima do direito de preferência conferido ao proprietário do solo pelo art. 1535º do Código Civil (art. 1091º, nº 3) e é sujeito ao regime geral dos arts. 416º a 418º e 1410º do mesmo Código (art. 1091º, nº 5). Esta remissão para o regime geral é, no entanto, altamente mitigada em virtude da consagração de regras especiais para o exercício do direito de preferência, como as relativas à comunicação para preferência e à venda de coisa juntamente com outras, que a seguir se examinarão.

9.1.6.2.5.2. A comunicação para preferência

Ao contrário do resulta do art. 416º, que não exige forma especial para a comunicação para preferência, no âmbito da preferência do arrendatário, o art. 1091º, nº 4, passou a exigir uma forma especial para a comunicação para preferência, que tem que ser através de carta registada com aviso de recepção. Também em sentido diferente do art. 416º, que estabelece o prazo de resposta em oito dias, salvo se o preferente estiver vinculado a prazo mais curto ou o obrigado lhe assinar prazo mais longo, o art. 1091º, nº 4, passou a fixar injuntivamente o prazo para o exercício do direito de preferência em 30 dias a contar da recepção da comunicação[90]. Trata-se de um prazo excessivamente longo, numa situação em que se deve decidir com urgência quem vai efectivamente adquirir um imóvel em vias de ser transaccionado.

A lei obriga ainda a requisitos especiais da comunicação para preferência no caso de venda da coisa juntamente com outras, nos termos do artigo 417º. Nesse caso, o obrigado tem que indicar na comunicação o preço que é atribuído ao locado bem como os demais valores atribuídos aos imóveis vendidos em conjunto (art. 1091º, nº 6). Desta forma se altera, embora apenas no domínio da preferência do arrendatário, uma posição pacífica na doutrina e na jurisprudência que sempre sustentaram que, numa venda conjunta por preço global, o obrigado à preferência só tem que indicar qual o preço global para essa venda.

9.1.6.2.5.3. O regime da venda da coisa juntamente com outras

Resulta do art. 1091º, nº 5, como aliás dos diversos diplomas que o precederam, a aplicação à preferência do arrendatário do regime do art. 417º, relativo à venda de coisa juntamente com outras. A doutrina tem por isso convergido sempre na defesa da possibilidade de o senhorio exigir que a preferência abrangesse todos os imóveis vendidos em conjunto sempre que estes não fossem separáveis sem prejuízo apreciável[91]. No entanto, a Lei 64/2018, embora não tenha revogado a aplicação do art. 417º no âmbito da preferência do arrendatário, passou a condicionar extremamente essa

[90] Este regime já tinha sido estabelecido, em relação ao arrendatário de loja histórica, pelo art. 7º, nº 4, da Lei 42/2017.

[91] Cfr. José de Oliveira Ascensão, em *Estudos Galvão Telles,* III, p. 251, António Menezes Cordeiro, *Leis do Arrendamento Anotadas,* Coimbra, Almedina, 2014, pp. 268-269, nºs 58 e ss.

possibilidade ao exigir no art. 1091º, nº 7, que da comunicação para preferência conste "a demonstração da existência de prejuízo apreciável, não podendo ser invocada a mera contratualização da não redução do negócio como fundamento para esse prejuízo". Efectivamente, o facto de o comprador não pretender adquirir qualquer imóvel separadamente é o que constitui o factor decisivo para a exigência pela preferência pelo conjunto, uma vez que existe uma união interna de contratos neste âmbito. Ora, se as partes celebram uma união interna de contratos, que tem precisamente como pressuposto a inseparabilidade dos diversos contratos, não se vê porque a lei a deve configurar como uma união externa para efeitos do exercício da preferência, sabendo-se que o preferente deve oferecer precisamente as mesmas condições do que o comprador.

9.1.6.3. A obrigação de preferência na celebração de novo contrato de arrendamento

Conforme acima se referiu, o arrendatário tem igualmente direito de preferência na celebração de novo contrato de arrendamento, em caso de caducidade do seu contrato por ter cessado o direito ou terem findado os poderes legais de administração com base nos quais o contrato fora celebrado (art. 1091º, nº 1 *b)*). Neste último caso, no entanto, a obrigação de preferência só se mantém enquanto não for exigível a restituição do prédio, nos termos do art. 1053º (art. 1091º, nº 2).

9.1.7. A obrigação de não assediar o inquilino

A Lei 12/2019, de 12 de Fevereiro alterou o NRAU, instituindo uma nova obrigação para o senhorio de não efectuar assédio aos seus inquilinos, regulada nos arts. 13º-A e 13º-B. Efectivamente, o novo art. 13º-A, do NRAU estabelece que "é proibido o assédio no arrendamento ou no subarrendamento, entendendo-se como tal qualquer comportamento ilegítimo do senhorio, de quem o represente ou de terceiro interessado na aquisição ou na comercialização do locado, que, com o objetivo de provocar a desocupação do mesmo, perturbe, constranja ou afete a dignidade do arrendatário, subarrendatário ou das pessoas que com estes residam legitimamente no locado, os sujeite a um ambiente intimidativo, hostil, degradante, perigoso, humilhante, desestabilizador ou ofensivo, ou impeça ou prejudique gravemente o acesso e a fruição do locado". A inovação não parecia necessária, uma vez que estes comportamentos já eram claramente proibidos ao senhorio, quer em virtude da sua obrigação de assegurar o gozo da coisa para os fins a que esta se destina (art. 1031º *b)*), quer em virtude do dever geral de boa fé (art. 762º, nº 2). Enquadra-se, porém, na corrente de legislação contra os senhorios que tem vindo ultimamente a ser aprovada pelo Parlamento.

A verificação de assédio por parte do senhorio permite ao inquilino intimar o senhorio para que faça cessar a situação, podendo requerer, em caso de incumprimento, a aplicação de uma sanção pecuniária compulsória para o efeito (art. 13º-B NRAU).

9.2. Obrigações do arrendatário

9.2.1. Obrigação de pagamento da renda

9.2.1.1. Generalidades

A principal obrigação do arrendatário é a obrigação de pagamento da renda (art. 1038º *a)*)[92]. Em relação à locação em geral, a obrigação de pagamento da renda encontra-se prevista nos arts. 1039º e ss., sendo no entanto essa obrigação objecto de regras específicas em relação às diversas modalidades de arrendamento, referidas nos arts. 1075º e ss.

Examinemos sucessivamente essas regras:

9.2.1.2. Fixação e alteração da renda

Resultando o contrato de arrendamento urbano da autonomia privada das partes, é também em princípio por convenção entre elas que é fixado o montante da renda. Pode, porém, questionar-se se o arrendamento se pode considerar validamente celebrado, se as partes nada estipularem sobre o montante da renda. O entendimento que nos parece preferível é o de que a renda não tem que estar determinada, no momento da celebração do contrato, bastando que seja determinável[93], e sendo aplicável a essa determinação os critérios do art. 883º, por força do art. 939º[94].

[92] Cfr. ANTÓNIO SEQUEIRA RIBEIRO, "Renda e encargos no contrato de arrendamento urbano", em ANTÓNIO MENEZES CORDEIRO/LUÍS MENEZES LEITÃO/JANUÁRIO DA COSTA GOMES, *Estudos em homenagem ao Prof. Doutor Inocêncio Galvão Telles,* III – *Direito do Arrendamento Urbano,* Coimbra, Almedina, 2002, pp. 87-157.

[93] Neste sentido, veja-se PINTO LOUREIRO, *Tratado da locação,* I, pp. 72-73, e JANUÁRIO GOMES, *Constituição,* pp. 70 e ss. (72). Em sentido contrário, defendendo a necessidade de fixação da renda aquando da celebração do contrato, GALVÃO TELLES, *Arrendamento,* pp. 97-98.

[94] Considerando aplicáveis estes critérios ao contrato de locação, apesar de este não se enquadrar *apertis verbis* no art. 939º, veja-se PINTO FURTADO, *Manual,* I, pp. 50-51.

Em relação ao objecto da renda, o art. 1075º, nº 1, determina apenas que ele corresponde a uma prestação pecuniária periódica (cfr. arts. 550º e ss.), parecendo assim serem hoje de novo admissíveis as cláusulas de pagamento da renda em moeda específica (arts. 552º e ss.) ou em moeda estrangeira (art. 558º), ao contrário do que anteriormente dispunha o art. 19º, nº 1 do RAU.

Uma vez fixada a renda, o seu montante pode ser objecto de alteração. A primeira situação em que tal ocorre respeita à actualização da renda, que se encontra estabelecida no art. 1077º, cujo nº 1 remete para a estipulação das partes a possibilidade de actualização da renda e o respectivo regime. É assim perfeitamente admissível a convenção de rendas escalonadas, em que as partes determinam previamente um incremento do valor da renda, ao longo da vigência do contrato.

Apenas no caso de ausência de estipulação, a lei determina que a renda é actualizada anualmente, de acordo com os coeficientes de actualização vigentes (art. 1077º, nº 2 *a)*), podendo a primeira actualização ser exigida um ano após a vigência do contrato e as seguintes, sucessivamente, um ano após a actualização anterior (art. 1077º, nº 2, *b)*). Estabelece o art. 24º, nº 1, do NRAU que essa actualização resulta da totalidade da variação do índice de preços no consumidor, sem habitação, correspondente aos últimos doze meses e para os quais existam valores disponíveis à data de 31 de Agosto, apurado pelo Instituto Nacional de Estatística, devendo este fazer publicar no Diário da República até 30 de Outubro de cada ano um aviso mencionando o referido coeficiente (art. 24º, nº 2 NRAU). A renda assim apurada é arredondada para a unidade de cêntimo imediatamente superior (art. 25º, nº 1, NRAU), sendo aplicado o mesmo arredondamento no caso de determinação da renda com recurso a fórmulas aritméticas (art. 25º, nº 2, NRAU).

Para efeitos de actualização, o senhorio deve comunicar, por escrito e com a antecedência mínima de 30 dias, o coeficiente de actualização e a nova renda dele resultante (art. 1077º, nº 2, *c)*), tendo essa comunicação que obedecer ao disposto nos arts. 9º e ss. do NRAU.

9.2.1.3. Tempo do cumprimento

9.2.1.3.1. O regime geral

Em relação ao tempo do pagamento, a renda nunca constitui uma obrigação pura (cfr. art. 777º, nº 1), uma vez que, sendo uma obrigação periódica (art. 1075º, nº 1), haverá sempre que estipular o momento do seu vencimento, podendo este resultar das disposições supletivas da lei.

Em relação à locação em geral, refere o art. 1039º, nº 1, que o pagamento deve ser efectuado no último dia da vigência do contrato ou do período a que respeita, se as partes ou os usos não fixarem outro regime. Esta solução não corresponde, no entanto, à que vigora no arrendamento urbano, uma vez que neste âmbito é costume estipular antecipação de renda, pelo que a lei consagra mesmo supletivamente a regra da antecipação. Assim, o art. 1075º, nº 2, refere que, "na falta de convenção em contrário, se as rendas estiverem em correspondência com os meses do calendário gregoriano, a primeira vencer-se-á no momento da celebração do contrato e cada uma das restantes no 1º. dia útil do mês imediatamente anterior àquele a que diga respeito". Esta regra é supletiva, mas a lei estabelece limites às convenções de antecipação, já que, para além de estas terem que ser celebradas por escrito, não pode a antecipação de renda ser superior a três meses (art. 1076º, nº 1).

É ainda de referir que, uma vez que o art. 1041º, nº 2, determina que o direito à indemnização ou à resolução do contrato cessa se o arrendatário fizer cessar a mora no prazo de oito dias após o seu começo[95], existe uma tolerância legal em relação à mora do arrendatário durante esse prazo, a qual não tem consequências para ele.

9.2.1.3.2. O regime estabelecido em virtude da pandemia Covid-19

Através da Lei 4-C/2020, de 9 de Abril, alterada pelas Leis 17/2020, de 29 de Maio, 45/2020, de 20 de Agosto, e da Lei 58-A/2020, de 30 de Setembro, foi estabelecido um regime excepcional para as situações de mora no pagamento da renda devida nos termos de contratos de arrendamento urbano habitacional e não habitacional, atendendo à situação epidemiológica provocada pela doença COVID-19 (art. 1º, nº 1, da Lei 4-C/2020).

A referida lei é aplicável às rendas que se vençam a partir do dia 1 de Abril de 2020 (art. 14º da Lei 4-C/2020), determinando uma moratória

[95] Nos termos dos arts. 297º e 279º *b)* e *d)*, esse prazo é havido como correspondendo a uma semana, não se contando o dia de início do prazo, o que generalizou o entendimento de que a renda pode ser paga até ao dia 8 de cada mês, salvo se o mesmo corresponder a domingo ou dia feriado, caso em que se transfere para o dia útil seguinte (arts. 297º e 279º *e)*). Actualmente a regra já não será sempre essa, uma vez que, como o art. 1075º, nº 2, refere que o vencimento se dá no primeiro dia *útil* do mês, só a partir desse dia, que poderá ser ou não o dia 1, é que se inicia a contagem do prazo.

em relação a essas rendas com âmbitos distintos no arrendamento habitacional e no arrendamento não habitacional.

Em relação ao arrendamento habitacional a moratória abrange as rendas que se vençam nos meses que durar o estado de emergência e no primeiro mês subsequente. Essas rendas devem ser pagas no prazo de 12 meses contados do termo desse período, em prestações mensais não inferiores a um duodécimo do montante total, pagas juntamente com a renda de cada mês (art. 4º da Lei 4-C/2020). Posteriormente, o art. 8º da Lei nº 1-A/2020, de 19 de Março, na redacção que lhe foi dada pela Lei 58-A/2020, de 30 de Setembro, determinou que essa moratória se estendesse até 31 de Dezembro de 2020.

Já em relação ao arrendamento não habitacional a moratória abrange, além destas rendas, ainda as rendas vencidas nos meses em que, ao abrigo de disposição legal ou medida administrativa aprovada no âmbito da pandemia da doença COVID-19, seja determinado o encerramento das suas instalações ou suspensão da respetiva atividade e as rendas que se vençam nos três meses subsequentes àquele em que ocorra o levantamento da imposição do encerramento das suas instalações ou da suspensão da respetiva actividade (art. 8º, nº 1, da Lei 4-C/2020, na redacção da Lei 45/2020). No entanto, a moratória não pode, em qualquer caso, aplicar-se a rendas que se vençam após 31 de Dezembro de 2020 (art. 8º, nº 2 *a)*, da Lei 4-C/2020, na redacção da Lei 45/2020).

Nesse âmbito, o período de regularização da dívida tem início a 1 de Janeiro de 2021 e prolonga-se até 31 de Dezembro de 2022 (art. 8º, nº 2 *b)* da da Lei 4-C/2020, na redacção da Lei 45/2020). O pagamento é efetuado em 24 prestações sucessivas, de valor correspondente ao resultante do rateio do montante total em dívida por 24, liquidadas juntamente com a renda do mês em causa ou até ao oitavo dia do calendário de cada mês, no caso de renda não mensal (art. 8º, nº 2, *c)* da Lei 4-C/2020, na redacção da Lei 45/2020). Nesse montante não são incluídas as rendas vencidas e já pagas, que se consideram para todos os efeitos liquidadas (art. 8º, nº 3 da Lei 4-C/2020, na redacção da Lei 45/2020), podendo também o arrendatário, a qualquer altura, proceder ao pagamento total ou parcial das prestações em dívida (art. 8º, nº 4 da Lei 4-C/2020, na redacção da Lei 45/2020).

O acesso a esta moratória depende, porém, de requisitos especiais, diferentes em relação aos arrendatários habitacionais e não habitacionais.

Os arrendatários habitacionais necessitam de comprovar, nos termos do art. 3º, nº 1, da Lei 4-C/2020:

a) Uma quebra superior a 20 % dos rendimentos do agregado familiar do arrendatário face aos rendimentos do mês anterior ou do período homólogo do ano anterior;
b) A taxa de esforço do agregado familiar do arrendatário, calculada como percentagem dos rendimentos de todos os membros daquele agregado destinada ao pagamento da renda, seja ou se torne superior a 35 %.

A comprovação é feita por portaria do Ministro das Infraestruturas e da Habitação (art. 3º, nº 2, da Lei 4-C/2020), a qual é presentemente a Portaria 91/2020, de 14 de Abril.

Nos termos do art. 6º, os inquilinos que pretendam beneficiar desse regime, têm que avisar o senhorio até 5 dias antes do vencimento da renda de que pretendam beneficiar. Já relativamente à renda de Abril, o pedido poderia ter sido feito até 27 de Abril de 2020.

Já relativamente aos arrendamentos não habitacionais, têm acesso à moratória os seguintes estabelecimentos, nos termos do art. 7º da Lei 4-C/2020, na redacção da Lei 17/2020:

a) Os estabelecimentos abertos ao público destinados a atividades de comércio a retalho e de prestação de serviços encerrados ou que tenham as respetivas atividades suspensas ao abrigo do Decreto nº 2-A/2020, de 20 de março, ou por determinação legislativa ou administrativa, nos termos previstos no Decreto-Lei nº 10-A/2020, de 13 de março, na sua redação atual, ou ao abrigo da Lei de Bases da Proteção Civil, aprovada pela Lei nº 27/2006, de 3 de julho, na sua redação atual, da Lei de Bases da Saúde, aprovada pela Lei nº 95/2019, de 4 de setembro, ou de outras disposições destinadas à execução do estado de emergência, bem como, após a sua cessação, ao abrigo de disposição legal ou medida administrativa aprovada no âmbito da pandemia da doença COVID-19 que determine o encerramento de instalações ou suspensão de atividades, incluindo nos casos em que estes mantenham a prestação de atividades de comércio eletrónico, ou de prestação de serviços à distância ou através de plataforma eletrónica;

b) Os estabelecimentos de restauração e similares, encerrados nos termos das disposições anteriores, incluindo nos casos em que estes mantenham atividade para efeitos exclusivos de confeção destinada a consumo fora do estabelecimento ou entrega no domicílio, nos termos previstos no Decreto nº 2-A/2020, de 20 de março, ou em qualquer outra disposição que o permita.

Inicialmente a Lei 4-C/2020 não estabeleceu qualquer obrigação de comunicação do arrendatário ao senhorio de que pretendia utilizar esse regime, o que se afigurava extremamente prejudicial, especialmente nos casos de senhorios que apenas tinham esse rendimento. A Lei 45/2020 aditou, no entanto, a essa lei o art. 8º-A, cujo nº 1 obriga o arrendatário a comunicar a sua intenção ao senhorio, por escrito e até cinco dias antes do vencimento da primeira renda em que pretenda beneficiar deste regime, mediante carta registada com aviso de receção, enviada para a respetiva morada constante do contrato de arrendamento ou da sua comunicação imediatamente anterior.

O arrendamento pode, porém, em alternativa endereçar ao senhorio, mediante carta registada com aviso de receção, enviada para a respetiva morada constante do contrato de arrendamento ou da sua comunicação imediatamente anterior, uma proposta diferente de acordo de pagamento das rendas vencidas e vincendas (art. 8º-A, nº 2, da Lei 4-C/2020, aditado pela Lei 45/2020).

Qualquer destas comunicações do arrendatário deve incluir, sob pena de ineficácia, a indicação do prazo de resposta do senhorio, que é fixado em 10 dias, o conteúdo que pode apresentar a resposta do senhorio e quais as consequências legais da falta de resposta (art. 8º-A, nº 3, da Lei 4-C/2020, aditado pela Lei 45/2020).

Efectivamente, o senhorio é obrigado a comunicar ao arrendatário no prazo de 10 dias, através de carta registada com aviso de recepção para a morada do locado, a aceitação da proposta ou a respectiva recusa (art. 8º-A, nº 4, da Lei 4-C/2020, aditado pela Lei 45/2020). Em caso de ausência de resposta do senhorio ou de resposta transmitida depois do prazo, presume-se que o senhorio manifesta o seu acordo à proposta do arrendatário (art. 8º-A, nº 5, da Lei 4-C/2020, aditado pela Lei 45/2020).

O senhorio pode ainda, no mesmo prazo de 10 dias, formular uma contraproposta ao arrendatário, à qual este deve responder igualmente no prazo de 10 dias, determinando a rejeição da mesma pelo arrendatário ou a ausência de resposta deste dentro do prazo a aplicabilidade do regime previsto no artigo anterior (art. 8º-A, da Lei 4-C/2020, na redacção da Lei 45/2020).

Em ambos os casos, quer no arrendamento habitacional, quer no arrendamento não habitacional, a cessação do contrato por iniciativa do arrendatário torna exigível, a partir da data da cessação, o pagamento imediato das rendas vencidas e não pagas, nos termos da presente lei (art. 13º da Lei 4-C/2020).

9.2.1.4. Lugar do cumprimento

Relativamente ao lugar do cumprimento da obrigação de pagar a renda ou aluguer, este encontra-se estabelecido para a locação em geral no art. 1039º, nº 1, que nos refere que esse pagamento deve ser efectuado no domicílio do arrendatário à data do vencimento, se as partes ou os usos não fixarem outro regime. A renda ou aluguer constitui assim uma obrigação de colocação, sendo por esta via derrogado o regime geral do art. 774º que estabelece como lugar de cumprimento das obrigações pecuniárias o domicílio do credor à data do vencimento.

A regra supletiva do art. 1039º não costuma, no entanto, ser observada em relação ao arrendamento onde, por força de estipulação ou dos usos, é comum estabelecer que o lugar do pagamento seja no domicílio do senhorio ou de procurador por ele designado. Na falta de convenção ou uso é essa, no entanto, a regra que vigora pelo que, coerentemente, o art. 1039º, nº 2, vem estabelecer que "se a renda ou aluguer houver de ser pago no domicílio, geral ou particular, do arrendatário ou de procurador seu, e o pagamento não tiver sido efectuado, presume-se que o senhorio não veio nem mandou receber a prestação no dia do seu vencimento".

9.2.1.5. Consequências da mora do arrendatário

9.2.1.5.1. O regime geral

O art. 1041º estabelece um regime específico para a mora do arrendatário, prevendo que, em lugar dos tradicionais juros moratórios fixados no art. 806º, o senhorio tem o direito de exigir, além das rendas ou alugueres em atraso uma indemnização correspondente a 20% do que for devido, salvo se o contrato for resolvido com base na falta de pagamento. Assim, o atraso do arrendatário pode determinar uma indemnização de 20% das rendas em dívida que apenas não será devida se o senhorio resolver o contrato com base na falta de pagamento. Neste último caso, a lei considera a resolução como sanção suficiente para o arrendatário pelo que não se estabelece juros de mora suplementares pelo atraso de pagamento de rendas. Nada impede, porém, as partes de estipular uma cláusula penal moratória para cobrir o atraso no pagamento das rendas, mesmo em caso de resolução do contrato[96].

Conforme acima se referiu, no entanto, o art. 1042º, nº 2, admite que o arrendatário possa purgar a mora sem quaisquer consequências no prazo de oito dias após o seu começo, prazo esse que é havido como correspondente a uma semana (arts. 297º e 279º *d)*). Assim, se a renda vier a ser paga nesse prazo suplementar a mora do arrendatário não terá quaisquer consequências.

Pretendendo o senhorio cobrar as rendas em dívida, não necessita de interpor acção judicial, dado que a lei considera título executivo o próprio contrato de arrendamento quando acompanhada do comprovativo de comunicação ao arrendatário do montante em dívida (art. 14º-A, nº 1, NRAU).

Em caso de mora do arrendatário superior a três meses no pagamento da renda da sua conta, a lei permite ao senhorio proceder à resolução do contrato (art. 1083º, nº 3), a qual neste caso se processa mediante comunicação à outra parte (art. 1084º, nº 1), que deve obedecer aos termos do art. 9º, nº 7, NRAU. A resolução do contrato com base na falta de pagamento das rendas, efectuada por comunicação à outra parte, ficará, no entanto, sem efeito, se o arrendatário puser fim à mora no prazo de um mês (art. 1084º, nº 3), faculdade que só pode exercer uma vez com referência a cada contrato (art. 1084º, nº 4). Se, no entanto, o arrendatário proceder ao depósito das rendas e o senhorio decidir impugnar o referido depósito, é obrigado a instaurar acção de despejo para proceder à resolução do contrato de arrendamento (art. 21º, nº 2, NRAU).

A resolução pode ainda ocorrer no caso de o arrendatário se constituir em mora superior a oito dias, no pagamento da renda, por mais de quatro vezes, seguidas ou interpoladas, num período de 12 meses, com referência a cada contrato (art. 1083º, nº 4). Trata-se neste caso de uma sanção para os atrasos sucessivos do arrendatário no pagamento da renda, que ocorrem

[96] Neste sentido, vide Ac. RC 27/6/2002 (Urbano Dias), em *CJ* 27 (2002), 3, pp. 117-119 que considerou válida uma cláusula penal de juros de mora de 9% sobre as rendas em dívida sempre que não for possível exigir a indemnização legal de 50%.

sempre que ele pague a renda em prazo posterior ao estabelecido no nº 2 do art. 1041º[97]. Nessa situação, a lei já não concede ao arrendatário a possibilidade de sanar a situação (art. 1083º, nº 4, *in fine*), embora exija que o senhorio informe o arrendatário, por carta registada com aviso de recepção, após o terceiro atraso no pagamento da renda, de que é sua intenção pôr fim ao arrendamento naqueles termos (art. 1083º, nº 6).

9.2.1.5.2. O regime estabelecido em virtude da pandemia Covid-19

A aplicação da indemnização prevista no nº 1 do art. 1041º é excluída em relação às rendas abrangidas pelo regime estabelecido em consequência da pandemia Covid-19. Efectivamente, o art. 12º, nº 1, da Lei 4-C/2020, na redacção que lhe foi conferida pela Lei 17/2020 estabelece que "a indemnização prevista no nº 1 do artigo 1041º do Código Civil, por atraso no pagamento de rendas que se vençam nos meses em que vigore o estado de emergência e no primeiro mês subsequente, não é exigível sempre que se verifique o disposto nos artigos 4º e 7º da presente lei".

Para além disso, o art. 12º, nº 2, da mesma Lei que a indemnização por atraso no pagamento de rendas que se vençam até 1 de setembro de 2020, não é exigível nos casos em que o seu pagamento possa ser diferido conforme o disposto no nº 2 do artigo 8º.

Finalmente, o art. 12º, nº 3, dessa Lei exclui durante o período da sua aplicação o direito do senhorio previsto no art. 1041º, nº 3, não lhe permitindo assim recusar o recebimento de novas rendas enquanto não foram pagas as anteriores e a indemnização legal.

Da mesma forma, a lei apenas admite o direito do senhorio à resolução do contrato com fundamento na mora no pagamento das rendas se o arrendatário não cumprir os prazos de diferimento acima referidos (arts. 4º*in fine*, e 9º, nº 1, da Lei 4-C/2020, na redacção da Lei 17/2020).

[97] Não tem razão Maria Olinda Garcia, *Arrendamento Urbano Anotado*, p. 35, e *ROA* 72, II-III (Abr./Set 2012), p. 701, quando sustenta que este prazo só se inicia passados oito dias após o decurso do prazo previsto no nº 2 do art. 1041º, uma vez que antes disso não haveria mora. Na verdade, uma vez que, nos termos do art. 1075º, nº 2, a renda se vence no primeiro dia útil de cada mês durante o prazo previsto no art. 1041º, nº 2, já existe mora, ainda que tolerada. Uma vez ultrapassado esse prazo, a mora deixa de ser tolerada, verificando-se imediatamente o fundamento resolutivo previsto no art. 1083º, nº 4. No sentido que defendemos, cfr. José Carlos Brandão Proença, "Proteção do arrendatário urbano, teoria geral do incumprimento e técnica legislativa", em *CDP* nº 56 (Outubro-Dezembro 2016), pp. 11-22 (13, nota (11)).

Em relação aos arrendatários comerciais pelo artigo 7º da Lei 4-C/2020 também não é exigível neste período o pagamento de quaisquer outras penalidades que tenham por base a mora no pagamento de rendas (art. 9º, nº 2, da Lei 4-C/2020, na redacção da Lei 17/2020).

9.2.1.6. Consequências da mora do senhorio

Em caso de mora do senhorio no recebimento da renda (cfr. art. 813º), o arrendatário tem o direito de recorrer à consignação em depósito (arts. 1042º, nº 2, e 841º e ss.), a qual obedece ao regime especial dos arts. 17º e ss. do NRAU, relativos ao depósito de rendas. No entanto, dado que a consignação em depósito é facultativa (art. 841º, nº 2), o arrendatário não pode ser responsabilizado se decidir não proceder a ela, em caso de recusa do senhorio a receber a renda.

9.2.1.7. Garantias do pagamento da renda

9.2.1.7.1. O regime geral

O art. 1076º, nº 2, determina que "as partes podem caucionar, por qualquer das formas legalmente previstas, o cumprimento das obrigações respectivas". Trata-se, neste caso, de uma caução de fonte negocial, pelo que o art. 624º, nº 1, admite que ela seja prestada por qualquer garantia, real ou pessoal. A obrigação de pagamento da renda pode assim, nos termos gerais, ser objecto de qualquer garantia que as partes venham a estipular para a hipótese de incumprimento pelo arrendatário.

A forma mais comum de garantia do pagamento das obrigações do arrendatário é, no entanto, a prestação de fiança, com renúncia do fiador ao benefício da excussão. Face à revogação do art. 655º do Código Civil, pelo art. 2º, nº 1, do NRAU, deixa de existir qualquer presunção de limitação da fiança ao período inicial de duração do arrendamento, e qualquer limite à estipulação das partes relativamente ao respectivo prazo, na ausência de nova convenção. Assim, se for prestada fiança em relação ao pagamento da renda, esta manter-se-á em princípio durante todo o período de vigência do arrendamento, incluindo as suas renovações. Nada obsta, porém, que as partes convencionem que o fiador apenas se obriga pelo período inicial de duração do contrato, excluindo as suas renovações, ou que a fiança se extinga logo que ocorra qualquer alteração da renda[98].

[98] Neste sentido, Cunha de Sá/Coutinho, *op. cit.*, p. 14.

A Lei 13/2019, passou, porém, a estabelecer uma protecção específica para o fiador, referindo o actual art. 1041º, nº 5, que "caso exista fiança e o arrendatário não faça cessar a mora nos termos do nº 2, o senhorio deve, nos 90 seguintes, notificar o fiador da mora e das quantias em dívida", acrescentando o nº 6 que "o senhorio apenas pode exigir do fiador a satisfação dos seus direitos de crédito após efetuar a no- tificação prevista no número anterior".

9.2.1.7.2. O regime estabelecido em virtude da pandemia Covid-19

O art. 12º-A da Lei 4-C/2020, aditado pela Lei 45/2020, estabeleceu ainda uma restrição às garantias de que beneficia o senhorio relativamente ao pagamemnto da renda, determinando que "no decurso da situação excecional de prevenção, contenção, mitigação e tratamento da infeção epidemiológica por SARS-CoV-2 e da doença COVID-19, o senhorio não pode executar garantias bancárias pelo incumprimento no pagamento de rendas não habitacionais".

9.2.2. Eventual obrigação de pagamento dos encargos e despesas do imóvel arrendado

Dado que o regime dos encargos e despesas é supletivo, a lei admite que os mesmos fiquem a cargo do arrendatário, bastando que haja estipulação escrita das partes nesse sentido (art. 1078º, nº 1). A lei determina aliás, a título supletivo, que "os encargos e despesas correntes respeitantes ao fornecimento de bens ou serviços relativos ao local arrendado correm por conta do arrendatário" (art. 1078º, nº 2).

A lei determina que os encargos e despesas devem ser contratados em nome de quem for responsável pelo pagamento (art. 1078º, nº 4), pelo que, quando o arrendatário tiver esse dever, deverá ser em nome dele que as despesas e encargos devem ser contratados.

Prevê-se, no entanto, que as despesas e encargos possam ser contratados em nome do senhorio, com obrigação de reembolso pelo arrendatário. Nesse caso, o senhorio deve apresentar ao arrendatário, no prazo de um mês, o comprovativo do pagamento feito (art. 1078º, nº 5)[99], vencendo-se a obrigação do arrendatário relativamente ao reembolso no final do mês

[99] A lei não esclarece quais as consequências de o senhorio ultrapassar esse prazo de um mês. Parece-nos excessivo considerar que nesse caso se verificaria a caducidade do direito,

seguinte ao da comunicação pelo senhorio, devendo ser cumprida simultaneamente com a renda subsequente (art. 1078º, nº 6). As partes podem, porém, acordar uma quantia fixa mensal, a pagar por conta dos encargos e despesas, caso em que os acertos são feitos semestralmente (art. 1078º, nº 7).

Caso o arrendatário entre em mora no pagamento dos encargos e despesas por prazo superior a três meses, o senhorio poderá resolver o contrato (art. 1083º, nº 3), mediante comunicação ao arrendatário (art. 1084º, nº 1), a qual deve obedecer aos termos do art. 9º, nº 7, NRAU. A resolução do contrato com base na falta de pagamento dos encargos ou despesas da conta do arrendatário, efectuada por comunicação à outra parte, ficará, no entanto, sem efeito, se o arrendatário puser fim à mora no prazo de um mês (art. 1084º, nº 3), faculdade que só pode exercer uma vez com referência a cada contrato (art. 1084º, nº 4).

9.2.3. Obrigação de facultar ao senhorio o exame do imóvel arrendado

Uma outra obrigação que incumbe sobre o arrendatário é a de facultar ao senhorio o exame do imóvel arrendado (art. 1038º *b*)), situação que visa permitir ao senhorio controlar o bom estado do imóvel, e eventualmente suprir deficiências ou exigir responsabilidade pelos danos a este causados. Trata-se de um direito do senhorio que, no entanto, tem que ser exercido em termos moderados, uma vez que constantes e sucessivos exames da coisa locada corresponderiam a uma perturbação do gozo pelo arrendatário. Nesse caso, a exigência do senhorio será ilegítima, por abuso de direito (art. 334º)[100], caso em que poderá naturalmente o arrendatário obstar a essa perturbação do gozo.

9.2.4. Obrigação de respeitar as limitações impostas aos proprietários de coisas imóveis

Nos termos do art. 1071º, os arrendatários estão sujeitos às limitações impostas aos proprietários de coisas imóveis, tanto nas relações de vizinhança como nas relações entre arrendatários de partes de uma mesma coisa. Assim, as limitações constantes dos arts. 1346º e ss., relativas às relações de vizinhança entre proprietários de imóveis terão que ser respeitadas pelo arrendatário. Da mesma forma, aplicam-se aos arrendatários de

ao abrigo do art. 298º, nº 2. A melhor solução é antes a de qualificar a situação como mora do credor, com a consequente aplicação do regime dos arts. 813º e ss.

[100] Neste sentido, cfr. PIRES DE LIMA/ANTUNES VARELA, *op. cit.*, II, sub art. 1038º, nº 3, p. 370.

fracções autónomas, as limitações ao exercício dos direitos dos condóminos na propriedade horizontal, a que se refere o art. 1422º.

Em caso de incumprimento desta obrigação, o senhorio tem naturalmente direito de indemnização pelos danos causados, prevendo actualmente ainda o art. 1083º, nº 2 *a)*, que constitui fundamento de resolução "a violação reiterada e grave de regras de higiene, de sossego, de boa vizinhança ou de normas constantes do regulamento do condomínio".

Cabe, porém, perguntar se os outros proprietários ou condóminos poderão igualmente reagir contra o arrendatário pelos danos causados pelo desrespeito das limitações impostas ao proprietário que o afectem ou terão que se limitar a demandar o senhorio. A nosso ver, existe nessa situação uma pluralidade de responsáveis pelo dano, resultando a responsabilidade do arrendatário da actuação em desrespeito dos limites à propriedade imobiliária (art. 483º), e a responsabilidade do senhorio da omissão em não impedir essa actividade do arrendatário que se encontra a causar danos a terceiros (art. 486º), quando o poderia fazer, designadamente através da resolução do contrato. Consequentemente, ambos respondem pelos danos causados a terceiro (art. 490º), sendo essa responsabilidade solidária e sendo o direito de regresso realizado na medida das respectivas culpas (art. 497º).

9.2.5. Obrigação de usar efectivamente o imóvel

Outra das obrigações que recai sobre o arrendatário urbano, nos termos do art. 1072º, nº 1, é o de usar efectivamente o imóvel para o fim do contrato, não deixando de o utilizar por mais de um ano. Efectivamente, a não utilização do imóvel implica desvalorização do mesmo, pelo que é compreensível que a lei imponha ao arrendatário a obrigação de o utilizar, não o deixando sem utilização por período superior a um ano. A violação desta obrigação por parte do arrendatário é aliás considerada especificamente como justificativa da resolução do contrato, nos termos do art. 1083º, nº 2, *d)*.

A lei tipifica, porém, no art. 1072º, nº 2, causas de exclusão da ilicitude da violação desta obrigação do arrendatário e que consistem no seguinte:

a) em caso de força maior ou de doença;

b) se a ausência, não perdurando há mais de dois anos, for devida ao cumprimento de deveres militares ou profissionais, do cônjuge ou de quem viva com o arrendatário em união de facto;

c) se a utilização for mantida por quem, tendo direito a usar o locado, o fizesse há mais de um ano;

d) se ausência se dever à prestação de apoios continuados a pessoas com deficiência com grau de incapacidade igual ou superior a 60%, incluindo a familiares.

Nestes casos, a não utilização do prédio por parte do arrendatário é lícita, pelo que ele deixará de ficar sujeito à resolução do contrato (cfr. art. 1083º, nº 2, *in fine*).

9.2.6. Obrigação de não aplicar o imóvel a fim diverso daquele a que ele se destina

Uma das mais importantes obrigações do arrendatário é a de não aplicar o imóvel a fim diverso daquele a que ele se destina. Já acima se referiu ser normal no contrato de locação a determinação do fim a que se destina a coisa locada, com base no qual se delimitam as possibilidades da sua utilização pelo arrendatário. As partes devem, por isso, proceder à sua estipulação contratual. Se não o fizerem, e das respectivas circunstâncias não resultar o fim a que a coisa locada se destina, estabelece o art. 1027º que passa a ser permitido ao locatário aplicá-la a quaisquer fins lícitos, dentro da função normal das coisas de igual natureza.

Especialmente importante se mostra, no entanto, a determinação do fim no arrendamento urbano, que gera a aplicação de regimes específicos. No âmbito do RAU, os prédios urbanos podiam ser arrendados para habitação, comércio ou indústria, profissão liberal ou outros fins lícitos (art. 3º, nº 1 do RAU), sujeitos respectivamente aos arts. 74º e ss., 110º e ss., 121º e ss., e 123º do RAU. Se nada se estipulasse, o arrendatário só poderá utilizar o prédio para habitação (art. 3º, nº 2, do RAU). Já o NRAU limita-se a distinguir entre o arrendamento para fim habitacional e o arrendamento para fim não habitacional (art. 1067º, nº 1), regendo-se o primeiro especificamente pelos arts. 1092º e ss., e o segundo pelos arts. 1108º e ss., ainda que, neste último caso, continue haver algumas diferenciações de regime entre o arrendamento para comércio e indústria e para o exercício de profissão liberal (cfr. art. 1112º).

Caso as partes não estipulem o fim do contrato de arrendamento urbano, determina o art. 1067º, nº 2, que o local arrendado pode ser usado no âmbito das suas aptidões, tal como resultem da licença de utilização. Na falta de licença de utilização, o arrendamento vale como habitacional se o local for habitável ou como não habitacional se o não for, salvo se outro destino lhe tiver vindo a ser dado (art. 1067º, nº 3).

Uma vez estipulado o fim do contrato, o arrendatário é obrigado a respeitá-lo, sob pena de poder ser sujeito à resolução do contrato (art. 1083º, nº 2 *c)*). Em certos casos, a lei prevê, no entanto, algumas excepções a este dever de respeitar o fim a que a coisa se destina. Assim, no âmbito do arrendamento para habitação é referido que no uso residencial do prédio inclui-se o exercício de qualquer indústria doméstica, ainda que tributada (art. 1092º, nº 1), sendo considerada como tal a explorada na sua residência pelo arrendatário ou pelos seus familiares, contanto que não ocupe mais de três auxiliares assalariados (art. 1092º, nº 2).

9.2.7. Obrigação de não fazer do imóvel arrendado uma utilização imprudente

Outra obrigação do arrendatário, referida no art. 1038º *d)* para a locação em geral, é a de não fazer da coisa locada uma utilização imprudente. Esta obrigação encontra-se explicitada no art. 1043º, nº 1, que estabelece que "na falta de convenção, o locatário é obrigado a manter e restituir a coisa no estado em que a recebeu, ressalvadas as deteriorações inerentes a uma prudente utilização, em conformidade com os fins do contrato".

O dever de não efectuar uma utilização imprudente corresponde assim para o arrendatário a um dever de manutenção do imóvel no mesmo estado em que foi recebido, uma vez que o seu arrendamento não deve implicar para o senhorio qualquer deterioração do mesmo. A descrição do estado do imóvel ao tempo da entrega deve ser efectuada pelas partes em documento, presumindo o legislador, na falta desse documento, que o imóvel foi entregue ao arrendatário em bom estado de conservação (art. 1043º, nº 2). Concretizando essa disposição, determina o art. 3º, nº 2, D.L. 160/2006, de 8 de Agosto, que deve ser anexado ao contrato e assinado pelas partes "um documento onde se descreva o estado de conservação do local e suas dependências, bem como do prédio, aplicando-se na sua falta ou em caso de omissão ou dúvida o disposto no nº 2 do artigo 1043º do Código Civil".

Se ocorrer a destruição do imóvel ou se verificarem deteriorações no mesmo não correspondentes a uma prudente utilização, a lei presume a responsabilidade do arrendatário, podendo, porém, este elidir a presunção demonstrando que não resultaram de causa que lhe seja imputável nem a terceiro a quem tenha permitido a sua utilização (art. 1044º). A doutrina tem-se, porém dividido sobre o significado da expressão imputável nesta disposição. Para PIRES DE LIMA/ANTUNES VARELA não se exige a culpa do arrendatário ou de terceiro, mas apenas que as deteriorações tenham sido por ele causadas, já que o locatário utiliza a coisa no seu própria interesse, pelo que deve responder objectivamente[101]. Já PEREIRA COELHO e PINTO FURTADO entendem pelo contrário que se exige um acto culposo do locatário ou de terceiro, já que no caso contrário a sua responsabilidade seria excepcionalmente agravada[102]. Tendemos a concordar com esta última posição, ressalvando, no entanto, que resulta da formulação do art. 1044º, bem como do art. 799º, nº 1, que a culpa do locatário se presume nesta situação.

Dos arts. 1043º e 1044º resulta assim que o arrendatário tem um dever de custódia e de manutenção do imóvel arrendado, devendo portanto evitar qualquer deterioração no mesmo, a menos que resulte da sua utilização com prudência. Naturalmente que por maioria de razão, o arrendatário não é responsável pelos estragos que a acção do tempo causa no imóvel, designadamente a desvalorização resultante da sua vetustez[103].

No âmbito do arrendamento urbano, a lei vem, porém, efectuar alguma concretização e por vezes atenuação deste dever que incumbe sobre o arrendatário. Assim, o art. 1073º, correspondendo de forma praticamente idêntica ao hoje revogado art. 4º do RAU determina ainda que "é lícito ao arrendatário realizar pequenas deteriorações no prédio arrendado quando elas se tornem necessárias para assegurar o seu conforto ou comodidade" (nº 1), acrescentando o nº 2 que "as deteriorações referidas no número anterior devem, no entanto, ser reparadas pelo arrendatário antes da restituição do prédio, salvo estipulação em contrário". O conceito de deteriorações presente nesta disposição tem suscitado na doutrina dúvidas interpretativas sobre se se encontra aplicado em sentido próprio ou em sentido impróprio. Assim, PINTO FURTADO defendeu inicialmente que não estariam em causa deteriorações, mas sim benfeitorias úteis, já que não se trata de as incluir no uso prudente de um bom pai de família, mas antes de admitir que elas não atentam contra o direito de propriedade do

101 Cfr. PIRES DE LIMA/ANTUNES VARELA, *op. cit.*, II, sub art. 1044º, nº 2, p. 381.

102 Cfr. PEREIRA COELHO, *Arrendamento*, pp. 203-204 e PINTO FURTADO, *Manual*, I, p. 553.

103 Cfr. PINTO FURTADO, *Manual*, I, p. 552.

senhorio, podendo o arrendatário, quando deva entregar o prédio, levantá-las, se o puder fazer sem detrimento do edifício, como se proclama no art. 1273º, nº 1 e não repará-las, como impropriamente é afirmado nestas disposições[104]. Parece-nos, no entanto, que o conceito de deteriorações é usado nesta disposição em sentido próprio, no sentido de que, independentemente dos benefícios que atribuam ao prédio, se elas forem pequenas, e se justificarem pelo fim de assegurar o conforto e comodidade do arrendatário, são permitidas.

A responsabilidade do arrendatário pelas deteriorações é, no entanto, atenuada no caso de se verificar a mora do senhorio em relação à restituição do locado (art. 813º), uma vez que, a partir desse momento, o senhorio passa a suportar o risco de qualquer perda ou deterioração do imóvel que não seja imputável a dolo do arrendatário (art. 814º, nº 1).

9.2.8. Obrigação de tolerar as reparações urgentes, bem como quaisquer outras que sejam ordenadas por autoridade pública

Outra obrigação do arrendatário é a de tolerar as reparações urgentes, bem como quaisquer outras que sejam ordenadas por autoridade pública. Efectivamente, pode haver necessidade de reparações urgentes para evitar a deterioração da coisa locada, sendo que por vezes a própria autoridade pública impõe essas reparações para evitar maiores riscos. Nestes casos, terá naturalmente o arrendatário que suportar essa perturbação no gozo da coisa em ordem a evitar maiores riscos para o prédio.

No âmbito do RAU, a violação desta obrigação não constituía fundamento de resolução, uma vez que não se encontrava prevista na enumeração taxativa do seu art. 64º. Presentemente, no entanto, o art. 1083º, nº 4, considera inexigível ao senhorio a manutenção do arrendamento, se houver oposição do arrendatário à realização de obra ordenada por autoridade pública, permitindo nesse caso a resolução por comunicação à outra parte, ainda que esta fique sem efeito, se o arrendatário, no prazo de 60 dias, cessar essa oposição (art. 1084º, nº 5).

[104] Cfr. Pinto Furtado, *Manual*, 3ª ed., p. 799.

9.2.9. Obrigação de não proporcionar a outrem o gozo total ou parcial do imóvel por meio de cessão onerosa ou gratuita da sua posição jurídica, sublocação ou comodato, excepto se a lei o permitir ou o senhorio o autorizar

O contrato de arrendamento é visto em relação à pessoa do arrendatário como um contrato *intuitu personae*, considerando-se assim que o senhorio se obriga apenas a proporcionar o gozo da coisa ao arrendatário e não a terceiro. É, por isso, vedado ao arrendatário proceder à transmissão do gozo da coisa a outrem, seja qual for o título jurídico pelo qual essa transmissão se opere, como seja a cessão onerosa ou gratuita da sua posição jurídica, a sublocação ou o comodato. Essa proibição só cessa, caso a lei venha a permitir essa cessão ou o senhorio a venha a autorizar.

Efectivamente, em certos casos a lei permite a transmissão do gozo da coisa a terceiro sem consentimento do senhorio. É o que sucede no arrendamento urbano para fins não habitacionais nos casos de locação de estabelecimento comercial ou industrial (art. 1109º), trespasse do estabelecimento comercial ou industrial (art. 1112º, nº 1 *a)*) e cessão da posição do arrendatário para o exercício de profissão liberal (art. 1112º, nº 1 *b)*). Para além disso, no arrendamento para habitação é permitido que habitem com o arrendatário, para além de todas as pessoas que com ele vivam em economia comum, um máximo de três hóspedes, salvo cláusula em contrário (art. 1093º)[105]. Consequentemente, nestas situações não se considerará infringida a proibição do art. 1038º *f)*. Finalmente, o art. 7º, nº 6, da Lei 42/2017, veio ainda permitir às entidades sem fins lucrativos, reconhecidas como de interesse histórico e cultural ou social local, ceder a posição contratual de arrendatário do imóvel em que estejam instaladas ao município da respectiva área, sem dependência de autorização do senhorio.

[105] Tem sido, porém, controvertido na doutrina se se deverão considerar como hóspedes, para efeitos do art. 1093º, nº 1, *b)*, os recém-nascidos que sejam filhos de hóspedes. Pinto Furtado, *Manual*, I, p. 302, responde negativamente, entendendo que este conceito apenas abrange os adultos e não as crianças. Mas a posição contrária é claramente maioritária, sendo sustentada por Aragão Seia, *Arrendamento*, p. 439, Pires de Lima / Antunes Varela, *op. cit.*, II, sub art. 64º RAU, nº 6, p. 603 e David Magalhães, *A resolução*, p. 342. Por nossa parte, pensamos também ser essa a melhor interpretação legal. Efectivamente, a qualificação de hóspede não depende da idade, mas apenas do facto de o arrendatário proporcionar habitação a terceiro e prestar serviços com ela relacionados (art. 1093º, nº 3), o que não deixará de ocorrer também em relação às crianças.

Ocorrendo o consentimento do senhorio, também é possível ao arrendatário proceder à cessão do gozo da coisa a terceiro. No arrendamento urbano, o consentimento do senhorio para subarrendar o prédio deve ser dado por escrito (art. 1088º, nº 1).

O art. 1049º vem, porém, estabelecer que o senhorio não tem direito à resolução do contrato com fundamento na violação do disposto nas alíneas *f)* e *g)* do art. 1038º se tiver reconhecido o beneficiário da cedência como tal, pelo que se o senhorio vier a reconhecer o beneficiário da cedência, deixa de poder obter a resolução do contrato com esse fundamento.

9.2.10. Obrigação de comunicar ao senhorio, dentro de quinze dias, a cedência do gozo da coisa, sempre que esta seja permitida ou autorizada

Mesmo quando a lei permite ou o senhorio autoriza o arrendatário a ceder o gozo da coisa a terceiro, ele é obrigado a comunicar que efectuou essa cedência no prazo de quinze dias após a sua verificação (art. 1038º *g)*, sem o que a cedência será ineficaz em relação ao senhorio e lhe permitirá resolver o contrato (cfr. o art. 1083º, nº 2 *e)*).

Estabelece, no entanto, o art. 1049º que o senhorio não tem direito à resolução do contrato com fundamento na violação do disposto nas alíneas *f)* e *g)* do art. 1038º, se tiver reconhecido o beneficiário da cedência como tal, ou ainda, no caso da alínea *g)*, se a comunicação lhe tiver sido feita por este, pelo que, se houver reconhecimento do novo arrendatário ou tiver sido este a cumprir a obrigação de comunicar no prazo de quinze dias a cedência do gozo do prédio, perderá o senhorio a possibilidade de resolver o contrato[106].

9.2.11. Obrigação de avisar imediatamente o senhorio, sempre que tenha conhecimento de vícios na coisa, ou saiba que a ameaça algum perigo, ou que terceiros se arrogam direitos em relação a ela, desde que o facto seja ignorado pelo senhorio

Outra obrigação que recai sobre o arrendatário é a de avisar o senhorio sempre que conheça a existência de vícios na coisa, que algum perigo a ameaça, ou que terceiros se arrogam direitos em relação a ela (art. 1038º *h)*).

[106] Esta disposição não altera, no entanto, o facto de recair sobre o contraente originário a obrigação de fazer a comunicação, pelo que, se o senhorio vier a resolver o contrato com fundamento na sua omissão, o contraente originário será responsável perante o adquirente. Neste sentido, cfr. Ac. STJ 25/11/2008 (Azevedo Ramos), em *CJ-ASTJ* 16 (2008), 3, pp. 142-143.

Trata-se de uma obrigação que é imposta ao arrendatário em virtude de lhe ser atribuida a posse da coisa locada, que lhe implica um dever de custódia mínimo da mesma, concretizado na imposição de um aviso ao senhorio, sempre que o arrendatário venha a ter conhecimento de riscos para a coisa.

Consequentemente, o senhorio deixa de responder pelos vícios da coisa locada, ao contrário do que normalmente a lei prevê (art. 1032º), se o arrendatário, violando este dever, não avisou do defeito o senhorio, como lhe competia (art. 1033º *d)*).

No âmbito do direito anterior, a lei não previa a resolução do contrato como sanção para o incumprimento desta obrigação. Actualmente, no entanto, o carácter aberto da norma do art. 1083º parece implicar que casos mais graves de desrespeito deste dever possam levar a considerar inexigível ao senhorio a manutenção do arrendamento.

9.2.12. Obrigação de restituir o imóvel locado, findo o contrato

A restituição da coisa locada findo o contrato constitui igualmente uma obrigação do locatário (art. 1038º *i)*), surgindo como consequência da natureza temporária da locação (art. 1022º). No âmbito do arrendamento urbano, estabelece o art. 1081º, nº 1, que "a cessação do contrato torna imediatamente exigível, salvo se outro for o momento legalmente fixado ou acordado pelas partes, a desocupação do local e a sua entrega, com as reparações que incumbam ao arrendatário". Já no caso de resolução essa exigibilidade ocorre apenas passado um mês após a resolução, se outro prazo não for judicialmente fixado ou acordado pelas partes (art. 1087º).

Da formulação destas disposições resulta que a obrigação de restituição não se vence automaticamente no fim do contrato de arrendamento urbano, ou em caso de resolução no final do terceiro mês subsequente, dado que o decurso desses prazos apenas torna exigível essa restituição, cujo vencimento depende, nos termos gerais, de interpelação à outra parte (art. 777º, nº 1). Consequentemente, é apenas a partir dessa interpelação que o arrendatário entra em mora quanto à restituição (art. 805º, nº 1), com a respectivas consequências legais em termos de indemnização (art. 804º, nº 1) e inversão do risco pela perda ou deterioração da coisa (art. 807º)[107].

[107] Em sentido contrário, entendendo que se trata de uma obrigação de prazo certo, de vencimento automático, cfr. DAVID MAGALHÃES, *A resolução*, pp. 126-127, nota (409),

A lei estabelece inclusivamente no art. 1045º, nº 1 que "se a coisa locada não for restituída por qualquer causa, logo que finde o contrato, o locatário é obrigado, a título de indemnização, a pagar até ao momento da restituição a renda ou aluguer que as partes tenham estipulado, excepto se houver fundamento para consignar em depósito a coisa devida", acrescentando o respectivo nº 2 que logo "que o locatário se constitua em mora, a indemnização é elevada ao dobro". É, assim, estabelecida uma indemnização equivalente ao montante da renda devida, que se presume ser a compensação adequada para o atraso na restituição da coisa, salvo incorrendo o locatário em mora, em que a indemnização passa a ser o dobro desta[108]. Parece, porém, que as partes não estarão impedidas, nos termos do art. 810º, de estabelecer uma cláusula penal para o atraso na restituição de montante superior a este, desde que não seja de montante manifestamente excessivo (art. 812º)[109].

Se a restituição do imóvel por parte do arrendatário, após a extinção do arrendamento, for impedida por facto relativo ao senhorio, verifica-se uma situação de mora do credor (art. 813º), a qual permite ao arrendatário requerer a consignação em depósito do referido imóvel (art. 841º, nº 1, *b)*). Nessa situação, naturalmente que o senhorio não terá direito a reclamar qualquer renda do arrendatário ou indemnização pelo atraso na restituição. Antes pelo contrário, o senhorio deverá indemnizar as maiores despesas em que o arrendatário tenha incorrido pelo facto de a restituição não ter ocorrido na data prevista (art. 816º), além de, como já se referiu, suportar o risco por qualquer perda ou deterioração posterior do imóvel que não seja devida a dolo do arrendatário (art. 814º, nº 1).

9.2.13. Obrigação de publicitar o fim do arrendamento e mostrar o local a novos interessados

Existe ainda, no âmbito do arrendamento urbano, uma obrigação de publicitar o fim do contrato e mostrar o local a novos interessados. Efectiva-

[108] Conforme refere OLINDA GARCIA, *Arrendamentos para comércio*, p. 59, no nº 1 do art. 1045º não se prevê uma sanção para a hipótese de não cumprimento, dado que o arrendatário não está em mora, mas antes uma compensação pecuniária específica, que afasta a disciplina geral do enriquecimento sem causa. A duplicação dessa compensação em caso de mora, prevista no nº 2, é que constitui uma sanção para o atraso na restituição.

[109] No Ac. RC 27/6/2002 (URBANO DIAS), em *CJ* 27 (2002), 3, pp. 117-119 considerou-se que as partes podem, em derrogação do art. 1045º, estipular uma cláusula penal de montante superior à renda, para a indemnização devida em caso de restituição da coisa findo o contrato.

mente, determina o art. 1081º, nº 2, que "com antecedência não superior a três meses sobre a obrigação de desocupação do local, o senhorio pode exigir do arrendatário a colocação de escritos, quando correspondam aos usos, quando correspondam aos usos da terra", devendo o arrendatário, "em qualquer caso, mostrar o local a quem o pretenda tomar de arrendamento durante os três meses anteriores à desocupação, em horário acordado com o senhorio" (art. 1081º, nº 3), sendo que "na falta de acordo, o horário é, nos dias úteis, das 17 horas e 30 minutos às 19 horas e 30 minutos, e, aos sábados e domingos, das 15 às 19 horas" (art. 1081º, nº 4).

10
Proibições de arrendamento

Existe legalmente consagrada uma proibição relativa à celebração de contratos de arrendamento, a qual respeita ao arrendamento de bens do incapaz a favor dos seus pais, tutor, curador, administrador legal de bens ou protutor que exerça as funções de tutor. Efectivamente, refere o art. 1892º, que sem autorização do tribunal (actualmente do Ministério Público, por força do D.L. 272/2001) não podem os pais tomar de arrendamento, ainda que por intermédio de hasta pública, bens do filho sujeito ao poder paternal, excepto nos casos de sub-rogação legal, de licitação em processo de inventário ou de outorga em partilha judicialmente autorizada. Esta proibição abrange o arrendamento celebrado por interposta pessoa o que ocorrerá nos casos referidos no art. 579º, nº 2 (art. 1892º, nº 2).

No caso de ser celebrado sem autorização do Ministério Público, o arrendamento é anulável a requerimento do menor, até um ano depois de atingir a maioridade ou ser emancipado, ou, se ele entretanto falecer, pelos seus herdeiros, excluídos os próprios pais responsáveis, no prazo de um ano a contar da morte do filho (art. 1893º, nº 1). A anulação pode continuar a ser requerida após este prazo se for demonstrado que só se teve conhecimento do referido arrendamento nos seis meses anteriores à proposição da acção (art. 1893º, nº 2). Enquanto o menor não atingir a maioridade ou for emancipado, pode a acção de anulação ser instaurada ainda pelas pessoas com legitimidade para requerer a anulação do poder paternal, contanto que seja instaurada no ano seguinte à prática dos actos impugnados (art. 1893º, nº 3).

Apesar de não autorizado, o arrendamento pode ser objecto de confirmação pelo tribunal (art. 1894º), caso em que naturalmente se extinguirá o direito de anulação.

Já em relação ao tutor, o art. 1937º *b)* veda-lhe em absoluto a possibilidade de tomar de arrendamento, directamente ou por interposta pessoa, ainda que seja em hasta pública, bens ou direitos do menor, excepto nos casos de sub-rogação legal, de licitação em processo de inventário ou de outorga em partilha judicialmente autorizada. Esta proibição é extensiva ao administrador de bens, por força do art. 1971º, nº 1 e também parece dever sê-lo em relação ao protutor, sempre que este substitua o tutor (art. 1956º *b)*). É assim proibido o arrendamento de bens do menor, realizada a favor de qualquer destas pessoas. Caso esse arrendamento venha a ser celebrado, o negócio não será apenas considerado anulável mas nulo, ainda que se trate de uma nulidade sujeita a regime especial, na medida em que não pode ser invocada pelo tutor ou seus herdeiros, nem pela interposta pessoa de quem ele se tenha servido e é sanável mediante confirmação do pupilo, depois da maioridade, mas somente enquanto não for declarada por sentença transitada em julgado (art. 1939º).

11
Formalidades de comunicação entre as partes no âmbito do arrendamento urbano

O NRAU veio estabelecer um formalismo especial a que devem obedecer as comunicações entre as partes no âmbito do arrendamento urbano, regulado nos seus arts. 9º e ss.

Assim, em primeiro lugar, sempre que esteja em causa a cessação do contrato de arrendamento, a actualização de rendas, e as obras no locado, a respectiva comunicação deve constar de escrito assinado pelo declarante remetido por carta registada com aviso de recepção (art. 9º, nº 1, NRAU). Sendo o destinatário o arrendatário, as cartas devem ser remetidas para o local arrendado, salvo indicação por escrito dele em contrário (art. 9º, nº 2, NRAU). Sendo o destinatário o senhorio, as cartas devem ser remetidas para o endereço constante do contrato de arrendamento escrito ou da sua última comunicação (art. 9º, nº 3 NRAU). Se o arrendamento não tiver sido reduzido a escrito e não existir comunicação anterior do senhorio, as cartas dirigidas a este deverão ser remetidas para o seu domicílio ou sede (art. 9º, nº 4 NRAU). A fim de facilitar a comunicação entre as partes, prevê o art. 9º, nº 5, NRAU que "qualquer comunicação deve conter o endereço completo da parte que a subscreve, devendo as partes comunicar mutuamente a alteração daquele".

Em alternativa à comunicação por carta registada com aviso de recepção, o declarante pode proceder à entrega em mão da carta por si assinada, devendo o destinatário apor em cópia a sua assinatura, com nota de recepção (art. 9º, nº 6 NRAU).

Estando, porém, em causa a comunicação do senhorio relativa à cessação do contrato por resolução, nos termos do nº 1 do art. 1084º do Código

Civil, impõe-se a sua realização mediante notificação avulsa (art. 9º, nº 7 *a)* NRAU), ou mediante contacto pessoal de advogado, solicitador ou solicitador de execução, comprovadamente mandatado para o efeito, sendo neste caso ela feita na pessoa do notificando, com entrega de duplicado da comunicação e dos documentos que a acompanhem, devendo o notificando assinar o original (art. 9º, nº 7 *b)* NRAU). Nos contratos celebrados por escrito em que tenha sido convencionado o domicílio, a comunicação pode ainda ser feita por escrito assinado e remetido pelo senhorio por carta registada com aviso de recepção, caso em que é inoponível ao senhorio qualquer alteração do local, salvo se este tiver autorizado a modificação (art. 9º, nº 7 *c)* NRAU).

A lei esclarece a forma de realização das comunicações em caso de pluralidade de partes no contrato de arrendamento (art. 11º NRAU), bem como, independentemente dessa situação, no caso de o contrato de arrendamento incidir sobre a casa de morada de família (art. 12º NRAU), as quais vamos examinar de seguida.

A pluralidade de partes na relação de arrendamento pode reconduzir-se tanto a uma pluralidade de senhorios como a uma pluralidade de arrendatários, podendo ainda existir as duas situações. A pluralidade de arrendatários será frequente hoje em dia, dado que o art. 1068º veio estabelecer que o direito do arrendatário comunica-se ao seu cônjuge, nos termos gerais e de acordo com o regime de bens. Assim, o arrendamento apenas não se comunicará ao cônjuge no caso de vigorar o regime da separação de bens (arts. 1735º e ss.) ou, no caso de comunhão de adquiridos, o contrato tiver sido celebrado por apenas um dos cônjuges antes do casamento (art. 1722º, nº 1, *a)*). Já não parece, porém, que o arrendamento se comunique ao cônjuge no âmbito do regime transitório do NRAU, uma vez que nesses casos a lei apenas concede ao cônjuge a faculdade de suceder no arrendamento, caso tenha residência no locado (art. 57º, nº 1, *a)* NRAU).

Existindo essa pluralidade de partes, não pode haver comunicações diferenciadas por parte dos titulares das posições de senhorio ou de arrendatário, considerando-se equivalente ao silêncio a existência dessa contradição (art. 11º, nº 6, NRAU).

Em caso de pluralidade de senhorios, as comunicações devem, sob pena de ineficácia, ser subscritas por todos ou por quem a todos represente, devendo o arrendatário dirigir as suas comunicações ao representante ou a quem em comunicação anterior tenha sido designado para as receber (art. 11º, nº 1, NRAU). Não tendo existido essa designação, o arrendatário dirige as suas comunicações ao primeiro signatário e envia a carta para o endereço do remetente (art. 11º, nº 2, NRAU), salvo se o prédio estiver integrado em herança indivisa, em que a representação é legalmente atribuída ao cabeça de casal, se não for designado outro representante (art. 11º, nº 5, NRAU).

Já no caso de pluralidade de arrendatários, a lei estabelece que a comunicação do senhorio é dirigida ao que figurar em primeiro lugar no contrato, salvo indicação daqueles em contrário (art. 11º, nº 3, NRAU), a menos que o arrendamento esteja integrado em herança indivisa, em que a comunicação é efectuada ao respectivo cabeça-de-casal, salvo indicação de outro representante (art. 11º, nº 5, NRAU). Destinando-se a comunicação à transição para o NRAU e actualização da renda no regime transitório ou constituindo título para pagamento de rendas, encargos ou despesas que possam servir de base ao procedimento especial de despejo, deve a mesma ser realizada a todos os arrendatários (art. 11º, nº 4, e 10º, nº 2, NRAU).

A lei não esclarece, porém, se, em caso de pluralidade de arrendatários, pode apenas um arrendatário assinar a comunicação dirigida ao senhorio ou se terão que o fazer todos. A nosso ver, apenas se a comunicação implicar disposição do direito ao arrendamento (revogação, resolução, denúncia, subarrendamento ou cessão da posição contratual de arrendatário) é que se exigirá que a comunicação seja assinada por todos os titulares. Nos outros casos, será suficiente a assinatura de qualquer deles.

No caso de o arrendamento ter por objecto a casa de morada de família, todas as comunicações ao arrendatário devem ser dirigidas a cada um dos cônjuges, sob pena de ineficácia (art. 12º, nº 1, NRAU), podendo as comunicações do arrendatário ser subscritas apenas por um ou por ambos os cônjuges (art. 12º, nº 2, NRAU). Estando, porém, em causa a resolução, denúncia, ou revogação do arrendamento, a cessão da posição de arrendatário, o subarrendamento ou o empréstimo total ou parcial, exige-se que as respectivas comunicações sejam subscritas por ambos os cônjuges (arts. 12º, nº 3, NRAU e 1682º-B).

As comunicações entre as partes são sujeitas ao regime geral das declarações negociais recipiendas, previsto nos arts. 224º e ss., sendo consequentemente eficazes logo que cheguem ao poder do destinatário ou sejam dele conhecidas (art. 224º, nº 1), sendo ainda consideradas eficazes se só por culpa do destinatário não são recebidas (art. 224º, nº 2), e sendo em qualquer caso ineficazes se são recebidas em condições de, sem culpa do destinatário, não poderem ser dele conhecidas (art. 224º, nº 3). No entanto, o art. 10º NRAU procede a algumas adaptações em relação ao regime da eficácia das comunicações entre as partes, estabelecendo que as comunicações por carta registada consideram-se realizadas, ainda que a carta seja devolvida por o destinatário se ter recusado a recebê-la ou o aviso de recepção seja assinado por pessoa diferente do destinatário (art. 10º, nº 1, NRAU)[110].

No entanto, esse regime não se aplica relativamente às cartas que constituam iniciativa do senhorio para a transição para o NRAU e actualização da renda ou integrem título para pagamento de rendas, encargos ou despesas ou que possam servir de base ao procedimento especial de despejo, salvo no caso de domicílio convencionado entre as partes, e ainda se o aviso não for levantado no prazo previsto no regulamento do serviços postais (art. 10º, nº 2, NRAU). Nesses casos, o senhorio deve remeter nova carta registada com aviso de recepção decorridos que sejam 30 a 60 dias sobre a data do envio da primeira carta (art. 10º, nº 3, NRAU). Se essa nova carta vier a ser devolvida por o senhorio se ter recusado a recebê-la ou por não ter sido levantada no prazo previsto no regulamento dos serviços postais, considera-se a comunicação realizada no 10º dia posterior ao do seu envio (art. 10º, nº 4, NRAU).

Se a comunicação tiver sido realizada por notificação avulsa, contacto pessoal de advogado, solicitador ou agente de execução e o destinário da comunicação recusar a assinatura do original ou a recepção do duplicado da comunicação e cópia dos documentos que a acompanhem, o mensageiro lavra nota do incidente e a comunicação considera-se efectuada no próprio dia, face à certificação da ocorrência (art. 10º, nº 5 *a)* NRAU). Se não for possível localizar o destinatário, o senhorio remete carta registada com aviso de recepção para o local arrendado, decorridos 30 a 60 dias sobre em que o destinatário não foi localizado, considerando-se a comunicação realizada no 10º dia posterior ao do seu envio (art. 10º, nº 5 *b)* NRAU).

O NRAU consagra ainda, porém, a relevância do justo impedimento, o qual define como "o evento não imputável à parte em contrato de arren-

[110] Já não parece, porém, que a comunicação seja eficaz se a carta for devolvida com fundamento de não ser esse o endereço do destinatário, ou este se ter mudado, dado que estes fundamentos não se encontram previstos no art. 10º, nº 2 NRAU, solução que é incoerente com a imposição de comunicação de alterações do endereço das partes, efectuada no art. 9º, nº 5, NRAU.

damento urbano que obste à prática atempada de um acto previsto nesta lei ou à recepção das comunicações que lhe sejam dirigidas" (art. 16º, nº 1, NRAU), parecendo, apesar de nada ser referido, que a invocação correspondente impede a preclusão do direito resultante da omissão da comunicação ou da sua não recepção. O justo impedimento deve ser invocado logo após a sua cessação por comunicação dirigida à outra parte (art. 16º, nº 2, NRAU), tendo a parte que o invoca que comprovar os factos em que se funda (art. 16º, nº 3, NRAU). Em caso de desacordo das partes, a invocação do justo impedimento só se torna eficaz após decisão judicial (art. 16º, nº 4 NRAU), pelo que parece que nesse caso, até que essa decisão seja proferida, considerar-se-ão eficazes as comunicações que obedeçam aos requisitos dos arts. 9º e ss. NRAU, mesmo que a parte contrária alegue o justo impedimento em relação à sua recepção.

12
Vicissitudes do contrato de arrendamento urbano

12.1. Transmissão da posição contratual do senhorio

A necessidade de tutelar a posição do arrendatário, em caso de transmissão da coisa locada a terceiro, levou à consideração de que essa transmissão não deveria afectar o direito de arrendamento, estabelecendo-se assim uma transmissão contratual forçada da posição do senhorio para qualquer adquirente da coisa locada. Foi este o princípio denominado de *emptio non tollit locatum* (a compra não afecta a locação), vigente na maioria dos direitos modernos, entre os quais o direito alemão[111]. Consagrando este princípio, o art. 1057º do Código Civil vem estabelecer que "o adquirente do direito com base no qual foi celebrado o contrato sucede nos direitos e obrigações do locador, sem prejuízo das regras do registo". Fica assim consagrada a doutrina de que o arrendatário pode sempre opor o seu direito em relação a qualquer adquirente do direito com base no qual foi celebrado o contrato, sujeitando-o a continuar com ele o contrato de arrendamento, mesmo que o adquirente desconhecesse totalmente a existência desse contrato no momento que adquiriu o bem[112].

Pressuposto da aplicação do art. 1057º é apenas a aquisição do direito com base no qual foi celebrado o contrato, independentemente da forma como essa transmissão se opere, seja por acto entre vivos, seja *mortis causa*. Também no caso de constituição de um novo direito sobre o imóvel arren-

[111] Neste último formulou-se a regra *Kauf bricht nicht Miete*, referida actualmente no § 566 BGB.

[112] Caberá, nessa hipótese, ao adquirente a aplicação do regime da venda de bens onerados (arts. 905º e ss.).

dado deve dar-se a transmissão da posição de senhorio para o novo titular no caso de esse novo direito implicar a exclusividade do gozo sobre a coisa locada (ex: a constituição de um usufruto)[113]. Essa transmissão parece ocorrer igualmente na venda executiva, uma vez que o arrendamento não se encontra incluído nos direitos que caducam com essa venda, nos termos do art. 824º, nº 2, bem como na alienação em processo de insolvência, face ao que se dispõe no art. 109º CIRE.

Relativamente ao objecto da transmissão, parece que salvo acordo em contrário, apenas se transmitirão para o adquirente os direitos e obrigações do senhorio respeitantes à execução futura do contrato, permanecendo na esfera do anterior senhorio os direitos e obrigações respeitantes ao período locativo anterior à transmissão. Assim, a menos que ocorra simultaneamente uma cessão de créditos a rendas vencidas não poderá o novo senhorio reclamar o pagamento de rendas respeitantes a períodos de tempo anteriores à transmissão, nem requerer a resolução do contrato com este fundamento[114]. Da mesma forma, vem estabelecer o art. 1058º a inoponibilidade da liberação ou cessão de rendas ou de alugueres não vencidos ao sucessor entre vivos do senhorio, na medida em que tais rendas ou alugueres respeitem a períodos de tempo não decorridos à data da sucessão.

12.2. Sucessão na posição de senhorio

Uma outra vicissitude no contrato de locação é a sucessão por morte na posição de senhorio. Dado que o contrato de arrendamento não é considerado como *intuitu personae* em relação ao senhorio, verifica-se em caso de morte deste a sucessão dos seus herdeiros na relação de arrendamento (art. 2024º).

12.3. Transmissão da posição contratual do arrendatário

Nos termos do art. 1059º, nº 2, do Código Civil, "a cessão da posição do locatário está sujeita ao regime geral dos arts. 424º e ss. do Código Civil, sem prejuízo das disposições especiais deste capítulo". Remete-se assim integralmente para o regime geral da cessão da posição contratual, o que implica que esta só possa normalmente ser realizada com o consentimento do senhorio (art. 424º), podendo este resolver o contrato se a cessão for

[113] Neste sentido, ROMANO MARTINEZ, *Obrigações*, p. 206.

[114] Neste sentido, PIRES DE LIMA/ANTUNES VARELA, *op. cit.*, sub art. 1057º, nº 4, p. 401, PEDRO ROMANO MARTINEZ, *Obrigações*, p. 205, e PINTO FURTADO, *Manual*, II, pp. 597 e ss.

efectuada sem o seu consentimento (art. 1083º, nº 2 *e*)). Caso o arrendamento tenha por objecto a casa de morada de família, a cessão da posição contratual do arrendatário depende ainda do consentimento do seu cônjuge (art. 1682º-B, *c*)).

Admitem-se, porém, na lei casos em que a transmissão da posição contratual do arrendatário não depende do consentimento do senhorio.

No âmbito do arrendamento urbano para habitação ocorre uma dessas situações no caso previsto no art. 1105º, nº 1, onde se refere que, incidindo o arrendamento sobre casa de morada de família os cônjuges podem, em caso de divórcio ou de separação judicial de pessoas e bens decidir o seu destino, podendo optar pela transmissão do arrendamento ou pela sua concentração a favor de um deles. Na falta de acordo, admite-se que o tribunal possa igualmente determinar essa transmissão ou concentração, tendo em conta a necessidade de cada um, os interesses dos filhos e outros factores relevantes (art. 1105º, nº 2). Esse regime aplica-se igualmente em caso de separação dos membros da união de facto que dure há mais de dois anos, face ao que se dispõe nos art. 4º da Lei 7/2001, de 11 de Maio, na redacção da Lei 23/2010, de 30 de Agosto.

No âmbito do arrendamento para fim não habitacional é igualmente permitida a transmissão da posição contratual do arrendatário, sem consentimento do senhorio, no caso de trespasse de estabelecimento comercial ou industrial (art. 1112º, nº 1 *a*)), ou de cessão do arrendamento para o exercício de profissão liberal a pessoa que no prédio arrendado continue a exercer a mesma profissão liberal, ou a sociedade profissional de objecto equivalente (art. 1112º, nº 1, *b*)). Quer o trespasse, quer a cessão do arrendamento podem ser celebrados a título oneroso ou gratuito, revestindo o trespasse no primeiro caso a natureza de venda ou permuta e no segundo caso a natureza de doação[115]. A transmissão deve ser celebrada por escrito, sob pena de nulidade (art. 1112º, nº 3), e depende do consentimento do outro cônjuge, salvo se o regime do casamento for o da separação de bens (art. 1682º-A, nº 1 *b*)).

Há, porém, situações que, uma vez verificadas, descaracterizam o negócio, pelo que deixa de ser permitida a transmissão sem consentimento do senhorio. No caso do trespasse de estabelecimento comercial ou indus-

[115] No sentido da admissibilidade do trespasse sob a forma de doação, cfr. Ac. RL 2/12/2008 (Isabel Salgado) em CJ 33 (2008), 5, pp. 114-117.

trial, essa situação ocorre "quando a transmissão não seja acompanhada de transferência, em conjunto, das instalações, utensílios, mercadorias ou outros elementos que integram o estabelecimento" (art. 1112º, nº 2 *a)*) ou "quando a transmissão vise o exercício, no prédio, de outro ramo de comércio e indústria ou, de um modo geral, a sua afectação a outro destino" (art. 1112º, nº 2, *b)*). No âmbito da cessão do arrendamento para o exercício de profissão liberal, a descaracterização do negócio verifica-se "quando, após a transmissão, seja dado outro destino ao prédio, ou o transmissário não continue o exercício da mesma profissão liberal" (art. 1112º, nº 5). Nesses casos, se o arrendatário efectuar a transmissão do arrendamento sem consentimento do senhorio, este pode reagir por via da resolução do contrato (art. 1083º, nº 2, *e)* e 1112º, nº 5, *in fine*).

O trespasse por venda ou dação em cumprimento do estabelecimento comercial atribui ao senhorio direito de preferência[116], mas as partes podem excluí-lo por convenção (art. 1112º, nº 4). Anteriormente a lei conferia ainda essa preferência no caso de cessão do arrendamento para o exercício de profissão liberal (arts. 116º e 121º do RAU, hoje revogados), mas inexplicavelmente a lei actual deixou de o fazer. Existe, no entanto, um direito de preferência no trespasse conferido ao Estado, autarquias locais e pessoas colectivas de direito público, caso o negócio seja realizado em fraude ao imposto de selo (art. 70º, nº 1, CIS)[117].

Mesmo que permitida por lei ou autorizada pelo senhorio, a transmissão da posição de arrendatário deve ser comunicada ao senhorio no prazo de quinze dias (art. 1038º *g)* e 1112º, nº 3, *in fine*)[118], sem o que essa trans-

[116] Cfr. Manuel Januário da Costa Gomes, "Cessão da posição de arrendatário e direito de preferência do senhorio", em António Menezes Cordeiro/Luís Menezes Leitão/Januário da Costa Gomes, *Estudos em homenagem ao Prof. Doutor Inocêncio Galvão Telles, III – Direito do Arrendamento Urbano*, Coimbra, Almedina, 2002, pp. 493-536 e Maria Olinda Garcia, *Arrendamentos para comércio*, pp. 93 e ss.

[117] Efectivamente, nos termos do nº 27.1. da TGIS o trespasse de estabelecimento comercial, industrial e agrícola é sujeito a imposto de selo, sendo a taxa de 5% sobre o valor do trespasse. Se por inexactidão do preço ou simulação deste, o imposto do selo tiver sido liquidado por valor inferior ao devido, o Estado, as autarquias locais e demais pessoas colectivas de direito público poderão preferir na aquisição desde que assim o requeiram perante os tribunais comuns e provem que o valor por que o imposto deveria ter sido liquidado excede em 30% ou em € 5000, pelo menos, o valor sobre que incidiu (art. 70º, nº 1, CIS).

[118] Em sentido contrário, sustenta Gravato Morais, *Novo Regime*, p. 289, que o prazo de comunicação do trespasse será de um mês por aplicação analógica do art. 1109º, nº 2, relativo à

missão será ineficaz em relação ao senhorio, podendo este resolver o contrato (art. 1083º, nº 2, *e)*), a menos que tenha reconhecido o beneficiário da cedência como tal ou que a comunicação lhe tenha sido efectuada por este (art. 1049º). Apenas no caso previsto no art. 1105º se estabelece que a notificação deve ser efectuada oficiosamente ao senhorio pelo juiz ou pelo conservador do registo civil (art. 1105º, nº 3), pelo que a sua omissão não terá quaisquer consequências para o arrendatário.

Nos casos em que é legal ou contratualmente permitida, a cessão da posição contratual opera a transmissão para o cessionário da posição contratual de arrendatário. Uma vez que se trata de uma relação contratual duradoura, a cessão não abrange, no entanto, o período anterior a esta, pelo que, a menos que tal se tenha convencionado, o cessionário não fica responsável por rendas vencidas e não pagas pelo anterior arrendatário[119].

12.4. Sucessão na posição do arrendatário

Ao contrário do que sucede em relação ao locador, a locação é qualificada como um contrato *intuitu personae* em relação ao locatário, pelo que habitualmente caduca por morte deste ou, tratando-se de uma pessoa colectiva, pela extinção desta (art. 1051º, *d)*). Admite-se, porém, convenção em contrário, pelo que as partes poderão afastar esse cariz *intuitu personae*, estabelecendo a transmissão por morte do direito do locatário.

O cariz *intuitu personae* é, no entanto, objecto de alguma atenuação no âmbito do arrendamento urbano onde actualmente ocorre uma comunicação do direito em relação ao respectivo cônjuge, nos termos gerais e de acordo com o regime de bens vigente (art. 1068º). Da mesma forma, são previstas algumas hipóteses de transmissão por morte do direito do arrendatário, as iremos em seguida referir.

A primeira situação de transmissão por morte da posição de arrendatário ocorre no arrendamento urbano para habitação[120], onde o art. 1106º,

locação de estabelecimento. Parece-nos, porém, que se trata de realidades não equiparáveis e que a sistemática do Código impõe que sempre que a lei não preveja prazo diferente, se aplique o praxo geral de quinze dias, previsto no art. 1038º *g)*. Neste sentido, Olinda Garcia, *Arrendamentos para comércio*, pp. 108-109.

[119] Neste sentido, cfr. Carlos Mota Pinto, *Cessão*, pp. 487 e ss., e Ribeiro de Faria, *Direito das Obrigações*, II, Coimbra, Almedina, s.d. (mas 1987), p. 641. Na jurisprudência, veja-se a decisão sumária da RC de 16/6/2011 (Jorge Arcanjo), na *CJ* 36 (2011), 3, pp. 47-49

[120] Cfr. João Menezes Leitão, "Morte do arrendatário habitacional e sorte do contrato", em António Menezes Cordeiro/Luís Menezes Leitão/Januário da Costa Gomes,

nº 1, estabelece que este não caduca por morte do arrendatário quando lhe sobreviva:

a) Cônjuge com residência no locado[121];
b) Pessoa que com o arrendatário vivesse em união de facto e há mais de um ano;
c) Pessoa que com ele residisse em economia comum e há mais de um ano.

Do art. 1106º, nº 3, resulta que a ordem da transmissão abrange, em primeiro lugar, o cônjuge sobrevivo ou pessoa que com o falecido vivesse em união de facto. Em segundo lugar, surge o parente ou afim mais próximo, preferindo, de entre estes, em igualdade de circunstâncias, o mais velho. Na falta de parentes ou afins são chamadas as pessoas que viviam em economia comum com o arrendatário, preferindo de entre estas a mais velha.

O art. 1106º, nº 4 exclui, no entanto, o direito à transmissão se à data da morte do arrendatário o titular desse direito tiver outra casa, própria ou arrendada, na área dos concelhos de Lisboa ou do Porto e seus limítrofes ou no respectivo concelho, quanto ao resto do país.

Actualmente deixou de se limitar a uma única a transmissão por morte do arrendamento para habitação, podendo esta ocorrer sucessivamente, caso exista em caso de falecimento do novo arrendatário alguém em condições de lhe suceder, nos termos do art. 1106º.

No entanto, a transmissão por morte do arrendamento deixou de ser prejudicial ao senhorio, dado que não afecta a duração normal do contrato, atento o abandono legal do vinculismo arrendatício. Efectivamente,

Estudos em homenagem ao Prof. Doutor Inocêncio Galvão Telles, III- *Direito do Arrendamento Urbano,* Coimbra, Almedina, 2002, pp. 275-371, MARIA OLINDA GARCIA, "Transmissão do direito ao arrendamento habitacional por morte do arrendatário (alterações introduzidas pelas Leis nºs 6/2001 e 7/2001, ambas de 11 de Maio)", no *BFD* 78 (2002), pp. 629-637, e JOSÉ DIOGO FALCÃO, "A transmissão do arrendamento para habitação por morte do arrendatário no NRAU", na *ROA* 67 (2007), 3, pp. 1163-1194.

121 A transmissão por morte do arrendamento para o cônjuge apenas deve ocorrer nos casos em que o arrendamento não se lhe tenha comunicado, nos termos do art. 1068º, uma vez que, se houver comunicação, não se chega a verificar a caducidade do arrendamento, em consequência da morte de apenas um dos cônjuges, concentrando-se o arrendamento no outro titular. Em face do art. 12º do Código Civil, a comunicação só se pode verificar se o contrato tiver sido celebrado já na vigência do NRAU, uma vez que nos contratos anteriores se mantém aplicável a solução da lei antiga, que consagrava a incomunicabilidade do contrato.

se o contrato for celebrado por prazo certo, a transmissão por morte não impede a oposição à renovação pelo senhorio, nos termos desse prazo (art. 1097º). Já se o contrato for de duração indeterminada, a morte do arrendatário não afecta o direito do senhorio a denunciar o contrato com a antecedência mínima de cinco anos sobre a data em que pretenda a cessação (art. 1101º *c*)). Porém, se a morte do arrendatário tiver ocorrido nos seis meses anteriores à data da cessação do contrato, esta dá ao transmissário o direito de permanecer no local por período não inferior a seis meses a contar do decesso (art. 1106º, nº 5).

A transmissão ou a concentração do arrendamento por morte do arrendatário deve ser comunicada ao senhorio, com cópia dos documentos comprovativos, no prazo de três meses a contar da ocorrência (art. 1107º, nº 1), devendo a comunicação obedecer aos formalismos dos arts. 9º e ss. do NRAU. A inobservância deste prazo não prejudica a transmissão do contrato, mas obriga o transmissário a indemnizar por todos os danos resultantes da omissão (art. 1107º, nº 2).

Há menos condicionalismos à transmissão do arrendamento urbano para comércio e indústria, já que neste caso o art. 1113º, nº 1, limita-se a estabelecer que "o arrendamento não caduca por morte do arrendatário, mas os sucessores podem renunciar à transmissão, comunicando a renúncia ao senhorio no prazo de três meses, com cópia dos documentos comprovativos da ocorrência". Pareceria, assim, que neste caso apenas a renúncia teria que ser comunicada, deixando o sucessor de ter que o fazær se pretendesse a continuação do arrendamento. No entanto, dado que o art. 1113º, nº 2, estabelece que "é aplicável o disposto no art. 1107º, com as necessárias adaptações", parece que se exige igualmente que a transmissão seja comunicada, sob pena de responsabilização do transmissário pelos danos resultantes da omissão. Qualquer das comunicações obedece aos requisitos constantes dos arts. 9º e ss. do NRAU.

12.5. Subarrendamento

Uma outra vicissitude do contrato de arrendamento consiste no subarrendamento, sendo a sublocação regulada genericamente nos arts. 1060º e ss., e o subarrendamento especificamente nos arts. 1088º e ss[122].

[122] Cfr. OLIVEIRA ASCENSÃO, *ROA* 51 (1991), 1, pp. 45 e ss., ROMANO MARTINEZ, *O subcontrato*, Coimbra, Almedina, 1989, pp. 27 e ss. e "Subarrendamento", em ANTÓNIO

Conforme dispõe o art. 1060º, "a locação diz-se sublocação, quando o senhorio a celebra com base no direito de locatário, que lhe advém de um precedente contrato locativo". O subarrendamento consiste assim num subcontrato, já que, tendo por base um anterior contrato de locação em que é arrendatário, o sublocador celebra um novo contrato de arrendamento com pessoa diferente (o subarrendatário), contrato esse que se sobrepõe ao anterior, mas que dele fica dependente e portanto a ele se subordina.

O subarrendamento pode ser total ou parcial, consoante o subsenhorio conceda ao subarrendatário todo o gozo do imóvel locado ou apenas uma parte dele.

Uma vez que é obrigação do arrendatário não proporcionar o gozo da coisa a terceiro, naturalmente que o subarrendamento pressupõe o consentimento do senhorio, sendo proibido sem esse consentimento (arts. 1038º *f)*, e 1088º). Nos termos do art. 1088º, a autorização para subarrendar o prédio deve ser dada por escrito.

Mesmo ocorrendo autorização para o subarrendamento, deve o mesmo ser comunicado ao senhorio no prazo de 15 dias após a sua verificação (art. 1038º *g)*). Dispensa-se, porém, quer a autorização quer a comunicação se o senhorio reconhecer o subarrendatário como tal (arts. 1049º, 1061º e 1088º, nº 2). Apenas após a comunicação ou o reconhecimento do subarrendatário pelo senhorio é que o subarrendamento se considera eficaz em relação ao senhorio (art. 1061º). Não sendo a sublocação eficaz em relação ao senhorio, a sua realização dá-lhe direito a resolver o contrato (art. 1083º, nº 2, *e)*).

Sendo o subarrendamento uma relação de arrendamento como qualquer outra, é-lhe naturalmente também aplicável o regime geral da locação e o regime especial do arrendamento. A forma do contrato, a capacidade e legitimidade são assim idênticas às que foram referidas, fazendo a lei, no entanto, referência expressa a que o subarrendamento, total ou parcial, da casa de morada de família carece sempre do consentimento de ambos os cônjuges (art. 1682º-B, *d)*).

Há, porém, algumas especialidades de regime a considerar no subarrendamento, que se afastam do regime geral do arrendamento.

MENEZES CORDEIRO/LUÍS MENEZES LEITÃO/JANUÁRIO DA COSTA GOMES, *Estudos em homenagem ao Prof. Doutor Inocêncio Galvão Telles*, III – *Direito do Arrendamento Urbano*, Coimbra, Almedina, 2002, pp. 237-247 e MARIA OLINDA GARCIA, *Arrendamentos para comércio*, pp. 162 e ss.

Assim, em primeiro lugar, e para evitar a especulação, o legislador vem colocar um limite à renda que pode ser cobrada do subarrendatário, estabelecendo que esta não deve ser "superior ou proporcionalmente superior ao que é devido pelo contrato de locação, aumentado de vinte por cento, salvo se outra coisa tiver sido convencionada com o locador" (art. 1062º). Em caso de cobrança de renda superior, não apenas o senhorio poderá resolver o contrato, nos termos gerais do art. 1083º, como terá inclusivamente o direito a reclamar o excesso de rendas recebido pelo arrendatário com fundamento no enriquecimento sem causa (art. 473º)[123].

Por outro lado, a lei admite que o senhorio possa exigir directamente do subarrendatário a prestação que lhe é devida, se tanto o arrendatário como o subarrendatário estiverem em mora quanto às respectivas prestações de renda ou aluguer (art. 1063º)[124]. No caso de subarrendamento total, admite-se mesmo que o senhorio se possa fazer substituir ao arrendatário, mediante notificação judicial, considerando-se resolvido o primeiro arrendamento e passando o subarrendatário a arrendatário directo (art. 1090º, nº 1). Da mesma forma, se o senhorio receber alguma renda do subarrendatário e lhe passar recibo após a extinção do arrendamento, será o subarrendatário havido como arrendatário directo (art. 1090º, nº 2).

Finalmente, o subarrendamento depende da manutenção do contrato de arrendamento, pelo que o art. 1089º, vem estabelecer que "o subarrendamento caduca com a extinção, por qualquer causa, do contrato de arrendamento, sem prejuízo da responsabilidade do sublocador para com o sublocatário, quando o motivo da extinção lhe seja imputável".

12.6. Locação de estabelecimento

Outra vicissitude do contrato de arrendamento, esta específica do arrendamento para fins não habitacionais, é a locação de estabelecimento, que o art. 1109º, nº 1, define como a transferência temporária e onerosa do gozo de um prédio ou de parte dele, em conjunto com a exploração de um estabelecimento comercial nele instalado[125].

[123] Neste sentido, MENEZES CORDEIRO, em ID (org.), *Leis do Arrendamento Anotadas*, sub art. 1062º, nº 11, p. 135.

[124] Não parece tratar-se neste caso da mera aplicação da acção sub-rogatória, referida no art. 606º, sendo antes uma hipótese de acção directa. Cfr. ROMANO MARTINEZ, *O subcontrato*, pp. 170 e ss. e *Obrigações*, p. 216.

[125] Cfr. MARIA OLINDA GARCIA, *Arrendamentos para comércio*, pp. 166 e ss.

A lei determina que a locação de estabelecimento não carece de autorização do senhorio, mas deve-lhe ser comunicada no prazo de um mês (art. 1109º, nº 2), devendo essa comunicação obedecer aos requisitos dos arts. 9º e ss. NRAU. Em tudo o mais o regime legal passou a ser extremamente lacónico, limitando-se o art. 1109º, nº 1, *in fine*, a referir que ela se rege pelas regras da subsecção relativa aos arrendamentos para fins não habitacionais, com as necessárias adaptações. Nesta formulação estranha, pensamos que a lei quer determinar a aplicação à locação do estabelecimento do regime previsto para o trespasse (art. 1112º), o que permite entender que não houve alteração do regime anteriormente previsto no art. 111º, nº 2, e 3 do RAU. Assim, para além de a locação de estabelecimento ter que ser celebrada por escrito (art. 1112º, nº 3), não se considerará ocorrer a mesma, passando assim a ser exigido o consentimento do senhorio, caso a locação de estabelecimento não seja acompanhada de transferência, em conjunto, das instalações, utensílios, mercadorias ou outros elementos que integram o estabelecimento (art. 1112º, nº 2 *a)*), ou quando a mesma vise o exercício, no prédio, de outro ramo de comércio e indústria ou, de um modo geral, a sua afectação a outro destino (art. 1112º, nº 2, *b)*). Efectivamente, a locação de estabelecimento pressupõe a existência efectiva de um estabelecimento pelo que, embora não se exija que o mesmo esteja em funcionamento, terá pelo menos que estar apto a funcionar como tal, abrangendo não apenas instalações, mas utensílios, mercadorias e outros elementos integrantes do mesmo. Caso faltem os elementos integrantes do estabelecimento, o contrato não é nulo por inexistência do objecto (art. 280º), mas passa a ser qualificado como subarrendamento do prédio[126].

Caso a locação do estabelecimento não obedeça à forma legal, não seja descaracterizada pela verificação dos requisitos do art. 1112º, nº 2, ou não seja comunicada ao senhorio, terá este direito a resolver o contrato, nos termos do art. 1083º, nº 2 *e)*). Conforme determina o art. 1049º, o senhorio perderá, no entanto, esse direito se tiver reconhecido o locatário do estabelecimento como tal ou, estando em causa, a ausência de comunicação, a mesma tiver sido feita por este.

12.7. Suspensão da execução do contrato de arrendamento

Uma outra vicissitude do contrato de arrendamento é a possibilidade da suspensão da sua execução.

[126] Cfr. Ac. RE 6/3/2008 (Fernando Bento), em *CJ* 33 (2008), 2, pp. 251-254.

No âmbito do regime geral da locação civil, determina o art. 1040º, nº 1, que quando, por motivo não atinente à sua pessoa e dos seus familiares o arrendatário sofrer privação ou diminuição do gozo da coisa locada, haverá lugar a uma redução da renda proporcional ou tempo da privação ou diminuição e à extensão desta. No caso, no entanto, de essa privação ou diminuição não serem imputáveis ao locador nem aos seus familiares, a redução só terá lugar no caso de uma ou outra excederem um sexto da duração do contrato (art. 1040º, nº 2). Nesta hipótese existe claramente uma hipótese de suspensão da execução do contrato, que pode ser total ou parcial, consoante exista uma integral privação do gozo da coisa ou uma sua mera diminuição.

Uma outra hipótese de suspensão da execução do contrato de arrendamento encontra-se agora prevista no âmbito do Regime Jurídico das Obras em Prédios Arrendados (RJOPA), caso a denúncia do contrato para remodelação ou restauro profundos ou para demolição não seja possível por originar um local com características idênticas à do locado, onde seja possível a manutenção do arrendamento (arts. 5º-A e 9º-A e ss. do RJOPA).

Nesse caso, quando haja lugar à suspensão da execução do contrato para remodelação ou restauro profundos, pelo período de decurso das obras, o senhorio fica obrigado a assegurar o realojamento do arrendatário durante esse período (art. 9º-A, nº 1, do RJOPA). O realojamento temporário previsto no número anterior deve ser feito no mesmo concelho, em fogo em estado de conservação igual ou superior ao do locado primitivo e adequado às necessidades do agregado familiar do arrendatário, sem prejuízo do disposto no artigo 73º do RJRU, quando se trate da execução de operação de reabilitação urbana (art. 9º-A, nº 2, RJOPA). No alojamento temporário mantém-se o valor da renda e encargos do contrato (art. 9º-A, nº 3, RJOPA), suspendendo-se o contrato no momento da desocupação do locado pelo arrendatário (art. 9º-A, nº 4, e 10º-A, nº 4, RJOPA).

Nos termos do art. 10º-A, nº 1, RJOPA a suspensão da execução do contrato para remodelação ou restauro profundos é feita mediante comunicação do senhorio ao arrendatário: *a)* da intenção de proceder a obras que obrigam à desocupação do locado por colocarem em causa as condições de habitabilidade; *b)* do local e das condições do realojamento fornecido; *c)* da data de início e duração previsível das obras. O arrendatário pode nesse caso em alternativa à suspensão denunciar o contrato (art. 10º-A, nº 2), o que tem que comunicar ao senhorio no prazo de 30 dias (art. 10º-A, nº 4, RJOPA), indicando a data de produção de efeitos da denúncia que deve ser anterior à data de início das obras (art. 10º-A, nº 3, RJOPA).

Ocorrendo a suspensão da execução do contrato, o senhorio comunica ao arrendatário a conclusão das obras, devendo o arrendatário reocupar o locado no prazo de três meses, salvo justo impedimento, sob pena de caducidade do contrato de arrendamento (art. 10º-A, nº 6, RJOPA).

13
O regime das perturbações da prestação no contrato de arrendamento

13.1. Regime geral
13.1.1. Vícios da coisa locada
A existência de vícios na coisa locada corresponde a uma perturbação da prestação no contrato de arrendamento, dado que o senhorio é obrigado a assegurar ao arrendatário o gozo da coisa para os fins a que esta se destina (art. 1031º *b)*). Coerentemente com este enquadramento, o art. 1032º vem estabelecer que, quando a coisa locada padecer de vício que não lhe permita realizar cabalmente o fim a que é destinada, ou carecer das qualidades necessárias a esse fim ou asseguradas pelo senhorio, considera-se o contrato não cumprido, desde que ocorra uma das seguintes situações: *a)* o defeito datar, pelo menos, do momento da entrega e o senhorio não provar que o desconhecia sem culpa; *b)* o defeito surgir posteriormente à entrega, por culpa do senhorio.

A lei distingue entre vícios e falta de qualidades. A expressão "vícios", tendo um conteúdo pejorativo, abrangerá as características da coisa que levam a que esta seja valorada negativamente, enquanto que "a falta de qualidades", embora não implicando a valoração negativa da coisa, a coloca em desconformidade com o contrato. Há assim vício sempre que a coisa apresente objectivamente imperfeições, as quais que têm que ser suficientemente graves para impedir o fim a que a coisa é destinada, o qual é estipulado pelas partes ou resulta das normas supletivas legais. Há, pelo contrário, falta de qualidades sempre que a coisa, não sendo objectivamente defeituosa, não tenha a idoneidade necessária para realizar o fim pretendido pelas partes ou não tenha as características que foram asseguradas pelo senhorio.

Para desencadearem a responsabilidade do senhorio, o vício ou a falta de qualidades têm que resultar de culpa sua (art. 798º), a qual se presume nos termos gerais (art. 799º). A lei distingue, no entanto, as situações de defeitos datados do momento da entrega, em relação aos quais compete ao senhorio provar que os desconhecia sem culpa (art. 1032º *a)*), dos defeitos surgidos posteriormente à entrega por culpa do senhorio (art. 1032º *b)*). Estes últimos são de verificação rara[127], pelo que se compreende que seja o arrendatário a ter de demonstrar que o senhorio teve culpa na sua verificação. Não sendo estabelecida a culpa do senhorio em relação aos defeitos da coisa, não será da sua responsabilidade a violação da obrigação do art. 1031º *b)*, pelo que o arrendatário nada mais poderá exigir ao senhorio[128].

Para além disso, o art. 1033º vem estabelecer que o senhorio deixa de responder pelos defeitos da coisa nas seguintes situações:

a) Se o arrendatário conhecia o defeito quando celebrou o contrato ou recebeu a coisa;
b) Se o defeito já existia ao tempo da celebração do contrato e era facilmente reconhecível, a não ser que o senhorio tenha assegurado a sua inexistência ou usado de dolo para o ocultar;
c) Se o defeito for da responsabilidade do arrendatário;
d) Se este não avisou do defeito o senhorio, como lhe cumpria.

O conhecimento dos defeitos pelo arrendatário leva ao afastamento da responsabilidade do senhorio, uma vez que nesses casos, o arrendatário aceita conscientemente celebrar o contrato nessas condições. É, aliás, frequente as partes convencionarem o arrendamento de prédios "no estado em

[127] Cfr. Pires de Lima/Antunes Varela, *op. cit.*, II, sub art. 1032º, nº 3, p. 361 e Januário Gomes, *Constituição*, p. 345.

[128] Em sentido contrário, Pires de Lima/Antunes Varela, *op. cit.*, II, sub art. 1032º, nº 4, p. 361 sustentam que a demonstração de que o devedor desconhecia sem culpa os defeitos anteriores ou que o defeito posterior não se deve a culpa do senhorio não isenta este do cumprimento da obrigação do art. 1031º *b)*, pelo que o arrendatário poderá exigir-lhe que repare os defeitos, sob pena de responder por incumprimento. No sentido defendido, Januário Gomes, *Constituição*, p. 347 que salienta, com razão, que tal corresponderia a estabelecer uma responsabilidade objectiva do senhorio em relação aos defeitos, a qual não resulta minimamente da lei.

que se encontram", o que implica ser assumido inicialmente que o prédio não está em condições de servir para o fim a que é destinado, implicando consequentemente que o arrendatário fará à sua conta as reparações e melhoramentos necessários para lhe permitir a utilização da coisa locada[129].

Também se considera que o senhorio não deve responder por defeitos facilmente reconhecíveis, dado que cabe ao arrendatário o ónus de verificar o estado da coisa, salvo se o senhorio assegurar a inexistência de defeitos ou tiver usado de dolo para os ocultar, uma vez que nesse caso ele tem uma responsabilidade específica pelo facto de o arrendatário ter aceite celebrar o contrato nessas condições.

A responsabilidade do senhorio também não se verifica se o defeito for da responsabilidade do arrendatário, dado que neste caso é o arrendatário que coloca a coisa com vícios ou sem as qualidades necessárias à realização do fim do contrato, pelo que deve, por sua conta, repor o bem em condições de satisfazer o fim contratual.

Finalmente, a responsabilidade cessa se o arrendatário não avisou do defeito o senhorio, como lhe competia. Efectivamente, estando o arrendatário obrigado a avisar imediatamente o senhorio, sempre que tenha conhecimento de vícios na coisa (art. 1038º *h*)), compreende-se que o incumprimento deste dever seja sancionado com a irresponsabilidade do senhorio por esses defeitos.

O art. 1035º estabelece que o regime das perturbações da prestação no contrato de locação não obsta à anulação desse contrato por erro ou dolo, nos termos gerais. Assim, ao contrário do que sucede na venda de coisas defeituosas, em que a existência de defeitos na coisa é primordialmente enquadrada no regime do erro ou do dolo (arts. 913º e 905º), em relação à locação esses defeitos são enquadráveis no regime do incumprimento, o que é explicável em função da qualificação como pessoal do direito do arrendatário. Não há, no entanto, obstáculos a que o arrendatário proceda à anulação do contrato por erro ou dolo, caso estejam verificados os respectivos pressupostos, que são em relação ao erro a sua essencialidade e cognoscibilidade para o declaratário (arts. 251º e 247º) e quanto ao dolo a essencialidade e intenção ou consciência de induzir ou manter em erro o declaratário (art. 253º).

[129] Tem-se entendido que, caso essa cláusula seja convencionada, o arrendatário não adquire direito ao reembolso das despesas efectuadas, uma vez que elas são compensadas pelo baixo valor estipulado para a renda. Cfr. CUNHA GONÇALVES, *Contratos*, p. 321.

13.1.2. Ilegitimidade do senhorio ou deficiência do seu direito

O art. 1034º acrescenta que são aplicáveis as disposições relativas aos vícios da coisa locada a situações correspondentes à ilegitimidade do senhorio ou deficiência do seu direito, como nas hipóteses de o senhorio não ter a faculdade de proporcionar a outrem o gozo da coisa locada (art. 1034º *a)*); o seu direito não ser de propriedade ou estar sujeito a alguns ónus ou limitações que excedam os limites normais inerentes a este direito (art. 1034º *b)*); ou o direito não possuir os atributos que o senhorio assegurou ou estes atributos cessarem posteriormente por culpa dele (art. 1034º *c)*), ainda que qualquer destas situações só se considere falta de cumprimento do contrato quando determinar a privação, definitiva ou temporária, do gozo da coisa por parte do arrendatário (art. 1034º, nº 2).

Daqui resulta que, ao contrário do que sucede com a venda de bens alheios, que é nula (art. 892º), a locação de bens alheios é considerada válida, solução aliás compreensível perante um contrato que não é translativo de direitos, mas antes constitutivo de obrigações. Apenas quando o arrendatário é privado do gozo da coisa é que pode reagir perante o senhorio, mas a situação já não é de invalidade, mas antes de incumprimento do contrato[130].

O art. 1035º admite, no entanto, que o arrendatário possa também nestes casos proceder à anulação do contrato por erro ou dolo, nos termos gerais.

13.2. O regime específico do arrendamento de bens de consumo

Estendendo consideravelmente entre nós o âmbito de aplicação da Directiva 1999/44/CE, o art. 1º-A, nº 2, do D.L. 67/2003, de 8 de Abril, aditado pelo D.L. 84/2008, de 21 de Maio, vem determinar que o regime das garantias nas vendas de bens de consumo é ainda aplicável à locação de bens de consumo. Estando assim em causa um arrendamento de bens de consumo, o qual, nos termos dos arts. 1º-A, nº 1, e 1º-B, *a)* e *c)*, do referido diploma corresponde ao arrendamento de imóvel efectuado por um profissional dessa actividade a um não profissional, que o aplica a um destino não profissional (como, por exemplo, a habitação própria), o regime dos arts. 1032º e

[130] Cfr. neste sentido, já Cunha Gonçalves, *Contratos*, p. 304. Posteriormente, veja-se Januário Gomes, *Constituição*, pp. 279 e ss. Em sentido contrário, defendendo a nulidade do contrato em virtude da aplicação analógica do art. 892º ao arrendamento, por força do art. 939º, cfr. Maria Olinda Garcia, *Arrendamentos para comércio*, pp. 27 e ss.

ss. é substituído pela aplicação com as necessárias adaptações do regime do D.L. 67/2003, de 8 de Abril, alterado e republicado pelo D.L. 84/2008, de 21 de Maio. Esse regime já não será naturalmente aplicável ao arrendamento entre particulares, que não corresponda à actividade profissional do senhorio, nem ao arrendamento entre empresas, os quais continuarão a reger-se pelo regime do Código Civil.

No arrendamento de bens de consumo, o senhorio tem assim o dever de que o imóvel dado em arrendamento seja conforme com o contrato (art. 2º, nº 1, D.L. 67/2003), o que se presumirá não se verificar sempre que ocorra algum dos factos negativos referidos no art. 2º, nº 2, do D.L. 67/2003. Caso se verifique essa não conformidade com o contrato, o arrendatário tem direito a que a conformidade seja reposta sem encargos, por meio de reparação ou de substituição, a uma redução adequada da renda ou à resolução do contrato (art. 4º, nº 1, D.L. 67/2003). Neste caso, a reparação ou a substituição do imóvel arrendado devem ser realizadas dentro de um prazo razoável, tendo em conta a natureza do defeito e sem grave inconveniente para o arrendatário.

14
Extinção do contrato de arrendamento urbano

14.1. Generalidades

O contrato de arrendamento urbano está sujeito às causas gerais de extinção dos contratos, abrangendo assim tanto a revogação, como a resolução, a caducidade, a denúncia ou a oposição à renovação (cfr. art. 1079º)[131]. O regime da cessação do contrato de arrendamento tem natureza injuntiva, salvo disposição legal em contrário, o que se compreende, face à importância dos interesses em jogo (art. 1080º).

A cessação do arrendamento não é sujeita ao regime comum de liberdade de forma (cfr. art. 221º, nº 2), dado que a lei a sujeita normalmente a forma especial. Esta pode consistir, consoante os casos, numa comunicação escrita à outra parte, registada com aviso de recepção (art. 9º, nº 1, e 7 *c)* do NRAU), ou em notificação avulsa ou contacto pessoal de advogado, solicitador ou solicitador de execução, comprovadamente mandatado para o efeito (arts. 1084º, nº 1, e 9º, nº 7 *a)* e *b)*, do NRAU), ou ainda ter que ser exercida nos termos lei do processo (art. 1084º, nº 1), através da acção de despejo (14º NRAU).

Nos termos do art. 1081º, nº 1, a cessação do contrato tem por efeito tornar imediatamente exigível, salvo se outro for o momento legalmente fixado ou acordado pelas partes, a desocupação do local e a sua entrega, com as reparações que incumbem ao arrendatário (cfr. art. 1073º, nº 2, *in fine*). O arrendatário fica então vinculado pelas obrigações de publicitar o

[131] Em geral, sobre a extinção do contrato de locação, cfr. ROMANO MARTINEZ, *Da cessação do contrato*, 2ª ed., Coimbra, Almedina, 2006, pp. 315 e ss.

fim do contrato (art. 1081º, nº 2) e de mostrar o locado a quem o pretenda visitar (art. 1081º, nºs 3 e 4), já anteriormente examinadas. No caso, porém, de resolução, determina o art. 1087º que a desocupação do locado apenas é exigível passado um mês após a resolução, se outro prazo não for judicialmente fixado ou acordado pelas partes, moratória que é elevada para seis meses na hipótese de caducidade que não resulte do fim do prazo do contrato (art. 1053º)..

Admite-se ainda que o arrendatário possa pedir o diferimento da desocupação do prédio arrendado para habitação (art. 864º, nº 1, CPC), nas hipóteses previstas no art. 864º, nº 2, CPC, e que se prendem com situações pessoais do arrendatário, como o facto de se encontrar em grave carência económica, ou ter um grau elevado de deficiência, sendo esse diferimento decretado de acordo com o prudente arbítrio do julgador.

14.2. Revogação

A primeira forma de extinção do contrato de locação corresponde à revogação, situação em que as partes põem termo ao contrato celebrando um contrato extintivo, o que é admissível nos termos gerais por mútuo consenso, ao abrigo da autonomia privada (art. 406º, nº 1). Em consequência, no âmbito do arrendamento urbano vem prever-se que "as partes podem, a todo o tempo, revogar o contrato, mediante acordo a tanto dirigido" (art. 1082º, nº 1). Nos termos do art. 1082º, nº 2, a revogação do arrendamento urbano está sujeita à forma escrita, sempre que o acordo não seja imediatamente executado ou contenha cláusulas compensatórias (como o pagamento ao arrendatário de uma quantia como contrapartida da cessação do arrendamento) ou quaisquer outras cláusulas acessórias. Sendo o acordo imediatamente executado (o que corresponde à denominada revogação real do arrendamento) nem sequer se exige qualquer forma.

A revogação do arrendamento que tenha por objecto a casa de morada de família necessita sempre do consentimento do cônjuge do arrendatário (art. 1682º-B, *b)*), exigindo-se que as respectivas comunicações sejam subscritas por ambos os cônjuges (art. 12º, nº 3 NRAU). No caso de não ter por objecto a casa de morada de família apenas se exigirá o consentimento do outro cônjuge para a revogação, sempre que o arrendamento lhe seja comunicado, de acordo com o regime de bens (art. 1068º).

Sendo a revogação baseada na autonomia privada, os seus efeitos são livremente estipulados pelas partes, as quais podem convencionar o prazo e os termos da obrigação de entrega do imóvel arrendado, bem como o pagamento de eventuais compensações ao arrendatário pela desocupação ou por benfeitorias efectuadas no locado. No âmbito da legislação anterior, o art. 14º do D.L. 321-B/90, de 15 de Outubro qualificava como crime de especulação o facto de o inquilino receber qualquer quantia que lhe não fosse devida pela desocupação do local arrendado, mas essa norma foi revogada pelo NRAU, deixando assim de haver qualquer proibição de atribuir ao arrendatário uma contrapartida pela desocupação do prédio.

Entre as estipulações que as partes podem convencionar, ao abrigo da sua autonomia privada, encontra-se de atribuir ou não eficácia retroactiva à revogação. O normal é, no entanto, que esta não tenha efeitos retroactivos, dado que o uso que o arrendatário fez do prédio constitui um benefício que não pode ser retroactivamente apagado, e sendo esse uso correspectivo da obrigação de pagamento de rendas é natural que o senhorio conserve o direito às mesmas. Pode, porém, admitir-se a atribuição de efeitos retroactivos à revogação, designadamente no caso de o arrendatário não chegar a utilizar o prédio e o solicitar a revogação do arrendamento e o senhorio, por esse motivo, decidir não lhe cobrar as rendas anteriores[132].

14.3. Resolução

14.3.1. Resolução pelo senhorio

14.3.1.1. Generalidades

O senhorio pode resolver o contrato com fundamento no incumprimento das obrigações do arrendatário (cfr. arts. 1083º, nº 1 e 801º), mas essa resolução é sujeita a certos condicionalismos. Assim, não é todo e qualquer incumprimento das obrigações do arrendatário que determina a resolução, exigindo-se que esse incumprimento, pela sua gravidade ou consequências, torne inexigível ao senhorio a manutenção do arrendamento (art. 1083º, nº 2, *in princ.*).

A lei procede à tipificação de algumas situações de resolução do contrato, havendo outras que poderão igualmente enquadrar-se na cláusula geral a que se refere o proémio do art. 1083º, nº 2[133]. É utilizada a conhecida

[132] Cfr. Galvão Telles, *Arrendamento*, pp. 166-167.

[133] Efectivamente, como bem salienta David Magalhães, *A resolução*, p. 101, "pela primeira vez entre nós, a extinção antecipada do arrendamento urbano não se funda, relativamente ao senhorio, num elenco fechado de motivos resolutivos, oferecendo-se ao juiz margem de apreciação da relevância extintiva dos incumprimentos invocados".

técnica legislativa dos exemplos-padrão que consiste em preencher uma cláusula geral através de uma enumeração de situações que o legislador considera integrarem-se no respectivo núcleo conceptual[134].

Nas páginas seguintes examinaremos sucessivamente os fundamentos típicos de resolução, para depois averiguarmos quais as situações que, embora não expressamente previstas na lei, poderão ainda determinar a resolução do contrato.

14.3.1.2. Falta de pagamento da renda, encargos e despesas

A lei procede, nos arts. 1083º, nºs 2 e 3 a uma enumeração exemplificativa de causas de resolução do arrendamento urbano pelo senhorio, sendo que a primeira consiste na ocorrência de *mora superior a três meses no pagamento da renda, encargos ou despesas que corram por conta do arrendatário* (art. 1083º, nº 3)[135]. A resolução pode ainda ocorrer no caso de *o arrendatário se constituir em mora superior a oito dias, no pagamento da renda, por mais de quatro vezes, seguidas ou interpoladas, num período de 12 meses, com referência a cada contrato* (art. 1083º, nº 4). Naturalmente que a mora se inicia no 1º dia útil do mês anterior àquele a que disser respeito, para qualquer destes dois fundamentos de resolução. O facto de o inquilino poder cessar a mora sem consequências no prazo de oito dias nos termos do art. 1041º, nº 2, não tem por efeito dilatar o início do prazo[136].

Efectivamente, o não pagamento da renda ou dos encargos e despesas, ou o atraso sistemático nesse pagamento, constitui uma infracção grave praticada pelo arrendatário, que põe em causa o nexo sinalagmático que caracteriza o contrato de arrendamento, pelo que se justifica que possa

[134] Não concordamos, por isso, com a posição de MARIA OLINDA GARCIA, *A nova disciplina*, p. 25, e *Arrendamento Urbano Anotado*, p. 32, que sustenta que os fundamentos tipificados nas diferentes alíneas do nº 2 do art. 1083º têm ainda que preencher a cláusula geral prevista no nº 1. Nesse entendimento, a enumeração tornar-se-ia inútil.

[135] Não é necessário que o arrendatário falte ao pagamento de duas rendas, uma vez que a lei exige apenas uma mora superior a dois meses no pagamento de uma única renda. Cfr. CUNHA DE SÁ/COUTINHO, *Arrendamento*, p. 46.

[136] Não tem por isso razão MARIA OLINDA GARCIA, *Arrendamento Urbano Anotado*, p. 35, e *ROA* 72, II-III (Abr./Set 2012), p. 701, quando defende para efeitos do art. 1083º, nº 4 – estranhamente não o faz para efeitos do nº 3 –, que os oito dias se contam apenas depois de expirado o prazo de tolerância da mora previsto no art. 1041º, nº 1. É manifesto que os prazos coincidem e não se somam, pretendendo o legislador sancionar as sucessivas moras do arrendatário fora do prazo de tolerância permitido por lei.

determinar a resolução do contrato, a qual neste caso opera por comunicação à contraparte (art. 1084º, nº 2), a qual deve obedecer aos requisitos do art. 9º, nº 7, NRAU.

É, porém, controverso se o fundamento resolutivo do art. 1083º, nº 4, se mantém no caso de o arrendatário pagar ao senhorio a indemnização de 20% prevista no nº 1 do art. 1041º. A nosso ver a resposta deverá ser afirmativa, ainda que admitamos poder haver abuso de direito, na modalidade de *venire contra factum proprium*, caso o senhorio tenha convencido o arrendatário de que a indemnização implicaria da sua parte renúncia ao direito de resolução[137]. Em qualquer caso, hoje, o art. 1083º, nº 6, exige que, para proceder à resolução do contrato, o senhorio informe o arrendatário, por carta registada com aviso de recepção, após o terceiro atraso no pagamento da renda, de que é sua intenção pôr fim ao arrendamento naqueles termos.

Num benefício suplementar, o legislador determina, porém, que a resolução pelo senhorio, quando opere por comunicação à contraparte e se funde na falta de pagamento da renda, encargos ou despesas que corram por conta do arrendatário fica sem efeito se este puser fim à mora no prazo de um mês (art. 1084º, nº 3). O arrendatário só pode, porém, exercer essa faculdade uma única vez, com referência a cada contrato (art. 1084º, nº 4). Estando em causa, no entanto, o atraso por mais de quatro vezes num ano no pagamento da renda, esse regime já não é aplicável (art. 1083º, nº 4, *in fine*).

Caso o senhorio venha a exercer judicialmente a resolução do contrato, determina igualmente o art. 1048º, nº 1, que esse direito caduca logo que o locatário, até ao termo do prazo para a contestação da acção declarativa pague, deposite ou consigne em depósito as somas devidas e a indemnização referida no nº 1 do art. 1041º", aplicando-se igualmente esse regime "à falta de pagamento de encargos e despesas que corram por conta do locatário" (art. 1048º, nº 3). No entanto, o arrendatário só pode fazer uso dessa faculdade uma única vez, com referência a cada contrato (art. 1048º, nº 2)[138]. Parece claro que essa faculdade já não existe, porém, se se verificar um atraso no pagamento da renda durante quatro vezes num ano, uma vez

[137] Neste sentido igualmente Maria Olinda Garcia, *Arrendamento Urbano Anotado*, p. 37, e *ROA* 72, II-III (Abr./Set 2012), p. 701.

[138] Na redacção anterior do art. 1048º admitia-se ainda que o arrendatário pudesse pagar ou depositar as somas devidas até ao prazo para a oposição à execução. Hoje como o nº 4 dessa disposição se limita a remeter para o disposto no nºs 3 e 4 do art. 1084º deve entender-se que essa faculdade desapareceu, pelo que, se o arrendatário não pagar ou depositar as somas

que foi claramente intenção do legislador sancionar esse atraso sistemático com a resolução do contrato, nos termos do art. 1083º, nº 4.

Deve-se referir ainda que, nos termos do art. 108º, nº 4, CIRE, após a declaração de insolvência do arrendatário, o senhorio perde a faculdade de requerer a resolução do contrato com fundamento na falta de pagamento de rendas anteriores à declaração de insolvência, bem como com fundamento na deterioração da situação financeira daquele.

14.3.1.3. Oposição do arrendatário à realização de obras

Outra causa de resolução do arrendamento pelo senhorio, prevista no art. 1083º, nº 3, consiste na existência de *oposição do arrendatário à realização de obra ordenada por autoridade pública.* Esta situação verifica-se sempre que ocorra intimação pelo Município para a realização de obras, nomeadamente através do decretamento de despejo administrativo, e o arrendatário se mantenha no imóvel inviabilizando a realização das obras[139].

Este caso de resolução, nos termos do art. 1084, nº 1, opera mediante comunicação à outra parte. A lei admite, porém, que a resolução fique sem efeito se o arrendatário, no prazo de 60 dias, cessar essa oposição (art. 1084º, nº 5).

14.3.1.4. Violação de regras de higiene, de sossego, de boa vizinhança ou de normas constantes do regulamento de condomínio

Outra causa de resolução do arrendamento pelo senhorio consiste na *violação de regras de higiene, de sossego, de boa vizinhança ou de normas constantes do regulamento do condomínio* (art. 1083º, nº 2 *a*)). Nesta situação, a resolução justifica-se pela perturbação que a conduta do arrendatário perturba nas relações de vizinhança, o que se vai igualmente repercutir sobre o senhorio[140]. Após a revisão do NRAU pela Lei 31/2012, já não exige que

devidas no prazo de um mês após a comunicação da resolução, não terá nova oportunidade para o fazer.

[139] Cfr., na jurisprudência, o Ac. STJ 17/6/2010 (Alberto Sobrinho), na *CJ-ASTJ* 18 (2010), 2, pp. 103-105.

[140] Em ordem a permitir ao arrendatário o conhecimento do regulamento do condomínio que fica vinculado a respeitar, estabelece o art. 3º, nº 1, *f*) D.L. 160/2006, de 8 de Agosto, na redacção do Decreto-Lei 266-C/2012, de 31 de Dezembro, a obrigação de mencionar no contrato a sua existência, acrescentando o nº 2, que o mesmo deve ser anexado ao contrato e assinado pelas partes.

esta violação ocorra de forma *reiterada e grave*, pelo que mesmo um simples incumprimento pontual poderá determinar a resolução do contrato.

14.3.1.5. Utilização do prédio contrária à lei, aos bons costumes ou à ordem pública

É igualmente causa de resolução do contrato pelo senhorio a *utilização do prédio contrária à lei, aos bons costumes ou à ordem pública* (art. 1083º, nº 2 *b)*). Esta causa de resolução deve ser interpretada em sentido restritivo, uma vez que não são todas e quaisquer práticas que infrinjam a lei ou os bons costumes que poderão desencadear a resolução do arrendamento, mas apenas situações excepcionalmente graves como actividades criminosas, prostituição, jogo ilícito, etc.

14.3.1.6. Uso do prédio para fim diverso daquele a que se destina

Outra causa de resolução consiste no *uso do prédio para fim diverso daquele a que se destina* (art. 1083º, nº 1 *c)*). Esta previsão compreende-se, uma vez que o arrendamento é realizado para determinado fim, sendo nesses termos que o senhorio se vincula a assegurar o gozo do prédio, e ficando o arrendatário obrigado a não o afectar a fim diferente (art. 1038º *c)*). Consequentemente, se houver alteração do referido fim, ocorrerá uma infracção grave das obrigações do arrendatário, que atribui ao senhorio direito a resolver o contrato. Esse direito verifica-se, independentemente de a alteração não implicar maior desgaste ou desvalorização para o prédio arrendado, uma vez que o que está em causa é a violação dos termos do contrato e não a lesão causada ao imóvel[141].

Admitem-se, no entanto, algumas excepções a esta regra, na medida em que nos arrendamentos para habitação é permitido ao inquilino o exercício de uma indústria doméstica ou possuir até três hóspedes (arts. 1092º e 1093º, nº 1 *b)* e nº 3). Para além disso, tem vindo a fazer carreira na doutrina e jurisprudência a denominada *teoria do acessório*, segundo a qual podem ser exercidas cumulativamente com a actividade principal actividades

[141] Hoje a lei é clara quanto a este entendimento, atento o facto de a Lei 31/2012 ter acrescentado a expressão "ainda que a alteração do uso não implique maior desgaste ou desvalorização para o prédio". O acrescento era desnecessário, uma vez que se trata de uma interpretação há muito consolidada. Cfr. neste sentido, em face da legislação anterior, JOÃO BAPTISTA MACHADO, "Resolução do contrato de arrendamento comercial. Uso do prédio para ramo de negócio diferente (Parecer)", na *CJ* 9 (1984), 2, pp. 16-22.

acessórias ou instrumentais da mesma, que a venham complementar[142]. Parece-nos igualmente que essa posição pode ser defendida a partir da integração do negócio com base na boa fé (art. 239º), pois não se justifica excluir ao arrendatário o direito de utilizar o locado para fins acessórios ou complementares do mesmo.

14.3.1.7. Não uso do locado por mais de um ano

Outro dos fundamentos de resolução do contrato de arrendamento é *o não uso do locado por mais de um ano*, salvo nos casos previstos no nº 2 do art. 1072º (art. 1083º, nº 2, *d)*). Este fundamento compreende-se pelo facto de o arrendatário ter uma obrigação de utilização do local arrendado (art. 1072º), em ordem a evitar a desvalorização que está normalmente associada ao não uso. Deve, por isso, considerar-se que pode constituir fundamento de resolução do contrato não apenas a abstenção integral de utilização do locado, mas também uma redução na sua utilização de tal forma significativa que prejudique o valor do locado[143].

A lei considera, porém, justificada a infracção às obrigações do arrendatário, nos casos de: *a)* força maior ou doença; *b)* ausência do arrendatário, por tempo não superior a dois anos, em cumprimento de deveres militares ou profissionais do próprio, do cônjuge ou de quem viva com o arrendatário em união de facto; *c)* manutenção da utilização por quem, tendo direito a usar o locado, o fizesse há mais de um ano; *d)* a ausência se dever à prestação de apoios continuados a pessoas com deficiência com grau de incapacidade igual ou superior a 60%, incluindo a familiares (cfr. art. 1072º, nº 2)[144].

No art. 14º, nº 2, do NRAU estabelece-se que quando o pedido de despejo se fundar na falta de residência permanente do arrendatário e quando este tenha na área dos concelhos de Lisboa ou do Porto e limítrofes, ou

[142] Cfr., ROMANO MARTINEZ, *Da cessação*, pp. 346-347.

[143] Neste sentido, cfr. Ac. RG 22/2/2011, em *CJ* 36 (2011), 1, pp. 308-310.

[144] Os três primeiros fundamentos encontravam-se previstos, com algumas modificações, no art. 64º, nº 2, do RAU como excluindo o direito de resolução por falta de habitação do prédio (art. 64º, nº 1 *i)* do RAU), sendo, portanto, restritos ao arrendamento habitacional. Actualmente, no entanto, a lei vem generalizá-los, passando a ser também, aplicáveis ao arrendamento não habitacional. É, no entanto, difícil de aplicar neste âmbito o requisito da alínea *c)* deste art. 1072º, nº 2, que se refere apenas a pessoas que têm "direito a usar o locado" além do arrendatário, o que encontramos previsto no arrendamento habitacional (art. 1093º), mas não no arrendamento não habitacional.

no respectivo concelho quanto ao resto do País, outra residência ou a propriedade do imóvel para habitação adquirido após o início da relação de arrendamento, com excepção dos casos de sucessão *mortis causa*, pode o senhorio, simultaneamente com a resolução do contrato, pedir uma indemnização igual ao valor da renda determinada nos termos previstos para o regime transitório (art. 35º, nº 2, *a)* e *b)* NRAU), desde o termo do prazo para contestar até à entrega efectiva da habitação.

14.3.1.8. Cessão do gozo do prédio a terceiro, quando ilícita, inválida ou ineficaz perante o senhorio

Finalmente, a lei prevê como causa de resolução do contrato pelo senhorio a *cessão, total ou parcial, temporária ou permanente e onerosa ou gratuita, do gozo do prédio, quando ilícita, inválida ou ineficaz perante o senhorio* (art. 1083º, nº 2, *e)*). Esta causa de resolução funda-se na violação das obrigações do arrendatário, a que se referem os arts. 1038º *f)* e *g)*. Efectivamente, estando o arrendatário obrigado a não proporcionar o gozo, total ou parcial, do prédio a outrem, por meio de cessão onerosa ou gratuita da sua posição jurídica, sublocação ou comodato, salvo se a lei o permitir ou o senhorio o autorizar (art. 1038º *f)*), bem como a comunicar ao senhorio, sob pena de ineficácia, dentro de quinze dias, a cedência por algum desses títulos, quando permitida ou autorizada (art. 1038º *g)*), a infracção a qualquer destas disposições autoriza o senhorio a requerer a resolução do contrato. Esta só lhe estará vedada se reconhecer o beneficiário da cedência como tal ou se for este a efectuar-lhe a referida comunicação (art. 1049º).

Actualmente, após a Lei 31/2012, a norma é clara no sentido de que o fundamento da resolução é a cessão do gozo do prédio e não apenas do direito ao arrendamento. Abrange-se consequentemente aqui não apenas a cessão da posição contratual de arrendatário, mas também o subarrendamento e o comodato, sempre que qualquer destes negócios seja ilícito, inválido ou ineficaz perante o senhorio. Dado que tanto a cessão da posição contratual como o subarrendamento e o comodato pressupõem o consentimento do senhorio, este poderá resolver o contrato, sempre que qualquer desses negócios seja celebrado sem a sua permissão.

No entanto, no arrendamento para habitação que constitua casa de morada de família, dispensa-se esse consentimento para a transmissão ou concentração a favor do cônjuge, no caso de divórcio ou separação judicial de pessoas e bens (art. 1105º).

Igualmente no arrendamento para fins não habitacionais, estando em causa o trespasse ou a cessão de arrendamento para o exercício de profissão liberal, bem como a locação de estabelecimento, a lei dispensa o consentimento do senhorio (arts. 1112º, nº 1 e 1109º, nº 2), pelo que o arrendatário pode realizá-los sem ter que lhe pedir autorização. No caso, porém, de ocorrer a descaracterização do trespasse, a que refere o art. 1112º, nº 2 – regime que nos parece igualmente aplicável à locação de estabelecimento (art. 1109º, nº 1 *in fine*) – ou a da cessão do arrendamento para profissão liberal, referida no art. 1112º, nº 5, a cessão do gozo do prédio não se poderá enquadrar nesses negócios, o que legitima o senhorio a pedir a resolução do contrato. Essa resolução do contrato pode igualmente ocorrer se, tendo sido celebrado o trespasse, a cessão da posição de arrendatário para o exercício de profissão liberal, ou a locação de estabelecimento, as mesmas forem inválidas, designadamente por não ter sido observada a forma escrita prevista na lei (cfr. art. 1112º, nº 3 e 1109º, nº 1, *in fine*).

Mesmo sendo a cedência do gozo do prédio ilícita, inválida ou ineficaz em relação ao senhorio, este perde o direito à resolução do contrato se tiver reconhecido o beneficiário da cedência como tal (art. 1049º).

Caso o arrendatário tenha obtido a autorização do senhorio para ceder o gozo do prédio a terceiro, ou a lei lhe permita essa cedência sem esse consentimento, tem mesmo assim que comunicar o facto ao senhorio, sob pena de o negócio não ser eficaz perante ele, o que lhe daria o direito à resolução do contrato (art. 1038º, *g)*). Apenas no caso da transmissão por divórcio ou separação judicial de pessoas e bens, a lei dispensa essa comunicação, optando antes por estabelecer a notificação oficiosa do acordo ou da decisão judicial por parte do juiz ou do conservador do registo civil (art. 1105º, nº 3), pelo que o senhorio não terá nesse caso direito à resolução do contrato se essa notificação não lhe for efectuada.

O prazo para a comunicação é de quinze dias (art. 1038º, *g)*), prazo esse que nos parece igualmente aplicável ao trespasse e cessão da posição contratual de arrendatário, uma vez que a lei não faz referência a qualquer outro prazo (art. 1112º, nº 3). Apenas no caso de locação de estabelecimento é que a lei se desvia do regime geral, dilatando esse prazo para um mês (art. 1109º, nº 2). Sendo desrespeitado o prazo de comunicação, o senhorio terá direito a resolver o contrato.

Questão controversa é a de saber se a comunicação da cedência quando permitida ou autorizada deve obedecer aos requisitos referidos nos arts.

9º e ss. NRAU, dado que não se encontra mencionada expressamente no art. 9º, nº 1 NRAU. Tenderíamos a responder afirmativamente, dado que não nos parece que se justifique distinguir em termos de regime esta situação das outras a que o referido preceito se refere.

Mesmo que o arrendatário omita a comunicação, o art. 1049º exclui o direito do senhorio à resolução do contrato se tiver reconhecido o beneficiário da cedência como tal ou se for este (naturalmente dentro do prazo) a efectuar essa comunicação.

14.3.1.9. Outros fundamentos de resolução do contrato pelo senhorio não especificamente previstos na lei

14.3.1.9.1. Generalidades

No âmbito do direito anterior, o art. 64º, nº 1 do RAU incluía uma enumeração taxativa de fundamentos de resolução do contrato pelo senhorio. O art. 1083º apenas inclui uma enumeração exemplificativa, a que acresce, no entanto, uma cláusula geral que considera fundamento de resolução o incumprimento que, pela sua gravidade ou consequências, torne inexigível à outra parte a manutenção do arrendamento. Esta opção do legislador é muito criticável pois vai empobrecer consideravelmente uma doutrina muito estabilizada relativamente aos fundamentos de resolução do arrendamento pelo senhorio. Por outro lado, situações em que se verifica uma grande litigiosidade, como é o caso da extinção do arrendamento, deveriam ter uma previsão legal bastante mais rigorosa, sem o que essa litigiosidade tenderá a aumentar.

As cláusulas gerais podem ser concretizadas por recurso à técnica dos exemplos-padrão, em que os casos de aplicação da cláusula geral deverão ter uma estrutura valorativa idêntica aos exemplos legalmente mencionados. Não é, no entanto, o que sucede neste art. 1083º, já que o conjunto de exemplos referidos no nº 2, a que acrescem as situações mencionadas no nº 3, é muito limitativo, não referindo sequer a mais grave violação do contrato que é a realização de obras e deteriorações no prédio pelo arrendatário, ainda que contraditoriamente se preveja expressamente no art. 1083º, nº 3 como fundamento de resolução a oposição do arrendatário à realização de obra ordenada por autoridade pública. Será, por isso, conveniente, analisar os restantes fundamentos de resolução do contrato pelo senhorio, anteriormente referidos no art. 64º, nº 1, do RAU, para averiguar em que termos eles poderão ser abrangidos pela cláusula geral. Analisaremos ainda outras situações que, apesar de não expressamente pervistas, deverão ser considerados causa justificativa da resolução do contrato pelo senhorio.

14.3.1.9.2. Realização de deteriorações e obras no imóvel

Efectivamente, a lei anterior previa expressamente como causa de resolução a circunstância de *o arrendatário fazer no prédio, sem consentimento escrito do senhorio, obras que alterem substancialmente a sua estrutura externa ou a disposição interna das suas divisões, ou praticar actos que nele causem deteriorações consideráveis, igualmente não consentidas e que não possam justificar-se nos termos dos artigos 1043º do Código Civil e 4º do RAU* (art. 64º, nº 1, *d)* do RAU). Incompreensivelmente, a lei actual fez desaparecer esta referência, a qual agora apenas se pode inferir, nos termos da cláusula geral do art. 1083º, nº 2, *in princ.*, a partir do incumprimento dos deveres que resultam para o arrendatário dos arts. 1043º, 1073º, e 1074º, nº 2, disposições consideravelmente menos precisas. Tenderíamos, no entanto, a considerar que se alargou consideravelmente o fundamento da resolução do contrato consistente na realização de obras e deteriorações no prédio, pois todas as que não sejam permitidas por aquelas disposições passaram a constituir fundamento de resolução do contrato, independentemente das suas características[145]. Compreende-se esta solução, uma vez que o arrendatário só limitadamente tem poderes de transformação da coisa locada, sendo este um acto absolutamente reservado ao proprietário, pelo que a sua realização pelo arrendatário constitui uma infracção contratual que determina a resolução do contrato, uma vez que nestes casos é manifestamente inexigível ao senhorio a sua manutenção.

O arrendatário pode, porém, realizar obras quando o contrato o faculte ou tenha sido autorizado por escrito pelo senhorio (art. 1074º, nº 2), não havendo nesta hipótese naturalmente lugar à resolução do contrato. Pode, porém, colocar-se o problema de o senhorio ter autorizado verbalmente a realização das obras, e depois instaurar acção de resolução com esse fun-

[145] Em sentido algo diferente, ROMANO MARTINEZ, *Da cessação*, p. 349, e GRAVATO MORAIS, *Novo regime*, pp. 238 e ss., entendem que não se alterou a solução resultante da lei anterior. Também na jurisprudência, têm surgido decisões a aplicar os mesmos critérios constantes da legislação revogada. Cfr. por exemplo Ac. RC 20/11/2007 (TÁVORA VÍTOR), em *CJ* 32 (2007), 5, pp. 14-18 e Ac. RP 14/7/2010 (GUERRA BANHA), em *CJ* 35 (2010), 3, pp. 200-205. Trata-se de solução inaceitável, uma vez que essa legislação já não está em vigor. No sentido que defendemos, cfr. DAVID MAGALHÃES, *A resolução*, p. 325.

damento. Apesar de a lei formalmente conceder esse direito ao senhorio, poderá equacionar-se nesta hipótese a existência de abuso do direito de resolução, com base no *venire contra factum proprium*.

Também não haverá lugar à resolução do contrato no caso previsto no art. 7º, nº 7, da Lei 42/2017, que permite aos arrendatários de imóvel em que esteja situado estabelecimento ou entidade reconhecidos como de interesse histórico e cultural ou social local realizar as obras de conservação indispensáveis à conservação e salvaguarda do locado, do estabelecimento ou da entidade quando, após ter sido interpelado para o fazer, o senhorio não as desencadeie em prazo razoável. Caso as obras venham, porém, a ser efectuadas sem a exigida interpelação prévia do arrendatário ao senhorio, parece que se continuará a permitir a resolução do contrato.

14.3.1.9.3. Violação dos limites legais ou contratuais relativos a hóspedes

A lei anterior considerava igualmente como causa de resolução o facto de *o arrendatário dar hospedagem a mais de três pessoas, ou ultrapassar o número de hóspedes contratualmente permitido* (art. 64º, nº 1, *e)* do RAU). Parece que este fundamento de resolução se pode passar a enquadrar na alínea *c)* ou na alínea *e)* do art. 1083º, nº 2, *d)* já que, havendo limitações legais ao número de hóspedes no arrendamento para habitação (cfr. art. 1093º, nº 1 *b)*), o desrespeito dessas limitações pode ser considerado uma afectação do locado a fim diferente do permitido ou uma cessão ilícita do gozo do prédio[146].

14.3.1.9.4. Cobrança ao subarrendatário de renda superior à permitida

No âmbito do RAU, era igualmente considerado fundamento de resolução do contrato o arrendatário *cobrar do subarrendatário renda superior à que é permitida, nos termos do art. 1062º do Código Civil* (art. 64º, nº 1 *g)* do RAU). Actualmente esse fundamento de resolução deverá considerar-se incluído na cláusula geral do art. 1083º, nº 2, *in princ.*, uma vez que constitui razão para permitir a resolução do contrato o arrendatário encontrar-se a obter um ganho tão elevado com base num imóvel do senhorio[147].

[146] No mesmo sentido, ROMANO MARTINEZ, *Da cessação*, p. 349.

[147] Conforme escrevem JANUÁRIO DA COSTA GOMES / CLÁUDIA MADANELO, em ANTÓNIO MENEZES CORDEIRO (org.), *Leis do Arrendamento Anotado*, sub art. 1083º, nº 60, p. 238 "há aqui uma gravidade de raiz: o sublocador funciona como uma entidade parasitária, indiferente à função social do arrendamento".

14.3.1.9.5. Deixar o arrendatário de prestar ao senhorio os serviços pessoais que determinaram a ocupação do prédio

Finalmente, a lei anterior admitia ainda como causa de resolução do contrato de arrendamento, o facto de *o arrendatário deixar de prestar ao proprietário ou ao senhorio os serviços pessoais que determinaram a ocupação do prédio* (art. 64º, nº 1, *j)* do RAU). Este fundamento passou, no entanto, agora a ser considerado como causa de caducidade do arrendamento (art. 1051º *g)*)[148], solução que nos parece, no entanto, de restringir aos casos em que tal ocorra por facto não imputável ao arrendatário, uma vez que, estando em causa a violação das suas obrigações, o instituto aplicável é antes o da resolução por incumprimento, enquadrável igualmente na cláusula geral do art. 1083º, nº 2, *in princip.*

14.3.1.9.6. A alteração das circunstâncias em que as partes fundaram a decisão de contratar

Anteriormente ao NRAU, face ao carácter taxativo dos fundamentos de resolução constantes do art. 64º, nº 1, do RAU, bem como anteriormente do art. 1093º, nº 1, do Código Civil, parece que não se poderia aplicar ao arrendamento urbano o instituto da resolução ou modificação do contrato por alteração das circunstâncias (arts. 437º e ss.)[149]. Efectivamente, devia entender-se que o carácter vinculístico do arrendamento delimitava os riscos próprios do contrato de uma forma tão estrita que a sua extinção pelo senhorio apenas poderia ocorrer nos casos taxativamente previstos na lei.

Esta situação foi, porém, alterada com o NRAU, dado que o art. 1079º passou a admitir a cessação do arrendamento por quaisquer causas previstas na lei, admitindo o art. 1083º, nº 1, a resolução do arrendamento por incumprimento, nos termos gerais. Face a esta "normalização" da cessação da relação do arrendamento pelo senhorio, parece que deixou de se justificar qualquer restrição à aplicação do instituto da alteração das cir-

[148] O legislador seguiu a doutrina de PINTO FURTADO, *Manual*, 3ª ed., p. 866, que sustentava que a cessação do arrendamento na hipótese do art. 64º, nº 1, *j)* do RAU não se baseava numa violação contratual do arrendatário, mas antes numa hipótese legal de caducidade do arrendamento, em virtude da prestação de serviços pessoais, análoga à que se verifica no arrendamento, perante a extinção do subarrendamento.

[149] Cfr., neste sentido, PINTO FURTADO, *Manual*, 3ª ed., pp. 755 e ss.

cunstâncias nesta sede[150]. Não há assim presentemente obstáculos legais a que o senhorio solicite a resolução do contrato de arrendamento ou a sua modificação segundo juízos de equidade, sempre que as circunstâncias em que as partes fundaram a decisão de contratar tiverem sofrido uma alteração anormal, se a exigência do cumprimento das suas obrigações afectar gravemente os princípios da boa fé e não estiver coberta pelos riscos próprios do contrato (art. 437º, nº 1).

14.3.1.9.7. A violação de deveres acessórios pelo arrendatário

Uma outra situação em que parece clara a possibilidade de resolução do contrato de arrendamento por parte do senhorio é a violação pelo arrendatário dos seus deveres acessórios relativos à protecção da personalidade da contraparte, como as ofensas ou ameaças de ofensa à vida, integridade física, honra e intimidade da vida privada do senhorio. Na verdade, é manifesto que a relação de arrendamento implica o respeito pelo princípio da boa fé e nos termos do art. 762º, nº 2, tal implica a existência de deveres de protecção recíprocos em relação à outra parte. O senhorio deve assim poder resolver o contrato sempre que o comportamento do arrendatário atende contra esses deveres acessórios de protecção, lesando os direitos de personalidade do senhorio[151].

[150] Neste sentido, igualmente MARIA OLINDA GARCIA, *Arrendamentos para comércio*, p. 215, que, no entanto, consideração que a aplicação do instituto não poderá sobrepor-se aos mecanismos específicos de desvinculação do senhorio previstos na relação de arrendamento, como seria se se admitisse a resolução por alteração das circunstâncias com base numa necessidade superveniente de habitação do senhorio, fora dos casos de denúncia para habitação que a lei contempla. Defende igualmente a aplicação do art. 437º à resolução pelo senhorio DAVID MAGALHÃES, *A resolução*, pp. 152 e ss. Em sentido contrário, PINTO FURTADO, *Manual*, II, pp. 1009 e ss., considera que a operatividade da alteração das circunstâncias deve ser limitada aos casos em que a lei arrendatícia a preveja, excluindo assim a aplicação do art. 437º.

[151] Neste sentido, cfr. CARNEIRO DA FRADA, "Os deveres (ditos) "acessórios" e o arrendamento", na *ROA* 73 (2013), I, pp. 267-290 (277 e nota (15)). No Ac. RG 19/5/2022 (JOSÉ CARLOS DUARTE), processo 119/20.1T8FAF.G1, considerou-se integrar "a cláusula geral do nº 2 do artº 1083º do CC, por violação dos deveres de protecção/consideração, constituindo incumprimento que pela sua gravidade torna inexigível ao senhorio a manutenção do arrendamento, o facto de no prédio dado de arrendamento e tendo como antecedentes actuações da recorrida na qualidade de inquilina, em duas situações, a mesma, em tal qualidade, ter dirigido ao senhorio palavras ofensivas da sua honra e consideração e numa outra situação ter agredido a integridade física do mesmo".

14.3.1.10. Forma de exercício da resolução pelo senhorio

Actualmente, a resolução do contrato de locação tanto pode ser feita judicial como extrajudicialmente (art. 1047º). No âmbito do arrendamento urbano, a lei determina, no entanto, que a resolução pelo senhorio, que seja realizada com fundamento numa das causas referidas no art. 1083º, nº 2, deve ser decretada nos termos da lei de processo (art. 1084º, nº 1), sendo esse regime aplicável não apenas à resolução com base nos factos referidos nas alíneas do art. 1083º, nº 2, mas também ao fundamento geral da resolução pelo senhorio, a que se refere o proémio desse número. Nesses casos, o senhorio terá que recorrer à acção de despejo, regulada no art. 14º NRAU.

Apenas se a causa de resolução for o não pagamento das rendas, encargos ou despesas, ou a oposição do arrendatário à realização de obra ordenada por autoridade pública (art. 1083º, nº 3) é que se admite que o senhorio a faça operar por comunicação ao arrendatário (art. 1084º, nº 2), sendo que essa comunicação deve obedecer aos formalismos previstos no art. 9º nº 7 do NRAU, ou seja, ser efectuada mediante notificação avulsa, ou mediante contacto pessoal de advogado, solicitador ou solicitador de execução, comprovadamente mandatado para o efeito, sendo neste caso feita na pessoa do notificando, com entrega de duplicado da comunicação e cópia dos documentos que a acompanhem, devendo o notificando assinar o original. A resolução pode ainda ser comunicada por carta registada com aviso de recepção nos contratos celebrados por escrito em que tenha sido convencionado o domicílio.

No caso, porém, de o arrendatário proceder ao depósito das rendas, o senhorio perde o direito de resolver o contrato com esse fundamento por comunicação à outra parte, tendo que impugnar o referido depósito, o que só pode fazer em acção de despejo, a instaurar no prazo de 20 dias, contados da comunicação do depósito ao senhorio (art. 21º, nº 2, NRAU).

14.3.1.11. Caducidade e extinção do direito de resolução

Conforme acima se referiu, a resolução pelo senhorio pode ser instaurada por acção de despejo (art. 1084º, nº 1) ou por comunicação à contraparte (art. 1084º, nº 2), estando em ambos os casos sujeita a um prazo de caducidade. A acção de despejo tem que ser instaurada no prazo de um ano, a contar do conhecimento do facto que lhe serve de fundamento, sob pena de caducidade (art. 1085º, nº 1). Já a resolução por comunicação à contraparte é sujeita a um prazo de três meses, com as mesmas consequências (art. 1085º, nº 2). Tratando-se, no entanto, de facto continuado ou duradouro, esse prazo não se completa antes de decorrido um ano da sua cessação (art. 1085º, nº 3).

Destas regras parece resultar uma manifesta contradição entre os nºs 2 e 3 do art. 1085º, o que deixa na dúvida qual o prazo para o exercício do direito de resolução quando o fundamento resolutivo for a falta de pagamento de rendas. Efectivamente, a falta de pagamento é um facto continuado, pelo que não parece fazer sentido que o senhorio perca o direito de resolver o contrato enquanto essa falta de pagamento não for sanada. Entendemos por isso que se deverá efectuar uma interpretação restritiva do art. 1085º, nº 3, entendendo essa redução do prazo como referida ao caso de o arrendatário ter pago posteriormente a renda, mas já não se poder prevalecer da faculdade prevista no art. 1084º, nº 4. Só nesse caso é que o senhorio ficaria limitado a um prazo de três meses para o exercício da resolução. Se e enquanto a renda não for paga o direito de resolução manter-se-á nos termos do art. 1085º, nº 3[152].

Já se o fundamento resolutivo for o previsto no art. 1083º, nº 4, o prazo de caducidade de três meses tem plena aplicação, perdendo o senhorio esse direito se não exercer a resolução no prazo de três meses após a verificação de uma quinta vez o arrendatário se constitua em mora no período de doze meses.

A lei prevê ainda outros fundamentos específicos de extinção do direito de resolução. Assim, estando em causa a resolução por falta de pagamento da renda, encargos ou despesas, prevê-se no art. 1084º, nº 3, a extinção desse direito, se o arrendatário puser fim à mora no prazo de dois meses após receber a comunicação relativa à resolução, faculdade que só pode exercer uma vez com referência a cada contrato (art. 1084º, nº 4). Caso o senhorio tenha interposto acção de despejo, determina igualmente o art. 1048º, nº 1, a caducidade do direito de resolução se o arrendatário, até à contestação dessa acção, pagar ou depositar as somas devidas e a indemnização referida no nº 1 do art. 1041º", aplicando-se igualmente esse regime "à falta de pagamento de encargos e despesas que corram por conta do

[152] Em sentido diferente, no entanto, MARIA OLINDA GARCIA, *Arrendamento Urbano Anotado*, p. 42, entende que passados três meses após a falta de pagamento de qualquer renda, o senhorio perde o direito à resolução, apenas podendo instaurar acção executiva para pagamento de rendas em dívida, ao abrigo do art. 14º-A NRAU. Essa posição é, porém, incompatível com o art. 1085º, nº 3.

locatário" (art. 1048º, nº 3). No entanto, o locatário, na fase judicial, só pode fazer uso dessa faculdade uma única vez, com referência a cada contrato (art. 1048º, nº 2)[153].

No caso de o arrendatário ter efectuado depósito de rendas, o senhorio que pretenda resolver o contrato por falta de pagamento de rendas tem que instaurar acção de despejo em que impugna o depósito no prazo de 20 dias contados da comunicação do depósito (art. 21º, nº 1, NRAU).

Estando em causa a resolução com fundamento na oposição do arrendatário à realização de obras, determina igualmente o art. 1084º, nº 5, que a resolução fica igualmente sem efeito, se o arrendatário, no prazo de 60 dias, cessar essa oposição.

14.3.2. Resolução pelo arrendatário

O fundamento geral de resolução do contrato de arrendamento por parte do arrendatário é idêntico àquele que vigora para o senhorio, ou seja, o incumprimento que, pela sua gravidade ou consequências torne inexigível à outra parte a manutenção do arrendamento (art. 1083º, nº 2, *in princ.*).

A lei indica, no entanto, alguns exemplos de fundamentos de resolução. Assim, no âmbito da locação em geral, refere o art. 1050º que "o locatário pode resolver o contrato, independentemente de responsabilidade do senhorio: *a)* Se por motivo estranho à sua própria pessoa ou dos seus familiares for privado do gozo da coisa, ainda que só temporariamente; *b)* Se na coisa locada existir ou sobrevier defeito que ponha em perigo a vida ou a saúde do locatário ou dos seus familiares"[154]. Já no âmbito do arrendamento urbano, acrescenta o art. 1083º, nº 5, que "é fundamento de resolução pelo arrendatário, designadamente, a não realização pelo senhorio de obras que a este caibam, quando tal omissão comprometa a habitabilidade

[153] Sustentam CUNHA DE SÁ/COUTINHO, *Arrendamento*, p. 46, que, dado que o art. 1083º, nº 3, considera inexigível ao senhorio a manutenção do arrendamento quando ao arrendatário se atrasa três meses no pagamento da renda, nesse caso o arrendatário deixaria de poder lançar mão do expediente dos arts. 1048º, nº 1, e 1084º, nº 3. Não podemos, no entanto, acompanhar essa posição. O art. 1083º, nº 3, limita-se a estabelecer um fundamento de resolução e ressalva expressamente a extinção desse direito na hipótese do art. 1084º, nº 3, a que se deve acrescentar a do art. 1048º. No mesmo sentido, veja-se GEMAS/PEDROSO/JORGE, *op. cit.*, p. 80.

[154] ROMANO MARTINEZ, *Obrigações*, pp. 220-221, e *Da cessação*, pp. 356-357, sustenta não estar aqui em causa uma verdadeira resolução, dado que não pressupõe a culpa do senhorio. A verdade, no entanto, é que a culpa não é pressuposto da resolução, mas apenas da indemnização.

do locado e, em geral, a aptidão deste para o uso previsto no contrato". Também o art. 5º, nº 7, do D.L. 160/2006, de 8 de Agosto, considera fundamento de resolução pelo arrendatário, com direito a indemnização nos termos gerais, a celebração do contrato de arrendamento sem a licença de utilização ou qualquer dos documentos que a substituam.

Para além disso, à semelhança do que referimos em relação ao senhorio, o arrendatário poderá resolver o contrato ou requerer a sua modificação segundo juízos de equidade se se verificar uma alteração anormal das circunstâncias em que as partes fundaram a decisão de contratar, que torne gravemente contrária à boa fé a exigência das obrigações por si assumidas e que não esteja coberta pelos riscos próprios do contrato (art. 437º, nº 1).

A resolução pelo arrendatário opera por comunicação à outra parte, nos termos gerais (cfr. arts. 1084º, nº 2, e 436º, nº 1). Essa comunicação deve obedecer aos formalismos previstos nos arts. 9º e ss. do NRAU. Incidindo o arrendamento sobre a casa de morada de família, o arrendatário nunca pode, no entanto, proceder à resolução do contrato sem consentimento do outro cônjuge (art. 1682º-B, *a*)), tendo a respectiva comunicação que ser subscrita por ambos os cônjuges (art. 12º, nº 3, NRAU). Fora dos casos em que o arrendamento incide sobre a casa de morada de família, parece actualmente exigir-se ainda o consentimento do outro cônjuge para a resolução, sempre que o arrendamento lhe seja transmitido, de acordo com o regime de bens (art. 1068º).

14.3.3. Efeitos da resolução do arrendamento

À semelhança do que se referiu para a revogação do arrendamento, a sua resolução não é, em princípio, dotada de eficácia retroactiva, uma vez que o gozo do prédio pelo arrendatário não pode ser retroactivamente apagado, não se justificando, por isso, que o senhorio não receba as rendas correspondentes a esse gozo. Sendo o arrendamento um contrato de execução continuada, é-lhe aplicável o disposto no art. 434º, nº 2, o qual prescreve que nestes contratos a resolução não abrange as prestações já realizadas, salvo se entre estas e a causa de resolução existir um vínculo que legitime a resolução de todas elas.

Neste termos, a eficácia retroactiva da resolução do arrendamento dependerá de o incumprimento da outra parte afectar retroactivamente prestações com ele correspectivas que já foram realizadas. Assim, se o senhorio não chegar a entregar o prédio ao arrendatário, naturalmente que ele poderá resolver o contrato por incumprimento, pedindo a restituição das rendas que antecipadamente pagou[155].

14.4. Caducidade

14.4.1. Pressupostos

14.4.1.1. Generalidades

Conforme se sabe, a caducidade consiste na extinção do contrato em virtude da verificação de um facto jurídico *stricto sensu*. No âmbito do contrato de locação, as causas de caducidade encontram-se tipificadas no art. 1051º do Código Civil, o qual é aplicável no âmbito do arrendamento urbano[156].

14.4.1.2. Decurso do prazo

A primeira causa de caducidade *é o decurso do prazo estipulado ou estabelecido por lei* (art. 1051º *a*))[157]. Esta causa de caducidade pressupõe, no entanto, que não seja estipulada a duração indeterminada do contrato (cfr. arts. 1099º e ss.), caso em que o arrendamento não fica subordinado a um prazo fixo, e não se tenha verificado a renovação do contrato, a qual é a regra no âmbito do arrendamento em que seja estipulado prazo certo (cfr. arts. 1054º e 1096º). A caducidade pelo decurso do prazo apenas ocorrerá assim nos casos em que o contrato não seja renovável as partes terem excluído a sua renovação automática (art. 1096º, nº 1, *in princ.*), estabelecendo a lei essa situação como regra relativamente a contratos para habitação não permanente ou para fins especiais transitórios, designadamente por motivos profissionais, de educação e formação ou turísticos, neles exarados (arts. 1096º, nº 2 e 1095º, nº 3).

14.4.1.3. Verificação da condição resolutiva ou certeza de que não se verificará a condição suspensiva

A segunda causa de caducidade é *ter-se verificado a condição a que as partes subordinaram o contrato, ou tornando-se certo que não pode verificar-se, conforme a condição seja resolutiva ou suspensiva* (art. 1051º *b*))[158]. Efectivamente, a verificação da condição resolutiva ou a certeza da não verificação da condição

[155] Cfr. Galvão Telles, *Arrendamento*, pp. 168-169.

[156] Cfr. Fernando Augusto Cunha de Sá, *Caducidade do contrato de arrendamento*, 2 vols., Lisboa, CEF, 1969, passim.

[157] Cfr. Cunha de Sá, *Caducidade*, I, pp. 97 e ss.

[158] Cfr. Cunha de Sá, *Caducidade*, I, pp. 149 e ss.

suspensiva levarão, nos termos dos arts. 270º e ss., à extinção do contrato. Dado que o arrendamento constitui um contrato de execução duradoura, a condição resolutiva não terá eficácia retroactiva (art. 277º, nº 1), determinando a sua verificação apenas a extinção do arrendamento para o futuro[159].

A aposição de uma condição resolutiva aos contratos de arrendamento sofre, porém, alguma limitação, dado que a mesma não poderá ser usada para defraudar os fundamentos de resolução do contrato, atenta a natureza imperativa dos mesmos (art. 1080º)[160]. Será assim possível, por exemplo, subordinar o arrendamento para uma embaixada à condição resolutiva de este se extinguir em caso de ruptura de relações diplomáticas, mas já não subordinar um arrendamento para um estabelecimento comercial à condição resolutiva de este caducar no caso de o arrendatário trespassar ou locar o estabelecimento ou o conservar encerrado pelo prazo de seis meses.

14.4.1.4. Extinção do direito ou dos poderes de administração com base nos quais o contrato foi celebrado

A terceira causa de caducidade é *ter cessado o direito ou findarem os poderes de administração com base nos quais o contrato foi celebrado* (art. 1051º, nº 1, *c)*)[161]. Efectivamente, os administradores e os titulares de direitos reais menores sobre o imóvel não podem dar de arrendamento por tempo que exceda os limites temporais da sua administração ou do seu direito e, se o fizerem, considera-se que o arrendamento caduca no momento em que se atingem esses limites[162].

A operatividade desta causa de caducidade é, no entanto, objecto de alguma restrição pelo art. 1052º, que estabelece que essa caducidade não ocorrerá no caso de: *a)* o contrato ser celebrado pelo usufrutuário e a propriedade se consolidar na sua mão; *b)* o usufrutuário alienar o seu direito ou renunciar a ele, pois nestes casos o contrato só caduca pelo termo normal do usufruto; e *c)* se for celebrado pelo cônjuge administrador.

[159] Cfr. Galvão Telles, *Arrendamento*, p. 248.

[160] Neste sentido, Maria Olinda Garcia, *Arrendamentos para comércio*, pp. 179-180.

[161] Cfr. Cunha de Sá, *Caducidade*, I, pp. 163 e ss.

[162] Precisamente para que os arrendatários possam tomar conhecimento desses limites, o art. 3º, nº , 1 *b)* do D.L. 160/2006, de 8 de Agosto, na redacção do Decreto-Lei 266-C/2012, de 31 de Dezembro, obriga a mencionar no contrato a natureza do direito do locador, sempre que o contrato seja celebrado com base num direito temporário ou em poderes de administração de bens alheios.

14.4.1.5. Morte ou extinção do arrendatário, salvo convenção em contrário

A quarta causa de caducidade é *a morte do locatário ou, tratando-se de pessoa colectiva, a extinção desta, salvo convenção escrita em contrário* (art. 1051º *d)*)[163].

Conforme acima se referiu, há, porém, casos em que a lei admite a transmissão por morte do arrendamento (cfr. arts. 1106º e 1113º). Nestes casos, naturalmente que a morte do arrendatário não acarretará a caducidade do arrendamento, continuando este na esfera do seu sucessor.

Relativamente à morte do senhorio, esta não é normalmente considerada causa de caducidade do contrato (cfr. art. 1057º).

14.4.1.6. Perda do imóvel arrendado

A quinta causa de caducidade é *a perda da coisa locada* (art. 1051º *e)*)[164]. Neste caso, dado que o contrato de locação fica sem objecto, é manifesto que ocorrerá a sua extinção por caducidade. Efectivamente, verifica-se uma impossibilidade de o senhorio continuar a assegurar o gozo da coisa ao locatário, o que, de acordo com o princípio da interdependência das obrigações sinalagmáticas afecta igualmente a obrigação de o locatário pagar a renda, determinando assim a caducidade do contrato (cfr. art. 795º, nº 1). Para configuração da perda da coisa locada, não é necessário que haja o desaparecimento total do imóvel, bastando que o mesmo sofra uma destruição de tal ordem que o torne insusceptível de servir para os fins que lhe são próprios ou contratualmente previstos[165]. Essa caducidade ocorre mesmo que a perda do imóvel seja imputável ao senhorio, ficando ele, porém, nesse caso constituído na obrigação de indemnizar o arrendatário por todos os danos causados[166].

No caso, porém, de não se verificar a perda do imóvel, mas o arrendatário sofrer privação ou diminuição do gozo da coisa por motivo não imputável à sua pessoa ou seus familiares, haverá lugar apenas a uma redução da renda proporcional ao tempo da privação ou diminuição do gozo, sem

[163] Cfr. Cunha de Sá, *Caducidade*, I, pp. 249 e ss,

[164] Cfr. Cunha de Sá, *Caducidade*, I, pp. 281 e ss.

[165] Neste sentido, cfr. Ac. RP 14/3/2011 (Cristina Coelho), em *CJ* 36 (2011), pp. 187-191.

[166] Neste sentido, cfr. Romano Martinez, *Obrigações*, p. 231 e Aragão Seia, *Arrendamento*, pp. 489-490. Na jurisprudência, veja-se o Ac. STJ 26/6/2008 (Santos Bernardino), em *CJ-ASTJ* 16 (2008), 2, pp. 131-138, e o Ac. RP 14/3/2011 (Cristina Coelho), em *CJ* 36 (2011), pp. 187-191.

prejuízo da aplicação do regime das perturbações da prestação no contrato de locação (art. 1040º, nº 1). No entanto, se a privação ou diminuição não for imputável ao senhorio ou seus familiares, a redução só terá lugar se estas excederem um sexto da duração do contrato (art. 1040º, nº 2).

A privação do gozo do imóvel por motivo estranho à pessoa do arrendatário ou seus familiares, constitui ainda fundamento de resolução do contrato por parte deste, conforme acima se salientou (art. 1050º *a)*).

14.4.1.7. Expropriação por utilidade pública, que não seja compatível com a subsistência do arrendamento

A sexta causa de caducidade é a *expropriação por utilidade pública, a não ser que a expropriação se compadeça com a subsistência do contrato* (art. 1051º *f)*)[167]. A expropriação por utilidade pública pressupõe a necessidade de afectação do imóvel a esse fim, dando lugar ao pagamento de uma indemnização aos titulares dos direitos que por essa via se extinguem. Natural por isso é que o arrendamento caduque em consequência da afectação do prédio ao fim da utilidade pública, a menos que a subsistência do contrato seja compatível com essa afectação[168].

14.4.1.8. Cessação dos serviços que determinaram a entrega da coisa locada

Finalmente, a lei considera como causa de caducidade do contrato a cessação dos serviços que determinaram a entrega da coisa locada (art. 1051º *g)*). Parece fazer pouco sentido que esta situação, anteriormente qualificada como fundamento de resolução pelo art. 64º, nº 1, *j)* do RAU seja agora tratada pelo legislador como um caso de caducidade[169]. Ocorrerá efectivamente essa caducidade, nos termos do art. 795º, nº 1, no caso de haver impossibilidade não imputável ao arrendatário de realização desses

[167] Cfr. CUNHA DE SÁ, *Caducidade*, I, pp. 289 e ss.

[168] Para PINTO FURTADO, *Manual*, II, p. 877 "a *expropriação por utilidade pública* (...) produz a *impossibilidade objectiva* da prestação do *senhorio* nos termos especialmente previstos no Código das Expropriações, impossibilidade que coincidirá cronologicamente, consoante os casos, com a *posse administrativa*, se a houver, ou com a *adjudicação da propriedade ao expropriante*". No mesmo sentido, cfr. Ac. RG 26/3/2009 (HENRIQUE ANDRADE), em *CJ* 36 (2009), 2, pp. 314-316.

[169] Aplaude, no entanto, esta solução, que corresponde à doutrina anteriormente defendida por PINTO FURTADO, *Manual*, 3ª ed., p. 866, JOAQUIM SOUSA RIBEIRO, *CDP* nº 14 (Abril/Junho 2006), p. 20.

serviços. No entanto, já parece ser antes um caso de resolução a situação em que o arrendatário pura e simplesmente incumpre essa obrigação (arts. 801º, nº 2, e 1083º, nº 1).

Esta causa de caducidade não se relaciona com o mero fornecimento pelo empregador de habitação aos seus trabalhadores como complemento da sua remuneração, caso em que existe apenas um contrato de trabalho com uma retribuição consistente parcialmente numa prestação não pecuniária (art. 249º, nº 2 CT). Nesta situação, ocorre antes um arrendamento efectivo do imóvel, ainda que tendo como contrapartida a prestação de serviços pessoais pelo arrendatário ao senhorio, o que justifica que a cessação dessa prestação de serviços acarrete igualmente a extinção do arrendamento[170].

14.4.1.9. Confusão das qualidades de senhorio e arrendatário

Outra causa de caducidade do arrendamento parece ser a confusão (arts. 868º e ss.), ou seja, a reunião na mesma pessoa das qualidades de senhorio e arrendatário[171].

Essa situação pode ocorrer, em primeiro lugar, sempre que o arrendatário adquira o imóvel arrendado, dado que nos termos do art. 1057º essa aquisição lhe transmite necessariamente a posição de senhorio. A lei permite aliás ao arrendatário a aquisição do imóvel arrendado por via do direito de preferência que lhe é reconhecido no caso de venda ou dação em cumprimento de imóvel arrendado há mais de três anos (art. 1091º, nº 1 *a)*) e ainda, no âmbito do regime transitório, quando o locado tenha adquirido a classificação de mau ou péssimo e o senhorio não realize no prazo de seis meses as obras que foi intimado (arts. 35º e ss. RJOPA).

Outra situação de confusão pode verificar-se, no caso de o senhorio adquirir a posição de arrendatário, o que pode ocorrer no caso de trespasse por venda ou dação em cumprimento do estabelecimento comercial instalado em prédio arrendado, em que o senhorio exerça o direito de preferência, que lhe é reconhecido a título supletivo no art. 1112º, nº 4, dado que o trespasse implica a aquisição pelo trespassário da condição de arrendatário (art. 1112º, nº 1, *a)*).

[170] Cfr. ARAGÃO SEIA, *Arrendamento*, p. 468 e GEMAS/PEDROSO/JORGE, *op. cit.*, p. 86.

[171] Neste sentido, MARIA OLINDA GARCIA, *Arrendamentos para comércio*, p. 182.

14.4.1.10. Não reocupação do locado pelo arrendatário no prazo de três meses, salvo justo impedimento, após a realização de obras pelo senhorio ou pelo município

No âmbito do RJOPA surge igualmente um caso específico de caducidade do contrato de arrendamento que é a não reocupação do locado pelo arrendatário no prazo de três meses, salvo justo impedimento, após a realização pelo senhorio de obras de remodelação ou restauro profundos (art. 10º, nº 8, do RJOPA) ou após a realização pelo município de obras coercivas (art. 17º do RJOPA). Qualquer destas entidades deve comunicar ao arrendatário o fim das obras, só ocorrendo a caducidade no prazo de três meses após esta comunicação, sem que se verifique a reocupação do locado. Caso, porém, a ausência dessa reocupação seja devida a justo impedimento a caducidade já não se verifica (cfr. art. 16º, nº 1, NRAU), cabendo ao arrendatário invocar esse justo impedimento logo após a sua cessação (art. 16º, nº 2, NRAU), fazendo prova dos factos correspondentes (art. 16º, nº 3, NRAU).

14.4.1.11. A questão da eventual caducidade do arrendamento em caso de venda executiva do prédio

Questão controversa é a de saber se se verifica igualmente a caducidade do arrendamento no caso de venda executiva do prédio, face ao que se dispõe no art. 824º, nº 2. A posição que tem prevalecido na nossa doutrina e jurisprudência é a de que, pretendendo essa disposição que a venda executiva dos bens seja feita livre de ónus ou encargos, os quais se devem transferir para o produto da venda (art. 824º, nº 3), não se justifica afastar o arrendamento dessa solução, devendo por isso entender-se que ele não sobrevive à venda executiva[172]. Não nos parece, porém, que essa posição possa

[172] Neste sentido, cfr. Oliveira Ascensão, *ROA* 45 (1985), 2, pp. 363 e ss., Henrique Mesquita, *Obrigações reais e ónus reais*, Coimbra, Almedina, 1990, p. 140, nota (18), A. Luís Gonçalves, "Anotação Ac. RC 30/3/1993" em *RDES* 40 (1999), nº 1, pp. 95-101, e Romano Martinez, *Da cessação*, p. 327, nota (652), alterando a posição por si defendida em Romano Martinez, *Obrigações*, pp. 206-207, e António Menezes Cordeiro, em ID (org.), *Leis do Arrendamento Anotadas*, sub art. 1022º, nº 26, pp. 27-28 e sub art. 1051º, nºs 58 e ss., pp. 108-109 e IX – *Direito das Obrigações. Cumprimento e não cumprimento, transmissão, modificação e extinção, garantias*, 3ª ed., Coimbra, Almedina, 2017, p. 514. Na jurisprudência, cfr., Ac. RC 30/3/1993 (Barata Figueira), na *RDES* 40 (1999), nº 1, pp. 87-94, Ac. STJ 3/12/1998 (Ferreira de Almeida), no *BMJ* 482 (1999), pp. 219-225, Ac. RL 28/9/2006 (Ana Luísa Geraldes), na *CJ* 31 (2006), 4, pp. 63-67, Ac. RL 26/6/2008 (Pereira Rodrigues), na *CJ* 33 (2008), 3, pp. 117-119, Ac. RE 19/6/2008 (Maria Alexandra Moura Santos), na *CJ* 33 (2008),

ser aceite, dado que o arrendamento não se inclui em nenhum dos direitos cuja caducidade a lei determina no art. 824º, nº 2, nem se prevê qualquer excepção ao regime do art. 1057º, sendo que aliás o arrendatário pode ter direito de preferência na venda do local arrendado (art. 1091º), o que seria incompatível com a extinção do seu direito pela venda executiva. Aliás, determina o art. 109º do CIRE que "a alienação da coisa locada no processo de insolvência não priva o locatário dos direitos que lhe são reconhecidos pela lei civil em tal circunstância", sendo pacífico que entre esses direitos se inclui a manutenção da posição contratual e o direito de preferência[173]. Entendemos, por isso, que o arrendamento sobrevive à venda executiva[174].

14.4.2. Efeitos da caducidade

Verificando-se a caducidade do contrato de arrendamento urbano, torna-se imediatamente exigível a restituição do prédio, com as reparações que incumbem ao arrendatário (art. 1081º, nº 1). Tratando-se, porém, dos casos de caducidade previstos nas alíneas *b)* e ss. do art. 1051º, a restituição do prédio só pode ser exigida passados seis meses sobre a verificação do facto que a determina (art. 1053º). Este prazo pode ser aumentado, caso o arrendatário requeira o diferimento da desocupação do prédio, nos termos dos arts. 834º e ss. CPC.

A caducidade do arrendamento urbano não atribui presentemente ao arrendatário direito a qualquer indemnização, nem sequer em caso de

3, pp. 250-253, Ac. RC 21/10/2008 (Hélder Roque), em *CJ* 33 (2008), 4, pp. 24-26 e Ac. STJ 16/9/2014 (Alves Velho), processo 351/09.9TVLSB.L1.S1., em *CJ-ASTJ* 22 (2014), 3, pp. 43-45.

[173] Neste sentido, cfr. Luís Menezes Leitão, *Código da Insolvência e da Recuperação de Empresas Anotado*, 8ª ed., Coimbra, Almedina, 2015, sub art. 109º, nº 4, p. 167 e *Direito da Insolvência*, 6ª ed., Coimbra, Almedina, 2015, p. 182 e Luís A. Carvalho Fernandes/João Labareda, *Código da Insolvência e da Recuperação de Empresas Anotado*, 2ª ed., Lisboa, Quid Juris, 2008, sub art. 109º, nº 5, p. 409.

[174] Neste sentido, cfr. na jurisprudência, Ac. STJ 25/2/1993 (Ramiro Vidigal), na *CJ-ASTJ* 1 (1993), 1, pp. 147-150, Ac. RL 15/5/1997 (Francisco Magueijo), na *CJ* 22 (1997), 3, pp. 87-90 e Ac. RL 16/9/2008 (Abrantes Geraldes), em *CJ* 33 (2008), 4, pp. 80-85. A jurisprudência foi uniformizada através do AUJ 2/2021, de 5/5/2021 (Ana Paula Boularot), processo 1268/16.6T8FAR.E1.S2-A, publicado no D.R. I Série, de 5/8/2021, que estabeleceu: "A venda, em sede de processo de insolvência, de imóvel hipotecado, com arrendamento celebrado subsequentemente à hipoteca, não faz caducar os direitos do locatário de harmonia com o preceituado no artigo 109º, nº 3, do CIRE, conjugado com o artigo 1057,º do Código Civil, sendo inaplicável o disposto no nº 2 do artigo 824º do Código Civil".

expropriação por utilidade pública (art. 1051º, *f)*) ao contrário do que se previa anteriormente no art. 67º, nº 1, do RAU e se continua a prever para o arrendamento rural no art. 18º, nºs 3 e 4, do D.L. 294/2009, de 13 de Outubro. Assim, se, por exemplo, o senhorio recebeu uma indemnização em consequência da perda da coisa locada (art. 1051º *e)*), como na hipótese de ter efectuado o seu seguro, não tem que atribuir qualquer parte dessa indemnização ao arrendatário. Apenas no caso de o senhorio ter culpa na verificação da caducidade (como na hipótese de ter sido ele a causar por negligência a destruição da coisa locada) é que o senhorio se verá constituído no dever de indemnizar o arrendatário pelos danos que lhe causou[175].

A lei nada refere sobre a forma de obter a restituição do prédio, pelo que parece bastar a comunicação à outra parte, cumpridos os requisitos dos arts. 9º e ss. do NRAU. Não aceitando o arrendatário, essa comunicação, no caso de a caducidade resultar do decurso do prazo, pode o senhorio recorrer ao procedimento especial de despejo, desde que do contrato escrito conste a fixação desse prazo (art. 15º, nº 2, *b)* NRAU). Nos outros casos de caducidade, parece que deixou de ser possível a acção de despejo, em consequência de não se encontrar no NRAU preceito correspondente ao art. 55º, nº 2, do RAU, que admitia a sua aplicação em casos de caducidade. Actualmente a acção de despejo destina-se apenas "a fazer cessar a situação jurídica do arrendamento, sempre que a lei imponha o recurso à via judicial para promover tal cessação" (art. 14º, nº 1, NRAU), o que impede a sua aplicação aos casos de caducidade, em que a cessação da situação jurídica do arrendamento ocorre *ipso iure*. Restará, por isso, ao senhorio, nestes casos, o recurso à acção de reinvindicação (art. 1311º e ss.)[176].

14.4.3. Eventual renovação do contrato e direito de preferência no futuro arrendamento do prédio

A caducidade do arrendamento pode, no entanto, vir a ser sanada, já que o art. 1056º estabelece que "se, não obstante a caducidade do arrendamento, o arrendatário se mantiver no gozo da coisa pelo lapso de um ano, sem oposição do senhorio, o contrato considera-se igualmente renovado nas condições do art. 1054º". A permanência pelo arrendatário do gozo da coisa, pelo prazo de um ano, sem oposição do senhorio, funciona assim

[175] Neste sentido, ROMANO MARTINEZ, *Da cessação*, pp. 328-329.

[176] Neste sentido, GEMAS/PEDROSO/JORGE, p. 87.

como uma causa de renovação do contrato, mesmo após a verificação da sua extinção, correspondendo a uma autêntica sanação da caducidade. Parece, no entanto, que o âmbito desta norma é restrito às hipóteses referidas nas alíneas *a)*, *b)* e *g)* do art. 1051º, nº 1, já que não se pode aplicar nem à perda da coisa locada (art. 1051º, nº 1 *e)*), por incompatível com a permanência do gozo pelo arrendatário, nem à expropriação por utilidade pública (art. 1051º, nº 1, *f)*), sob pena de se pôr em causa a aplicação desta. Por outro lado, uma vez que a lei exige que a permanência do gozo seja do *arrendatário* e que não haja oposição do *senhorio* (art. 1056º), naturalmente que também esta renovação não se aplicará em caso de morte do arrendatário ou da sua extinção, sendo pessoa colectiva (art. 1051º, nº 1, *d)*), onde quem poderá gozar já não é o arrendatário, nem de cessação do direito ou dos poderes legais de administração com base nos quais o contrato foi celebrado (art. 1051º, nº 1, *c)*), onde a não oposição do senhorio não tem qualquer relevância, atento o facto de o direito ou os poderes que tinha terem cessado[177].

No âmbito do arrendamento para habitação, estabelecia anteriormente o art. 66º, nº 2, do RAU, que sempre que o contrato caducasse por força da alínea *c)* do art. 1051º do Código Civil, o arrendatário tinha direito a um novo arrendamento, nos termos dos arts. 90º e ss. do RAU[178]. A figura do direito a novo arrendamento desapareceu no NRAU, o qual consagra, no entanto, no art. 1091º, nº 1, *b)* um direito de preferência do arrendatário na celebração de novo contrato de arrendamento, em caso de caducidade do seu contrato por ter cessado o direito ou terem findado os poderes legais de administração com base nos quais o contrato fora celebrado, estabelecendo-se que esse direito apenas existe enquanto não for exigível a restituição do prédio nos termos do art. 1053º (art. 1091º, nº 2).

Esta modificação suscita algumas dúvidas sobre o seu alcance. Salienta-se, em primeiro lugar, que enquanto que na lei anterior o direito a novo arrendamento era restrito aos casos de caducidade do arrendamento para habitação, a actual lei generaliza o novo direito de preferência a todos os

[177] Em sentido contrário, ROMANO MARTINEZ, *Obrigações*, p. 230, parece admitir que nestes casos a renovação prevista no art. 1056º se opere mediante uma transmissão da posição contratual, que não vemos que esteja em lugar algum consagrada.

[178] Cfr. sobre esta figura LUÍS MENEZES LEITÃO, "Direito a novo arrendamento", em ANTÓNIO MENEZES CORDEIRO/LUÍS MENEZES LEITÃO/JANUÁRIO DA COSTA GOMES, *Estudos em homenagem ao Prof. Doutor Inocêncio Galvão Telles*, III – *Direito do Arrendamento Urbano*, Coimbra, Almedina, 2002, pp. 373-389.

casos de caducidade do arrendamento urbano. Por outro lado, deixando de estar em causa um direito a novo arrendamento para passar a estar em causa um direito de preferência (cfr. arts. 414º e ss.), parece que o direito só se constitui, caso o proprietário pretenda efectivamente celebrar um novo contrato de arrendamento com terceiro. Assim, não poderá o arrendatário, antes do surgimento de um contrato preferível, exigir ao senhorio a celebração de novo arrendamento e muito menos recorrer à execução específica para esse efeito, ao contrário do que anteriormente era previsto no art. 95º do RAU. O arrendatário não poderá igualmente pretender permanecer no prédio para além da moratória prevista no art. 1053º. Como, no entanto, o art. 1091º, nº 2, estabelece que o direito de preferência no arrendamento só existe enquanto esse prazo estiver esse curso, parece que este direito de preferência será de muito rara verificação, só existindo se o proprietário pretender celebrar imediatamente um novo contrato de arrendamento com terceiro antes de se tornar exigível a restituição do prédio.

14.5. Denúncia e oposição à renovação

14.5.1. Generalidades

Constituem igualmente formas de extinção do contrato de locação a denúncia e a oposição à renovação. Esta duas figuras distinguem-se porque na primeira, aplicável aos contratos de duração indeterminada, a declaração do senhorio a pôr termo ao contrato pode ocorrer em qualquer altura, enquanto na segunda, aplicável aos contratos em relação aos quais tenha sido estipulado um prazo renovável, apenas pode ocorrer no fim desse prazo, impedindo que o contrato se renove por períodos subsequentes.

Uma vez que o contrato de locação é sujeito a um prazo supletivo, mesmo que as partes não o determinem (cfr. art. 1026º), o processo de extinção da relação locatícia para o futuro constitui normalmente um caso de oposição à renovação.

Genericamente, estabelece o art. 1054º, nº 1, que “findo o prazo do arrendamento, o contrato renova-se por períodos sucessivos, se nenhuma das partes o tiver denunciado no tempo e pela forma convencionados ou designados na lei”, acrescentando o nº 2, que “o prazo de renovação é igual ao do contrato, mas é apenas de um ano se o prazo for mais longo”. Nos termos do art. 1055º, a denúncia tem que ser comunicada ao outro contraente com a antecedência mínima seguinte:

a) 120 dias, se o prazo for igual ou superior a seis anos;
b) 60 dias, se o prazo for de um a seis anos;
c) 30 dias, quando o prazo for de três meses a um ano;
d) Um terço do prazo, quando este for inferior a três meses.

Esta disposições relativas à locação em geral vêm a ser, porém, afastadas no âmbito do arrendamento urbano, onde actualmente a lei distingue entre os arrendamentos com prazo certo (arts. 1095º e ss.) e com duração indeterminada (arts. 1099º e ss.), sendo aplicáveis aos primeiros normalmente a oposição à renovação e aos segundos a denúncia.

Supletivamente, no arrendamento para habitação, se as partes nada convencionarem, o contrato considera-se celebrado por prazo certo, pelo período de cinco anos (art. 1094º, nº 3). Já no arrendamento para fins não habitacionais, em caso de ausência de estipulação, considera-se o arrendamento celebrado com prazo certo, pelo período de cinco anos, não podendo o arrendatário denunciá-lo com antecedência inferior a um ano (art. 1110º, nº 2).

Analisemos sucessivamente os diversos regimes consagrados neste âmbito.

14.5.2. O regime do arrendamento para habitação

14.5.2.1. Generalidades

Conforme acima se referiu, actualmente no âmbito das disposições especiais relativas ao arrendamento para habitação prevê-se que este arrendamento pode celebrar-se com prazo certo ou por duração indeterminada (art. 1094º, nº 1), sendo que nos arrendamentos com prazo certo pode ainda convencionar-se que, após a primeira renovação, o arrendamento tenha duração indeterminada (art. 1094º, nº 2). No silêncio do contrato, considera-se, porém, que o arrendamento é celebrado por prazo certo, pelo período de cinco anos (art. 1094º, nº 3).

14.5.2.2. Os arrendamentos com duração indeterminada

14.5.2.2.1. Generalidades

O arrendamento com duração indeterminada aproxima-se bastante do regime tradicional dos arrendamentos vinculísticos, uma vez que, enquanto admite amplamente a denúncia pelo arrendatário, obrigando apenas a uma antecedência mínima de 120 dias, ou 60 dias, se o contrato tiver até um ano de duração efectiva (art. 1100º), restringe consideravelmente a faculdade de denúncia do senhorio, continuando a limitá-la às hipóteses tradicionais da denúncia para habitação (art. 1101º *a*)) – ainda que tenham sido abolidas as limitações à denúncia constantes do art. 107º RAU – e para demolição ou para a realização de obra de restauração ou restauro profundos que obriguem à desocupação do locado, desde que não resulte local com características equivalentes às do locado, onde seja possível a manutenção do arrendamento (art. 1101º, *b*)), a que se acrescenta um novo fundamento: a comunicação ao arrendatário com antecedência não inferior a cinco anos anos sobre a data em que pretenda a cessação (art. 1101º *c*)). É de referir, no entanto, que "da denúncia pelo senhorio não pode resultar uma duração do contrato inferior a dois anos" (art. 1103º, nº 7).

A denúncia pelo senhorio baseada nos fundamentos referidos no art. 1101º *a*) e *b*) é feita mediante comunicação ao arrendatário com antecedência não inferior a seis meses sobre a data pretendida para a desocupação e da qual conste de forma expressa, sob pena de ineficácia, o fundamento da denúncia (art. 1103º, nº 1, e art. 8º, nº 1, RJOPA). Uma vez que não se trata de comunicação destinada à cessação do contrato por resolução, não há que aplicar o disposto no art. 9º, nº 7, do NRAU, sendo assim suficiente o escrito assinado pelo declarante e remetido por carta registada com aviso de recepção (art. 9º, nº 1, NRAU).

No caso específico da denúncia para demolição ou para remodelação ou restauro profundos, a comunicação terá que ser acompanhada, sob pena de ineficácia da demonstração de que irá ser efectivamente realizada a operação urbanística. Nesse caso a denúncia é acompanhada, sob pena de ineficácia, dos seguintes documentos: *a*) comprovativo de que foi iniciado, junto da entidade competente, procedimento de controlo prévio da operação urbanística a efetuar no locado; e *b*) termo de responsabilidade do técnico autor do projeto legalmente habilitado que ateste que a operação urbanística reúne os pressupostos legais de uma obra de demolição ou de uma obra de remodelação ou restauro profundos e as razões que obrigam à desocupação do locado (art. 1103º, nº 2, e 8º, nº 2, RJOPA).

Neste caso, a denúncia terá que ser posteriormente confirmada, sob pena de ineficácia, mediante comunicação ao arrendatário, acompanhada de: *a*) alvará de licença de obras ou título da comunicação prévia; *b*) documento emitido pela câmara municipal que ateste que a operação urbanística a realizar no locado constitui uma obra de alteração, ampliação ou reconstrução, sujeita a controlo prévio, ou que constitui uma obra de demolição relativamente à qual se verifica um dos pressupostos previstos no nº 1 do artigo 7º do RJOPA, quando tal não resulte do documento referido na alínea anterior (art. 1103º, nº 3, e 8º, nº 3, RJOPA).

Já a denúncia pelo senhorio baseada no fundamento referido no art. 1101º *c)*, bem como a denúncia pelo arrendatário, a que se refere o art. 1100º, apenas exigem uma comunicação à outra parte, com a antecedência legalmente exigível, sendo respeitados os formalismos dos arts. 9º e ss. do NRAU.

Analisemos sucessivamente os fundamentos de denúncia do contrato de duração indeterminada:

14.5.2.2.2. Denúncia pelo arrendatário

O art. 1100º estabelece em relação ao arrendatário a denúncia *ad nutum*, admitindo, portanto, que este, sem qualquer justificação ponha termo ao contrato. A partir do momento em que ele atinge seis meses de duração efectiva. Exige-se apenas uma comunicação ao senhorio, com uma antecedência não inferior a 120 dias sobre a data em que pretende a cessação, se o contrato tiver um ano ou mais de duração efectiva, sendo esse prazo reduzido para 60 dias nos contratos com duração efectiva inferior a um ano (art. 1100º, nº 1)[179]. O arrendatário pode ainda denunciar a todo o tempo o contrato, se o senhorio impedir a sua renovação automática, mediante comunicação com antecedência não inferior a 30 dias do termo pretendido do contrato (art. 1100º, nº 2). Estas comunicações ao senhorio têm que ser enviadas por carta registada com aviso de recepção, nos termos do art. 9º, nº 1, NRAU.

Tendo o arrendamento para habitação por objecto a casa de morada de família, a sua denúncia pelo arrendatário carece do consentimento de ambos os cônjuges (art. 1682º-B, *a)*). Nesse caso, a respectiva comunicação terá igualmente que ser subscrita por ambos (art. 12º, nº 3, NRAU). Não tendo o arrendamento por objecto a casa de morada de família, será ainda exigido consentimento do outro cônjuge para a denúncia sempre que o arrendamento lhe seja comunicado, de acordo com o regime de bens.

[179] Em consequência o arrendatário está sempre obrigado a uma vigência do arrendamento superior aos seis meses de duração efectiva, já que só a partir destes seis meses é que se inicia o prazo de pré-aviso para a denúncia. Neste sentido, Januário Gomes, *ROA* 72, II-III (Abr./Set 2012), p. 635.

A denúncia produz efeitos no final de um mês correspondente do calendário gregoriano, a contar da comunicação (art. 1100º, nº 3), extinguindo-se assim nessa data o contrato de arrendamento.

Desrespeitando o arrendatário o prazo de pré-aviso, tal não obsta à cessação do contrato, embora o obrigue ao pagamento das rendas correspondentes ao período de pré-aviso em falta, excepto se resultar de desemprego involuntário, incapacidade permanente para o trabalho ou morte do arrendatário ou de pessoa que com este viva em economia comum há mais de um ano (art. 1100º, nº 4, e 1098º, nº 6). Neste caso o pagamento das rendas deixa de ser contrapartida do gozo do imóvel, funcionando como uma pena pecuniária legalmente estabelecida como sanção para o arrendatário que desrespeite o prazo de pré-aviso[180].

Existe ainda um caso legal de denúncia pelo arrendatário previsto no RJOPA. Efectivamente, em caso de comunicação pelo senhorio ao arrendatário da suspensão da execução do locado para remodelação ou restauro profundos, nos termos do art. 9º-B, e 10º-A, nº 1, RJOPA, a lei prevê que o arrendatário pode nesse caso, em alternativa à suspensão, denunciar o contrato (art. 10º-A, nº 2), indicando a data de produção de efeitos da denúncia que deve ser anterior à data de início das obras (art. 10º-A, nº 3, RJOPA). A denúncia tem nesse caso que ser comunicada ao senhorio no prazo de 30 dias (art. 10º-A, nº 4, RJOPA). Se o arrendatário tiver idade igual ou superior a 65 anos ou deficiência com grau de incapacidade superior a 60% a opção pela denúncia do contrato atribui ao arrendatário a indemnização prevista no art. 6º, nº 1, *a)* RJOPA (art. 26º-A, nº 2, RJOPA).

14.5.2.2.3. Denúncia para habitação do senhorio ou dos seus descendentes em 1º grau

O primeiro fundamento de denúncia pelo senhorio consiste na necessidade de habitação pelo próprio ou pelos seus descendentes em 1º grau (art. 1101º *a)*)[181].

Relativamente à *denúncia para habitação própria do senhorio*, esta depende, para além do pagamento ao arrendatário do montante equivalente a um

[180] Cfr. Januário Gomes, *ROA* 72, II-III (Abr./Set 2012), p. 630. Ao contrário do que defende este autor, a p. 637, dado que se trata de uma pena legalmente fixada, não nos parece que faça sentido aplicar a redução equitativa da cláusula penal consagrada no art. 812º

[181] Cfr. António Sequeira Ribeiro, *Sobre a denúncia do contrato de arrendamento urbano para habitação*, Lisboa, Lex, 1996.

ano de renda, de o senhorio "ser proprietário, comproprietário ou usufrutuário do prédio há mais de dois anos, ou, independentemente deste prazo, se o tiver adquirido por sucessão" (art. 1102º, nº 1, *a*)); e de "não ter, há mais de um ano, na área dos concelhos de Lisboa ou do Porto e seus limítrofes ou na respectiva localidade quanto ao resto do país casa própria ou arrendada que satisfaça as necessidades de habitação própria ou dos seus descendentes em 1º grau" (art. 1102º, nº 1, *b*)).

Relativamente à *denúncia para habitação dos descendentes*, esta restringe-se aos que o sejam em primeiro grau do senhorio, o que abrange os seus filhos, mas não os seus netos ou bisnetos. Já em relação aos adoptados plenos, apesar de os mesmos não serem descendentes, o facto de a lei os equiparar a filhos (art. 1986º), justifica que devam igualmente beneficiar da denúncia. Tal já não ocorrerá, no entanto, em relação à adopção restrita, atentos os seus limitados efeitos (arts. 1993º e ss.)[182]. A denúncia para habitação dos descendentes em primeiro grau depende de igualmente o senhorio possuir o mesmo tempo de titularidade dos direitos acima referidos, salvo se tiver adquirido o prédio por sucessão, e da mesma ausência de casa que satisfaça as necessidades de habitação, ausência essa que neste caso é relativa antes ao descendente em 1º grau (art. 1102º, nº 3).

Tem sido, porém, questionado se, para além dos requisitos legalmente previstos para a denúncia para habitação, ainda será exigido ao senhorio que prove a própria necessidade de habitação. A resposta parece dever ser negativa. A necessidade de habitação é um facto conclusão que resulta dos factos instrumentais previstos no art. 1102º, nº 1 *a)* e *b)*, e nº 3, pelo que, demonstrados os mesmos, encontra-se comprovada a necessidade de habitação por parte do senhorio[183]. Não é, por isso, admissível que o tribunal venha nesses casos a recusar a denúncia, com base numa avaliação da razoabilidade da pretensão do senhorio em habitar no locado perante a concreta situação em que se encontra[184].

Da denúncia pelo senhorio não pode, porém, resultar uma duração total do contrato inferior a dois anos (art. 1103º, nº 10), pelo que o senho-

[182] Neste sentido, cfr. Gravato Morais, *Novo Regime*, p. 87.

[183] Neste sentido, Pinto Furtado, *Manual*, II, p. 946.

[184] Não concordamos, por isso, com a decisão do Ac. RP 11/2/2010 (Freitas Vieira), em *CJ* 35 (2010), 1, pp. 195-198, que recusou a um nonagenário, que vivia em casa de familiares há vinte anos, a possibilidade de denúncia para habitação para ir viver no prédio que tinha arrendado.

rio só poderá denunciar para habitação os contratos em relação aos quais esse prazo tenha sido ultrapassado.

A denúncia para habitação obriga ao pagamento ao arrendatário de uma indemnização equivalente a um ano de renda (art. 1102º, nº 1, proémio), a qual terá que ser terá que ser paga no momento da entrega do locado, sob pena de ineficácia da denúncia (art. 1103º, nº 8)[185].

A denúncia para habitação obriga o senhorio a dar ao local a utilização invocada no prazo de três meses e por um período mínimo de dois anos (art. 1103º, nº 5). Salvo por motivo não imputável ao senhorio, o incumprimento desta obrigação obriga o senhorio a pagar ao arrendatário uma indemnização correspondente a 10 anos de renda (art. 1103º, nº 9).

14.5.2.2.4. Denúncia pelo senhorio para demolição ou realização de obra de remodelação ou restauro profundos

O outro fundamento de denúncia pelo senhorio, referido no art. 1101º, *b)* é a demolição ou realização de obra de remodelação ou restauro profundos, que obriguem à desocupação do locado, desde que não resulte local com características equivalentes às do locado, onde seja possível a manutenção do arrendamento. A denúncia com este fundamento é objecto de legislação especial (art. 1103º, nº 11), a qual foi durante muito tempo a Lei nº 2088, de 3 de Julho de 1957, cuja última alteração foi efectuada pelo D.L. 329-B/2000, de 22 de Dezembro[186]. Actualmente esse regime consta dos arts. 6º e ss. do RJOPA.

É de salientar que, após a alteração desse diploma efectuada pela Lei 13/2019, de 12 de Fevereiro, a denúncia para demolição ou para realização de obra de remodelação ou restauro profundo apenas é possível no caso de da mesma não resultar local com características equivalentes às do locado onde seja possível a manutenção do arrendamento. No caso contrário ape-

[185] Apesar de o art. 1103º, nº 8, referir o pagamento de metade da indemnização no prazo de 60 dias após a confirmação da denúncia, a verdade é que não está prevista qualquer confirmação da denúncia para habitação, que só ocorre na denúncia para remodelação ou restauro profundo. Assim, a indemnização pela denúncia para habitação apenas tem que ser paga no momento da entrega do locado.

[186] Cfr., sobre esta, Luís Gonçalves da Silva, "Cessação do contrato de arrendamento para aumento da capacidade do prédio", em António Menezes Cordeiro/Luís Menezes Leitão/Januário da Costa Gomes, *Estudos em homenagem ao Prof. Doutor Inocêncio Galvão Telles*, III- *Direito do Arrendamento Urbano*, Coimbra, Almedina, 2002, pp. 537-571.

nas há lugar à suspensão do local arrendado pelo período necessário à realização das obras (art. 5º-A do RJOPA e 9º-A e ss. do RJOPA).

De acordo com este diploma, a denúncia com esse fundamento obriga o senhorio, mediante acordo e em alternativa:

a) Ao pagamento de uma indemnização correspondente a dois anos de renda, de valor não inferior a 2/15 do valor patrimonial do locado (art. 1103º, nº 6, *a)* e art. 6º, nº 1, *a)* RJOPA);
b) a garantir o realojamento do arrendatário por período não inferior a três anos e em condições análogas às que ele detinha, quer quanto ao local, quer quanto ao valor da renda e encargos (art. 1103º, nº 6, *b)* e art. 6º, nº 1, *b)* e nºs 3, 4 e 5 RJOPA).

A opção deve ser precedida de acordo com o arrendatário, sendo que, na falta de acordo no prazo de 60 dias após a comunicação, aplica-se a título supletivo a primeira solução (art. 1103º, nº 7 e art. 6º, nº 2, RJOPA).

A denúncia para remodelação ou restauro profundo não é, no entanto, admitida nos casos em que um estabelecimento ou uma entidade situados no locado tenham sido reconhecidos pelo município como de interesse histórico e cultural ou social local, nos termos da Lei 42/2017, casos em que o estabelecimento ou entidade se mantém no locado (art. 6º, nº 7, RJOPA). Nessa situação, caso venha a ser efectuada a remodelação ou restauro profundo do imóvel, cabe aos municípios salvaguardar a manutenção da actividade e património material existentes no locado, designadamente impondo para o efeito as condicionantes necessárias, no âmbito da respectiva competência de controlo prévio urbanístico e demais competências em matéria urbanística (art. 6º, nº 8, RJOPA).

Tratando-se de obra realizada no âmbito do regime da reabilitação urbana aplica-se o disposto no art. 73º RJRU, de 23 de Outubro (art. 6º, nº 6, RJOPA).

O senhorio pode igualmente denunciar o contrato, quando pretenda efectuar a demolição do imóvel (art. 1101º *b)*). Nos termos do art. 7º, nº 1, do RJOPA a denúncia para demolição pode ocorrer quando a demolição:

a) Seja ordenada nos termos do nº 3 do artigo 89º do RJUE ou do artigo 57º do RJRU;
b) Seja necessária por força da degradação do prédio, a atestar pelo município;

c) Resulte de plano de ordenamento do território aplicável, nomeadamente de plano de pormenor de reabilitação urbana.

A denúncia para demolição obriga o senhorio a indemnizar o arrendatário ou a garantir o seu realojamento nos mesmos termos da denúncia para remodelação ou restauro profundos (art. 7º, nº 2, do RJOPA). Exceptua-se, porém, desse regime os casos em que a demolição seja ordenada nos termos do nº 3 do art. 89º RJUE ou do art. 57º do RJRU ou seja necessária por força da degradação do prédio, a atestar pelo município, desde que a ordem ou a necessidade de demolição não resultem de acção ou omissão culposa do proprietário (art. 7º, nº 3, RJOPA).

A denúncia para demolição de imóveis onde se encontrem instalados estabelecimentos ou entidades de interesse histórico ou cultural e social local é sujeita a um regime especial (art. 7º, nº 4, RJOPA). Assim, mesmo no caso de se verificar algum dos pressupostos referidos no nº 1 do art. 7º RJOPA, a demolição do imóvel só pode ser permitida pelos órgãos municipais competentes se ocorrer situação de ruína ou de de primazia de um bem jurídico superior, desde que, em qualquer dos casos, se não mostre viável nem razoável, por qualquer outra forma, a salvaguarda ou a deslocação do estabelecimento (art. 7º-A, nº 1, *a)* RJOPA) e desde que a situação de ruína não tenha sido causada por incumprimento do dever de conservação exigível ao proprietário (art. 7º-A, nº 1, *b)* RJOPA).

Caso a ruína tenha sido causada pelo incumprimento do dever de conservação previsto no art. 89º RJUE ou no art. 6º RJRU o valor da indemnização prevista no art. 6º, nº 1, *a)* RJOPA é duplicado (art. 7º-A, nº 3, RJOPA). Resultando a ruína resulte de conduta culposa do proprietário o valor da indemnização eleva-se a 10/15 do valor patrimonial tributário do imóvel (art. art. 7º-A, nº 4, RJOPA).

A lei admite ainda a aplicação da denúncia, com as necessárias adaptações, quando o senhorio pretenda construir um edifício em prédio rústico arrendado não sujeito a regime especial (art. 11º RJOPA).

A denúncia do contrato é neste caso feita comunicação ao arrendatário com a antecedência não inferior a seis meses sobre a data pretendida para a desocupação e da qual conste, de forma expressa e sob pena de ineficácia, o fundamentos da denúncia (art. 8º, nº 1, RJOPA), tendo ainda a comunicação terá que ser acompanhada, sob pena de ineficácia da demonstração de que irá ser efectivamente realizada a operação urbanística. Nesse caso a denúncia é acompanhada, sob pena de ineficácia, dos seguintes documentos: *a)* comprovativo de que foi iniciado, junto da entidade competente, procedimento de controlo prévio da operação urbanística a efetuar no locado; e *b)* termo de responsabilidade do técnico autor do projeto legalmente habilitado que ateste que a operação urbanística reúne os pressupostos legais de uma obra de demolição ou de uma obra de remodelação ou restauro profundos e as razões que obrigam à desocupação do locado (art. 1103º, nº 2, e 8º, nº 2, RJOPA).

A denúncia terá que ser posteriormente confirmada, sob pena de ineficácia, através de comunicação ao arrendatário, acompanhada de: *a)* alvará de licença de obras ou título da comunicação prévia; *b)* documento emitido pela câmara municipal que ateste que a operação urbanística a realizar no locado constitui uma obra de alteração, ampliação ou reconstrução, sujeita a controlo prévio, ou que constitui uma obra de demolição relativamente à qual se verifica um dos pressupostos previstos no nº 1 do artigo 7º do RJOPA, quando tal não resulte do documento referido na alínea anterior (art. 1103º, nº 3, e 8º, nº 3, RJOPA).

Cas o o senhorio não inicie a obra no prazo de seis meses após a desocupação do locado, fica obrigado a pagar ao inquilino uma indemnização correspondente a 10 anos de renda (art. 1103º, nº 9).

14.5.2.2.5. Denúncia pelo senhorio mediante comunicação ao arrendatário com antecedência não inferior a cinco anos sobre a data em que pretende a cessação

A lei actual institui ainda como fundamento de denúncia dos contratos de duração indeterminada pelo senhorio a comunicação ao arrendatário com antecedência não inferior a cinco anos sobre a data em que pretenda a cessação (art. 1101º *c)*). Esta foi a solução inicial da reforma de 2006, tendo a reforma de 2012 reduzido esse prazo de pré-aviso de dois anos, o que poderia ter tornado mais atractiva a celebração destes contratos. Com o regresso do prazo de pré-aviso aos cinco anos iniciais, por força da Lei 13/2019, voltou a ser retirado qualquer interesse prático aos contratos de duração indeterminada. Na verdade, um prazo de cinco anos é um prazo demasiado longo para uma denúncia contratual, sendo um arrendamento nestas condições uma oneração demasiado gravosa para um imóvel.

Tendo consciência da enorme antecedência deste prazo de denúncia, o legislador ainda obriga, nos termos do art. 1104º, a que a mesma seja confirmada pelo senhorio, sob pena de ineficácia, através de comunicação com a antecedência máxima de 15 meses e mínima de um ano relativamente à data da sua efectivação.

14.5.2.3. Os arrendamentos com prazo certo

No âmbito dos arrendamentos com prazo certo, o art. 1095º, nº 1, obriga a que o prazo conste de cláusula inserida no contrato, acrescentando o nº 2, que esse prazo tem o limite máximo de 30 anos e o limite mínimo de um ano, sendo reduzido ou aumentado para esses limites quando os desrespeite (art. 1095º, nº 2). O limite mínimo de um ano não é, porém, aplicável a contratos para habitação não permanente ou para fins especiais transitórios, designadamente por motivos profissionais, de educação e formação ou turísticos, neles exarados (art. 1095º, nº 3).

A menos que haja estipulação das partes em contrário, os contratos com prazo certo são sujeitos a renovação automática, nos termos do art. 1096º, nº 1. Já os contratos para habitação não permanente ou para fins especiais transitórios, previstos no art. 1095º, nº 2, não são, em princípio, sujeitos a renovação automática, a menos que as partes assim o estipulem (art. 1096º, nº 2). Quando aplicável, a renovação automática ocorre no termo do contrato e por períodos sucessivos de igual duração, no seu termo e por períodos sucessivos de igual duração, ou de três anos se esta for inferior (art. 1096º, nº 1), sendo que qualquer das partes se pode opor à renovação (art. 1096º, nº 3), variando o regime consoante a oposição à renovação seja realizada pelo senhorio ou pelo arrendatário.

Sendo a oposição à renovação realizada pelo senhorio, a mesma tem que ser efectuada nos seguintes prazos (art. 1097º, nº 1):

a) 240 dias, se o prazo de duração inicial do contrato ou da sua renovação for igual ou superior a seis anos;
b) 120 dias, se o prazo de duração inicial do contrato ou da sua renovação for igual ou superior a um ano e inferior a seis anos;
c) 60 dias, se o prazo de duração inicial do contrato ou da sua renovação for igual ou superior a seis meses e inferior a um ano;
d) Um terço do prazo de duração inicial do contrato ou da sua renovação, tratando-se de prazo inferior a seis meses.

Apesar desses prazos, a lei estabelece que a oposição à primeira renovação do contrato, por parte do senhorio, apenas produz efeitos decorridos três anos da celebração do mesmo, mantendo-se o contrato em vigor até essa data (art. 1097º, nº 3). Exceptua-se apenas o facto de o senhorio ter necessidade de habitação para si ou para os seus descendentes em 1º grau, aplicando-se nesse caso, com as devidas adaptações, o disposto no artigo 1102º e nos nºs 1, 5 e 9 do artigo 1103º (art. 1097º, nº 4). Daqui resulta que, apesar de a lei prever um prazo mínimo de um ano para o arrendamento, na prática obriga o senhorio a manter o arrendamento por três anos, face à ineficácia da oposição à renovação durante esse período sendo meramente platónica a possibilidade de denúncia para habitação, devido aos elevados custos que acarreta, à antecedência com que tem que ser exercida, e à sanção prevista em caso de não ocupação do imóvel[187].

Sendo a oposição à renovação realizada pelo arrendatário, a mesma tem que ocorrer nos seguintes prazos (art. 1098º, nº 1):

a) 120 dias, se o prazo de duração inicial do contrato ou da sua renovação for igual ou superior a seis anos;
b) 90 dias, se o prazo de duração inicial do contrato ou da sua renovação for igual ou superior a um ano e inferior a seis anos
c) 60 dias, se o prazo de duração inicial do contrato ou da sua renovação for igual ou superior a seis meses e inferior a um ano;
d) Um terço do prazo de duração inicial do contrato ou da sua renovação, tratando-se de prazo inferior a seis meses;

Nos termos do art. 1098º, nº 3, o arrendatário pode ainda, decorrido um terço do prazo de duração inicial do contrato ou da sua renovação, denunciá-lo a todo o tempo, mediante comunicação ao senhorio com a antecedência seguinte:

a) 120 dias do termo pretendido do contrato, se o prazo deste for igual ou superior a um ano;
b) 60 dias do termo pretendido do contrato, se o prazo deste for inferior a um ano.

Em bom rigor, a figura aqui prevista não corresponde a uma verdadeira denúncia, mas antes a uma revogação unilateral do contrato por parte do

[187] Apesar disso, a lei continua a permitir às partes que estipulem a não renovação automática do contrato, nos termos do art. 1096º, nº 1, pelo que através dessa via conseguirá o senhorio celebrar um contrato de arrendamento apenas pelo prazo de um ano, não renovável.

arrendatário, independentemente do prazo estipulado para o arrendamento. A lei exige, no entanto, que tenha decorrido um terço do prazo do contrato, obrigando o arrendatário a permanecer vinculado durante esse período[188].

Sempre que o senhorio impeça a renovação automática do contrato o arrendatário pode denunciá-lo a todo o tempo, mediante comunicação ao senhorio com uma antecedência não inferior a 30 dias do termo pretendido do contrato (art. 1098º, nº 4).

A denúncia pelo arrendatário nas duas hipóteses anteriores apenas produz efeitos no final de um mês do calendário gregoriano, a contar da comunicação (art. 1098º, nº 5).

O desrespeito pelo arrendatário da antecedência legalmente exigida para a oposição à renovação ou denúncia não impede a cessação do contrato, mas obriga-o a pagar as rendas correspondentes ao período de pré-aviso em falta, excepto se resultar de desemprego involuntário, incapacidade permamente para o trabalho ou morte do arrendatário ou de pessoa que com este viva em economia comum há mais de um ano (art. 1098º, nº 6).

14.5.3. O regime do arrendamento para fim não habitacional

No âmbito do arrendamento para fins não habitacionais, o regime é outro, referindo o art. 1110º, nº 1, que "as regras relativas à duração, denúncia e oposição à renovação dos contratos de arrendamento para fins não habitacionais são livremente estabelecidas pelas partes, aplicando-se, na falta de estipulação, o disposto quanto ao arrendamento para a habitação", mencionando-se no nº 2 que "na falta de estipulação, o contrato considera-se celebrado com prazo certo, pelo período de cinco anos, não podendo o arrendatário denunciá-lo com antecedência inferior a um ano".

O regime do arrendamento não habitacional é assim construído com base na remissão para o arrendamento habitacional, sendo igualmente admissível a celebração de contratos com duração indeterminada ou com prazo certo, tendo o prazo que obedecer aos limites máximos de 30 anos

[188] Assim, se o arrendatário celebrar o contrato por seis anos, terá que permanecer vinculado ao contrato durante dois anos, uma vez que só a partir desse momento se inicia a faculdade de revogação unilateral. Considerando excessivo impor ao arrendatário para habitação um prazo de permanência no arrendamento superior a um ano, cfr. JANUÁRIO GOMES, *ROA* 72, II-III (Abr./Set 2012), p. 639.

e mínimos de um ano, previstos no art. 1095º, nº 2, podendo o prazo ser inferior a um ano nos casos de fins especiais transitórios referidos no art. 1095º, nº 3.

À semelhança do que se prevê no arrendamento habitacional, em que no silêncio das partes o contrato se considera como celebrado com prazo certo pelo período de cinco anos (art. 1094º, nº 3), também no arrendamento para fins não habitacionais a ausência da estipulação das partes implica fixação do prazo em cinco anos, ainda que neste caso se dê ao arrendatário a possibilidade de denunciá-lo com a antecedência de um ano (art. 1110º, nº 2)[189].

Relativamente aos contratos com prazo certo, prevê o art. 1110º, nº 3, que, salvo estipulação em contrário, os mesmos renovam-se automaticamente no seu termo e por períodos sucessivos de igual duração ou de cinco anos se esta for inferior, mantendo-se, porém, o regime de não renovação automática dos contratos estipulados para fins especiais transitórios, nos termos do nº 2 do artigo 1096º. Não sendo o contrato celebrado para fins especiais transitórios a lei pretende conceder ao arrendatário um prazo mínimo de vigência do contrato, estabelecendo que nos primeiros cinco anos de contrato, independentemente do prazo, o senhorio não pode opor-se à renovação (art. 1110º, nº 4)[190].

Relativamente aos contratos de duração indeterminada, prevê o nº 1 do novo art. 1110º-A, aditado pela Lei 13/2019, que, nos contratos de arrendamento não habitacional, o senhorio apenas pode denunciar o contrato nos casos previstos nas alíneas *b)* e *c)* do artigo 1101º, não lhe sendo assim permitida a denúncia para habitação. No entanto, a denúncia por qualquer um

[189] Eleva-se assim a título supletivo para um ano o prazo de antecedência para a denúncia pelo arrendatário prevista no art. 1098º, nº 3, continuando-se, no entanto, a exigir o decurso de um terço da duração inicial do contrato previsto nessa disposição. Já os prazos para a oposição à renovação pelo senhorio ou pelo arrendatário continuarão a ser neste caso os referidos no art. 1097º, nº 1, *b)*, e 1098º, nº 1, *b)*. Havendo estipulação de prazo, por exemplo de seis anos, é, porém, questionável qual a antecedência que se exige para a denúncia pelo arrendatário: 120 dias conforme dispõe o art. 1098º, nº 3, ou mantém-se a exigência de um ano referida no art. 1110º, nº 2? Como tendemos a interpretar esta disposição como limitada aos casos em que não houve estipulação de prazo, parece-nos mais lógica a primeira solução, ainda que dê lugar a uma grande incongruência no regime legal.

[190] À semelhança do que referimos para o arrendamento habitacional, nada impede, porém, as partes de estipularem a não renovação automática do contrato, nos termos do art. 1110º, nº 3, caso em que o mesmo caducará sempre no final do prazo estipulado.

desses motivos obriga o senhorio a indemnizar separadamente o arrendatário e os trabalhadores do estabelecimento pelos prejuízos que, comprovadamente, resultem da cessação do contrato de arrendamento (art. 1110º-A, nº 2). No que respeita ao arrendatário, essa indemnização não tem lugar se o arrendamento tiver sido objecto de trespasse nos três anos anteriores (art. 1110º-A, nº 3), mantendo-se, porém, nesse caso a indemnização aos trabalhadores. No caso da demolição para remodelação ou restauro profundo ou para demolição, ao valor da indemnização devida ao arrendatário nos termos do nº 2 é deduzido o valor da indemnização prevista na alínea *a)* do nº 1 do artigo 6º RJOPA (art. 1110º-A, nº 4).

Perante esta imposição de indemnizações em cascata, no caso de denúncia nos contratos de arrendamento não habitacional por duração indeterminada, parece óbvio que só um proprietário que não esteja no seu juízo perfeito aceitará celebrar um contrato de arrendamento não habitacional neste regime actual.

14.6. Especialidades da cessação do contrato em caso de insolvência das partes

14.6.1. Insolvência do arrendatário

No caso de insolvência do arrendatário, dispõe o art. 108º, nº 1, CIRE, que não se verifica qualquer suspensão do arrendamento, mas o administrador da insolvência pode sempre denunciá-lo com um pré-aviso de sessenta dias, se nos termos da lei ou do contrato não for suficiente um pré-aviso inferior. Essa faculdade é, no entanto, excluída no caso do arrendamento para habitação do insolvente, onde o administrador da insolvência pode apenas declarar que o direito ao pagamento de rendas vencidas depois de decorridos sessenta dias sobre a declaração de insolvência não poderá ser exercido no processo de insolvência, podendo nesse caso o senhorio exigir apenas, como crédito da insolvência, indemnização pelos prejuízos sofridos em caso de despejo por falta de pagamento das referidas rendas, até ao montante das correspondentes a um trimestre (art. 108º, nº 2, CIRE).

Caso o administrador da insolvência opte pela denúncia do contrato, o que como se viu apenas pode fazer no arrendamento habitacional, é obrigado ao pagamento, como crédito sobre a insolvência, das rendas correspondentes ao período compreendido entre a data de produção dos efeitos da denúncia e o prazo contratual estipulado, ou a data para qual de outro modo teria sipo possível a denúncia pelo insolvente (art. 108º, nº 3, primeira parte CIRE). O valor das rendas a satisfazer depende assim do tempo que faltasse para o arrendatário poder denunciar o contrato de arrendamento não habitacional, o que hoje a lei remete para convenção das partes, sendo, porém, fixado supletivamente um prazo de cinco anos, com possibilidade de denúncia pelo arrendatário com a antecedência de um ano (art. 1110º, nº 2).

Às rendas a satisfazer como crédito sobre a insolvência deduzir-se-ão, no entanto, os custos inerentes à prestação do locador por esse período, bem como dos ganhos obtidos através de uma aplicação alternativa do locado, desde que imputáveis à antecipação do fim do contrato, e ainda o *interusurium* correspondente à antecipação do vencimento da obrigação, nos termos do nº 2 do art. 91º CIRE (cfr. art. 108º, nº 3, segunda parte, CIRE).

Após a declaração de insolvência do arrendatário, é ainda retirada ao senhorio a faculdade de requerer a resolução do contrato com fundamento na falta de pagamento das rendas ou alugueres respeitantes ao período anterior à data de declaração de insolvência, bem como com base na deterioração da situação financeira do arrendatário (art. 108º, nº 4 CIRE).

No caso, porém, de o imóvel ainda não ter sido entregue ao arrendatário, determina o art. 108º, nº 5, CIRE, que tanto o administrador da insolvência como o senhorio poderão resolver o contrato, sendo lícito a qualquer deles fixar um prazo razoável para o efeito, findo o qual cessa o direito de resolução.

14.6.2. Insolvência do senhorio

Sendo o senhorio o insolvente, determina o art. 109º, nº 1, CIRE que a sua declaração de insolvência não suspende a execução do contrato de arrendamento, sendo a denúncia por qualquer das partes apenas possível para o fim do prazo em curso, sem prejuízo dos casos de renovação obrigatória. Dado que a renovação obrigatória foi abolida pelo NRAU, esta excepção apenas se poderá passar a aplicar em relação aos arrendamentos submetidos a regime transitório (arts. 26º e ss. NRAU). Em todos os outros casos, o administrador da insolvência pode denunciar o contrato no fim normal do prazo, sem que o arrendatário a isso possa obstar.

No caso de o imóvel ainda não ter sido entregue pelo senhorio ao arrendatário à data da declaração de insolvência, tanto o administrador da insolvência como o arrendatário têm a faculdade de resolver o contrato em consequência dessa declaração, podendo qualquer das partes fixar à outra um prazo para o exercício do direito de resolução, findo o qual o mesmo cessa (arts. 109º, nº 2, e 108º, nº 5, CIRE).

Determina o art. 109º, nº 3, CIRE que a alienação do imóvel arrendado no processo de insolvência não priva o arrendatário dos direitos que lhe são reconhecidos pela lei civil nessa circunstância. Conforme acima se salientou, esse direitos correspondem à manutenção da posição contratual de arrendatário perante o adquirente (art. 1057º) e o direito de preferência na venda do prédio, caso o imóvel esteja arrendado há mais de três anos (art. 1091º)[191].

14.7. Especialidades da cessação do contrato durante a pandemia Covid-19

A pandemia Covid-19 estabeleceu um regime especial para a cessação do contrato de arrendamento, que se traduziu na suspensão de várias formas de extinção durante este período.

Efectivamente, na sua actual redacção constante da Lei 58-A/2020, de 30 de Setembro, o art. 8º, nº 1, da Lei 1-A/2020 determina que ficam suspensos até 31 de Dezembro de 2020:

a) A produção de efeitos das denúncias de contratos de arrendamento habitacional e não habitacional efetuadas pelo senhorio;
b) A caducidade dos contratos de arrendamento habitacionais e não habitacionais, salvo se o arrendatário não se opuser à cessação;
c) A produção de efeitos da revogação, da oposição à renovação de contratos de arrendamento habitacional e não habitacional efetuadas pelo senhorio;
d) O prazo indicado no artigo 1053º do Código Civil, se o término desse prazo ocorrer durante o período de tempo em que vigorarem as referidas medidas.

A suspensão passou, porém, a depender do regular pagamento da renda devida nesse mês, salvo se os arrendatários estiverem abrangidos pelo regime previsto no artigo 8º da Lei 4-C/2020, de 6 de Abril (art. 8º, nº 2, da Lei 1-A/2020, na redacção da Lei 58-A/2020), ainda que esse regime só

[191] Neste sentido, cfr. Luís Menezes Leitão, *Código da Insolvência*, sub art. 109º, nº 4, p. 167, *Direito da Insolvência*, p. 182, e Luís A. Carvalho Fernandes/João Labareda, *op. cit.*, sub art. 109º, nº 5, p. 409.

se aplique às rendas devidas nos meses de Outubro a Dezembro de 2020 (art. 8º, nº 3, da Lei 1-A/2020, na redacção da Lei 58-A/2020).

A suspensão é claramente uma medida exagerada, uma vez que legalmente não depende de qualquer necessidade do imóvel por parte do arrendatário, obrigando assim os senhorios a suportar sem qualquer justificação um prolongamento legal de um contrato que face à lei geral já estaria extinto.

Relativamente ao disposto nas diversas alíneas desta disposição, salienta-se, em relação à alínea *a)* deste art. 8º, nº 1, da Lei 1-A/2020, que o que a lei suspende não é a denúncia do contrato, mas antes a sua eficácia no período compreendido entre 13 de Março e 31 de Dezembro de 2020. O senhorio não está assim impedido de proceder à denúncia do contratoe e de a comunicar ao arrendatário neste período, mas a mesma só produzirá efeitos após 31 de Dezembro de 2020[192].

Relativamente à alínea *b)* desta disposição, a mesma suspende a caducidade dos contratos de arrendamento habitacionais e não habitacionais, salvo se o arrendatário não se opuser à cessação. Uma vez que a caducidade ocorre em situações como a cessação do direito do senhorio (art. 1051º *c)*), a morte do arrendatário (art. 1051º, *d)*), a perda da coisa locada (art. 1051º *e)*) ou a expropriação por utilidade pública (art. 1051º *f)*), não se consegue ver qualquer justificação para esta solução. Assim, se por exemplo o arrendatário falecer ou o imóvel ficar destruído não se vê como se pode manter o contrato de arrendamento e muito menos como funcionará a não oposição do arrendatário à sua caducidade. Se o arrendatário tiver falecido naturalmente que não poderá emitir qualquer oposição e em caso de destruição do imóvel, qual poderá ser a utilidade da mesma.

Relativamente à alínea *c)* da mesma disposição, a mesma suspende a produção de efeitos da revogação, e da oposição à renovação de contratos de arrendamento habitacional e não habitacional efectuadas pelo senhorio. A revogação do contrato do arrendamento não é efectuada pelo senhorio, mas por acordo das partes, mas o que parece resultar desta disposição é que a lei pretende impedir que o arrendatário seja obrigado a entregar o imóvel até 31 de Dezembro de 2020, mesmo que se tenha acordado na revogação do arrendamento. Já quanto à oposição à renovação, à semelhança do que sucede com a denúncia, a mesma não é impedida, podendo

192 Cfr. Maria Olinda Garcia, *Julgar Online*, Setembro de 2020, p. 19.

o senhorio proceder à mesma, e renovando-se o contrato se não o fizer. Apenas a sua eficácia é suspensa entre 13 de Março e 31 de Dezembro de 2020, o que significa que o senhorio apenas poderá reclamar a entrega do imóvel depois de decorrido esse período[193].

Finalmente a alínea *d)* deste artigo suspende o prazo indicado no artigo 1053º do Código Civil, se o término desse prazo ocorrer durante o período de tempo em que vigorarem as referidas medidas. Trata-se do prazo de seis meses previsto na lei para o senhorio exigir a restituição do imóvel por parte do arrendatário, após a caducidade do arrendamento. Assim, a lei além de suspender os efeitos da caducidade dos contratos durante o período que estabeleceu, suspende ainda a entrega do imóvel durante este período relativamente a hispóteses de caducidade verificadas anteriormente ao mesmo. Daqui pode decorrer que passe quase um ano em que o arrendatário se mantém no imóvel bastando para isso que a caducidade tenho decorrido quase seis meses antes da entrada em vigor do art. 8º da Lei 1-A/2020. Deve, no entanto, entender-se que tal não releva para a aplicação do art. 1056º, uma vez que a permanência do arrendatário do imóvel é imposta por lei, não se devendo à inércia do senhorio[194].

Uma vez que a lei apenas suspende as causas de extinção do arrendamento prevista no nº 1 do art. 8º da Lei 1-A/2020, na redacção da Lei 58-A/2020, não é prejudicada a possibilidade de o senhorio resolver o contrato, em caso de incumprimento por parte do arrendatário das obrigações que lhe são impostas, designadamente por falta de pagamento das rendas não abrangidas pela moratória. O art. 8º, nº 2, da Lei 1-A/2020 torna isso claro quando estabelece que a obrigação do arrendatário pagar as rendas que não tenham sido objecto de diferimento não é afectada por esta suspensão das causas de extinção do arrendamento.

[193] Cfr. Maria Olinda Garcia, *Julgar Online*, Setembro de 2020, p. 21.

[194] Neste sentido, Maria Olinda Garcia, *Julgar Online*, Setembro de 2020, p. 24.

15
O regime transitório relativamente aos antigos contratos de arrendamento urbano

15.1. Generalidades

A aplicação no tempo do NRAU encontra-se prevista no respectivo art. 59º, nº 1, o qual dispõe que ele se aplica "aos contratos celebrados após a sua entrada em vigor, bem como às relações contratuais constituídas que subsistam nessa data, sem prejuízo nas normas transitórias", que constam dos arts. 26º a 58º NRAU[195]. Trata-se de solução que se harmoniza com as regras gerais estabelecidas para a aplicação das leis no tempo. Efectivamente, face ao art. 12º, nº 2, do Código Civil, sempre que a lei dispõe sobre as condições de validade substancial ou formal de quaisquer factos ou sobre os seus efeitos, entende-se, em caso de dúvida, que só visa os factos novos. Mas quando dispuser sobre o conteúdo de certas relações jurídicas, abstraindo dos factos que lhes deram origem, entender-se-á que a lei abrange as relações já constituídas, que subsistam à data da sua entrada em vigor. Ora, a aprovação de um novo regime do arrendamento é manifestamente uma disposição sobre o conteúdo de relações jurídicas, pelo que deverá aplicar-se imediatamente aos arrendamentos já existentes. Foi essa aliás a solução adoptada no RAU, aprovado pelo D.L. 321-B/90, de 15 de Outubro, que foi imediatamente aplicado a todos os arrrendamentos vigentes à data da sua entrada em vigor.

Não era, no entanto, esta a solução que se encontrava prevista no anterior projecto do RNAU, que se limitava a estabelecer uma disposição de

[195] Para uma crítica contundente, mas justificada, a este regime, cfr. FRANCISCO CASTRO FRAGA, "O regime do novo arrendamento urbano – As normas transitórias (Título II da Lei 6/2006), na *ROA* 66 (2006), I, pp. 51-77.

direito transitório formal, determinando a sucessão de regimes aplicáveis, e mantendo em vigor o RAU para os regimes anteriores[196]. A solução agora constante do NRAU é, pelo contrário, a aplicação integral e imediata do novo regime, o que, conforme se salientou, está de acordo com as regras comuns em sede de aplicação da lei no tempo. Esta solução é, no entanto, objecto de algumas excepções, constantes das disposição transitórias referidas nos arts. 26º e 28º, em relação às quais se mantém em vigor o que constava do RAU (art. 60º, nº 1, NRAU), bem como das normas previstas nos arts. 59º, nºs 2 e 3 NRAU e 61º NRAU.

A primeira excepção respeita ao art. 1091º, nº 1, *a)* que passou a fazer depender o direito de preferência do arrendatário do facto de este ter arrendado o locado há mais de três anos, depois reduzido para dois anos pela Lei 64/2018, de 29 de Outubro, enquanto que o art. 47º, nº 1, do RAU, se bastava com o facto de o arrendamento durar há mais de um ano. Do art. 59º, nº 2, do NRAU resulta que se o arrendatário já fosse titular do direito de preferência à data da entrada em vigor do NRAU, não o perderá em consequência dessa entrada em vigor. Resta saber se esta norma exige que se verifique na vigência do RAU uma alienação do prédio que possibilite ao arrendatário o exercício da preferência ou se basta que o arrendatário já tenha completado um ano de arrendamento na data da entrada em vigor do NRAU para poder logo exercer a preferência em relação a todas as alienações do prédio que se verifiquem após essa data. Parece-nos preferível a segunda interpretação, segundo a qual a função deste art. 59º, nº 2, NRAU seria a de derrogar nesta situação a regra do art. 297º, nº 2.

A segunda excepção diz respeito às disposições supletivas constantes do NRAU, as quais só se aplicam aos contratos celebrados antes da sua entrada em vigor quando não sejam em sentido oposto ao de norma supletiva vigente aquando da sua celebração, caso em que é essa a norma aplicável (art. 59º, nº 3, NRAU).

[196] Por esse motivo, na altura da elaboração do primeiro projecto, criticámos a solução então proposta, por considerar que ela se afastava do que é comum em sede de aplicação das leis no tempo. Cfr. Luís Menezes Leitão, "Primeiras observações sobre as disposições preliminares do Regime dos Novos Arrendamentos Urbanos e sobre os novos artigos 1064º a 1069º do Código Civil" em *O Direito* 136º (2004), II-III, pp. 263-272. Efectivamente, o legislador do RNAU propunha a não aplicação imediata do novo regime em relação a estes contratos, estabelecendo antes que essa aplicação viesse a ocorrer posteriormente, nos termos do diploma que estabeleceria o Regime de Transição para o Novo Regime do Arrendamento Urbano. Essa não era, porém, uma boa solução, sendo preferível aquela que veio a ser consagrada no NRAU.

Outra excepção respeita aos regimes de renda condicionada e de renda apoiada, previstos no arts. 77º e ss. RAU, que se mantiveram em vigor até à aprovação de novos regimes. O novo regime da renda condicionada só foi aprovado pela Lei 80/2014, de 19 de Dezembro, enquanto que o novo regime do arrendamento apoiado para habitação foi apenas aprovado pela Lei 81/2014, de de 19 de Dezembro.

Mais importante, é, porém, a excepção relativa aos arrendamentos celebrados na vigência do Regime do Arrendamento Urbano, aprovado pelo D.L. 321-B/90, de 15 de Outubro, e aos contratos não habitacionais celebrados depois do D.L. 257/95, de 30 de Setembro, aos quais se continua a aplicar um regime especial no que respeita à transmissão por morte, duração, renovação e denúncia (art. 26º NRAU). Temos aqui uma norma de direito transitório material, que mantém um regime próximo do que anteriormente vigorava em sede do RAU, relativamente ao regime da cessação destes arrendamentos, e isto quer se trate de contratos de duração limitada (art. 26º, nº 3 NRAU; cfr. arts. 98º e ss. do RAU), quer de contratos de duração ilimitada, em que continua a ser restringida a denúncia pelo senhorio (art. 26º, nº 4, NRAU; cfr. arts. 69º e ss. do RAU). Em relação a estes, não se prevê qualquer actualização das rendas (cfr. arts. 30º e ss. do NRAU), o que pode revelar-se discriminatório, sempre que as partes tenham celebrado um contrato de duração ilimitada, o que era perfeitamente possível em face do RAU.

As últimas disposições transitórias respeitam aos contratos habitacionais celebrados antes da entrada em vigor do D.L. 321-B/90, de 15 de Outubro, bem como aos não habitacionais celebrados antes da entrada em vigor do D. L. 257/95, de 30 de Setembro (art. 27º NRAU). Nestes casos, mantém-se igualmente em vigor o regime relativo à transmissão por morte, duração, renovação e denúncia, também em termos próximos aos que vigoravam no RAU e a que já nos referimos (art. 28º NRAU), reafirmando-se assim a plenitude do vinculismo arrendatício, prevendo-se, no entanto, uma transição para o NRAU e actualização de rendas por via de negociação entre as partes, em termos que continuam altamente penalizadores para o senhorio, embora menos do que na versão inicial do NRAU (arts. 30º e ss. NRAU). Para além disso, reconhece-se aos arrendatários o direito à compensação por obras licitamente feitas, nos mesmos termos do possuidor de boa fé (art. 29º NRAU).

A transição para o NRAU é, porém, ainda excepcionada em inúmeros casos (cfr. arts. 35º, 36º e 54º NRAU), que irão manter durante um período ainda bastante dilatado o regime de condicionamento das rendas, que em Portugal tem vigorado nos últimos 100 anos.

Analisemos separadamente estes dois regimes:

15.2. Os contratos habitacionais celebrados na vigência do Regime do Arrendamento Urbano e os contratos não habitacionais celebrados depois do D.L. 257/95, de 30 de Setembro

15.2.1. Generalidades

Em relação aos contratos habitacionais celebrados na vigência do Regime do Arrendamento Urbano e os contratos não habitacionais celebrados depois do D.L. 257/95, de 30 de Setembro, determina o art. 26º, nº 1, que eles passam a estar sujeitos imediatamente ao NRAU, salvo quanto a alguns aspectos essenciais do regime, em relação aos quais se instituem regras específicas de direito transitório material, que iremos em seguida analisar.

15.2.2. Transmissão por morte

A primeira regra específica respeita à transmissão por morte do arrendamento, a qual não é sujeita ao regime agora instituído nos arts. 1106º e 1113º, mas antes ao regime dos arts. 57º e 58º NRAU.

Assim, e nos termos do art. 57º, nº 1, NRAU, o arrendamento para habitação transmite-se por morte do primitivo arrendatário se lhe sobreviver:

a) Cônjuge com residência no locado;
b) Pessoa que com ele vivesse em união de facto há mais de dois anos, com residência no locado há mais de um ano;
c) Ascendente que com ele convivesse há mais de um ano;
d) Filho ou enteado com menos de um ano de idade ou que com ele convivesse há mais de um ano e seja menor de idade ou, tendo idade inferior a 26 anos, frequente o 11º ou 12º ano de escolaridade ou estabelecimento de ensino médio ou superior;
e) Filho ou enteado maior de idade, que com ele convivesse há mais de um ano, portador de deficiência com grau comprovado de incapacidade igual ou superior a 60%[197]

[197] Conforme se salienta no Ac. RC 31/5/2011 (Virgílio Mateus), em *CJ* 36 (2011), 3, pp. 26-28, uma vez que a deficiência superior a 60% é pressuposto da transmissão do arrendamento para o descendente terá que ser alegada e provada por este. No Ac. RL 16/2/2012 (Ana Luísa Geraldes), em *CJ* 37 (2012), 1, pp. 122-127 considerou-se que a prova da incapacidade

f) Filho ou enteado que com ele convivesse há maisde cinco anos, com idade igual ou superior a 65 anos, desde que o RABC do agregado seja inferior a 5 RMNA.

A ordem da transmissão estabelece-se de acordo com a ordem das supra referidas alíneas. Havendo mais do que uma pessoa dentro da mesma categoria preferem, em igualdade de condições, sucessivamente, o ascendente, filho ou enteado mais velho (art. 57º, nº 2, NRAU). Apesar de a redacção da lei poder suscitar dúvidas, parece que os filhos têm preferência sobre os enteados, mesmo que estes sejam mais velhos, atendendo ao facto de o parentesco ser um vínculo mais forte do que a afinidade[198].

A transmissão ocorre em princípio apenas uma única vez, com a excepção dos ascendentes, em que, quando ao arrendatário sobreviva mais de um ascendente se admite a transmissão por morte entre eles (art. 57º, nº 4, NRAU). Assim, se o falecido já tinha beneficiado da transmissão do arrendamento, o seu cônjuge, filhos ou enteados não têm qualquer possibilidade de suceder no arrendamento.

O direito à transmissão do arrendamento é, no entanto, excluído se, à data da morte do arrendatário, o titular desse direito tiver outra casa, própria ou arrendada, na área dos concelhos de Lisboa ou do Porto e seus limítrofes ou no respectivo concelho quanto ao resto do País (art. 57º, nº 3, NRAU).

A transmissão por morte verificada no âmbito do regime transitório mantém o carácter vinculístico do arrendamento. Há, no entanto, algumas excepções. Assim, quando a posição de arrendatário se transmita para ascendente com idade inferior a 65 anos à data da morte do arrendatário, o contrato fica submetido ao NRAU, aplicando-se, na falta de acordo entre as partes, o disposto para os contratos com prazo certo, pelo período de 2 anos (art. 57º, nº 5, NRAU). Da mesma forma quando a posição do arrendatário se transferir para filho ou enteado, com excepção da hipótese pre-

não pode resultar do depoimento de testemunhas ou de relatórios médicos, tendo que ser feita por peritos, de acordo com a Tabela Nacional de Incapacidades. No sentido da não inconstitucionalidade desta restrição, cfr. Ac. RL 15/3/2011 (António Valente), em *CJ* 36 (2011), 2, pp. 92-94. Admitindo a interposição de uma acção de simples apreciação negativa pelo senhorio para comprovar que o descendente não é portador de deficiência com esse grau, cfr. Ac. STJ 6/9/2011 (Gabriel Catarino), em *CJ-ASTJ* 19 (2011), 3, pp. 15-19.

[198] Neste sentido, cfr. Pinto Furtado, *Manual*, I, pp. 174-175 e José Diogo Falcão, *ROA* 67 (2007), 3, p. 1188.

vista no art. 57º, nº 1, *e)* NRAU, o contrato fica submetido ao NRAU na data em que aquele adquirir a maioridade ou, caso frequente o 11º ou o 12º ano de escolaridade ou cursos de ensino pós-secundário não superior ou de ensino superior, na data em que perfizer 26 anos, aplicando-se, na falta de acordo entre as partes, o disposto para os contratos com prazo certo, pelo período de dois anos, pelo período de dois anos (art. 57º, nº 6, NRAU).

Já relativamente à transmissão por morte do arrendamento para fins não habitacionais, o art. 58º, nº 1, NRAU, estabelece que esse arrendamento termina com a morte do arrendatário, salvo existindo sucessor que há mais de três anos exerça profissão liberal ou explore estabelecimento comercial, no locado, em comum com o arrendatário primitivo. Nesse caso, o sucessor tem que comunicar ao senhorio a vontade de continuar a exploração nos três meses posteriores ao decesso (art. 58º, nº 2, NRAU).

Esta nova exigência para a transmissão destes arrendamentos constitui uma solução legislativa muito estranha, dado que vem instituir retroactivamente uma previsão que não existia na lei anterior nem existe na lei nova, dado que o requisito de exercer há mais de três anos a exploração em comum com o primitivo arrendatário de estabelecimento a funcionar no local não estava previsto no art. 112º RAU, nem aparece agora no art. 1113º. Por outro lado, é extremamente questionável como deve ser interpretado este conceito. Para MANTEIGAS MARTINS/RAPOSO SUBTIL/CARVALHO ele não pode ser entendido em sentido literal, na medida em que a exploração do estabelecimento em comum com o arrendatário, sem autorização do senhorio, representaria uma violação do art. 1083º, nº 2, *e)*, o que permitiria ao senhorio a resolução do contrato. Estes autores propõem assim que esta expressão seja interpretada no sentido de abranger os familiares do arrendatário que, com ou sem remuneração, trabalhavam no estabelecimento e dele retiravam o seu sustento[199]. Já MARIA OLINDA GARCIA entende que o objectivo da norma é permitir a continuação da actividade económica do locado por parte de quem tenha aptidão e conhecimentos nessa área e possua alguma expectativa de sucessão, abrangendo consequentemente múltiplas situações para além da estrita contitularidade do estabelecimento no local arrendado, incluindo a existência de vínculo laboral entre o arrendatário e o seu sucessor[200]. Final-

199 Cfr. MANTEIGAS MARTINS/RAPOSO SUBTIL/CARVALHO, *op. cit.*, p. 72.

200 Cfr. MARIA OLINDA GARCIA, *Arrendamentos para comércio*, p. 74.

mente, Gravato Morais sustenta que esta disposição quer abranger todos os casos em que alguém retira *vantagens* da organização mercantil, abrangendo o cônjuge do inquilino, quando o estabelecimento seja bem comum, mesmo que ele não explore efectivamente o estabelecimento[201]. A nosso ver, esta disposição apenas exige que o sucessor trabalhe no estabelecimento a funcionar no locado, independentemente da natureza do vínculo que o liga a esse estabelecimento.

A lei não distingue consoante o tipo de estabelecimento a funcionar no locado, pelo que parece que a transmissão por morte não se restringirá aos arrendamentos para comércio e indústria, abrangendo igualmente os arrendamentos para o exercício de profissão liberal, desde que o sucessor exerça no locado a mesma profissão liberal em conjunto com o arrendatário há mais de três anos[202].

Duvidoso é, porém, o significado da expressão "primitivo arrendatário", sendo de questionar se com ela se quer implicar alguma limitação ao número de transmissões por morte do arrendamento para fins não habitacionais ou exigir que a exploração em comum do estabelecimento tenha ocorrido com o arrendatário originário do contrato, não abrangendo assim o adquirente *inter vivos* da sua posição contratual. Tendemos hoje a considerar que essa expressão se refere ao arrendatário original do contrato, à semelhança do que sucede no arrendamento para habitação, pretendendo assim a lei evitar sucessivas transmissões por morte do arrendamento comercial, o que transformaria o contrato num vínculo perpétuo, contrariamente à natureza temporária do arrendamento[203].

15.2.3. Denúncia e oposição à renovação

15.2.3.1. Generalidades

Em relação à extinção do arrendamento por denúncia ou oposição à renovação, haverá que distinguir os contratos de duração limitada dos contratos sem duração limitada.

Analisemos separadamente estas duas situações.

[201] Cfr. Gravato Morais, *Novo Regime*, p. 97.

[202] Neste sentido, Maria Olinda Garcia, *Arrendamentos para comércio*, pp. 74-75.

[203] Neste sentido, considerando que esta disposição pretende limitar apenas a uma única vez a transmissão por morte do arrendamento não habitacional, veja-se Margarida Grave, *op. cit.*, p. 185. Em sentido contrário, veja-se, porém, Maria Olinda Garcia, *Arrendamentos para comércio*, pp. 75-76 e Gravato Morais, *Novo Regime*, p. 94.

15.2.3.2. Contratos de duração limitada

Em relação aos contratos de duração limitada, o art. 26º, nº 3, NRAU, estabelece que estes se renovam automaticamente, quando não sejam denunciados por qualquer das partes no fim do prazo, pelo período de dois anos, se outro superior não tiver sido previsto. Desta disposição resulta a aplicação de limites mínimos quanto ao prazo de renovação destes arrendamentos, os quais são actualmente fixados em dois anos para o arrendamento habitacional, e em três anos para o arrendamento não habitacional[204]. Estes limites são, no entanto, mais baixos do que os que se encontram previstos para os novos arrendamentos, já que o art. 1096 e o art. 1110º passaram a estabelecer respectivamente um prazo mínimo de renovação de três anos para o arrendamento habitacional e de cinco anos para o arrendamento não habitacional.

O art. 14º, nº 3, da Lei 13/2019, veio ainda prever que os contratos de arrendamento habitacionais de duração limitada sujeitos a este regime, cujo arrendatário, à data de entrada em vigor dessa lei, resida há mais de 20 anos no locado e tenha idade igual ou superior a 65 anos ou grau comprovado de deficiência igual ou superior a 60 %, o senhorio apenas pode opor-se à renovação ou proceder à denúncia do contrato com o fundamento previsto na alínea *b)* do artigo 1101º, apenas admitindo assim neste caso a denúncia para obras de remodelação ou restauro profundo ou para demolição, o que constitui uma brutal violação da confiança do senhorio, uma vez que este tinha celebrado um contrato de duração limitada, que agora o legislador converteu em vinculístico.

15.2.3.3. Contratos de duração ilimitada

15.2.3.3.1. Generalidades

Os contratos de duração ilimitada são igualmente sujeitos a um regime transitório, sendo em geral sujeitos às regras existentes para os contratos de duração indeterminada (arts. 1099º e ss.). Há, no entanto, algumas restrições a observar, relativas às limitações à denúncia para habitação, valor da indemnização pela denúncia do contrato, e exclusão em certos casos da denúncia por aviso prévio.

[204] O prazo de cinco anos para a primeira renovação do arrendamento não habitacional, previsto no art. 26º, nº 3, NRAU, deve ser interpretado como prazo mínimo, pelo que, se as partes tiverem estipulado que a renovação se fará por prazo superior, será este o que prevalecerá. Neste sentido, cfr. GRAVATO MORAIS, *Novo Regime*, p. 142.

Examinemos sucessivamente estas situações:

15.2.3.3.2. Limitações à denúncia para habitação

O art. 26º, nº 4, *a)* NRAU mantém em vigor a alínea *a)* do nº 1 do art. 107º, do RAU, de aplicação restrita aos arrendamentos habitacionais, pelo que nestes a faculdade de denúncia para habitação própria do senhorio ou dos seus descendentes, prevista no art. 1101º *a)* é restringida, dado que este deixa de a poder realizar, quando no momento em que ela deva produzir efeitos o arrendatário já tenha 65 ou mais anos de idade ou, independentemente desta, se encontre na situação de reforma por invalidez absoluta, ou, não beneficiando de pensão de invalidez, sofra de incapacidade total para o trabalho, ou seja portador de deficiência a que corresponda incapacidade superior a dois terços.

Existia ainda a alínea *b)* do art. 107º do RAU, que estabelecia que igualmente deixava de ser possível a denúncia para habitação quando o arrendatário se mantivesse "no local arrendado há 30 ou mais anos, nessa qualidade, ou por um período de tempo mais curto previsto em lei anterior e decorrido na vigência deste". Esta limitação não foi ressalvada no NRAU, mas o Tribunal Constitucional já considerou inconstitucional essa revogação por defender que ofender o direito do arrendatário à permanência no local arrendado quando aí se tenha mantido por um período superior a trinta anos integralmente transcorrido à data da entrada em vigor daquela lei viola os princípios da segurança jurídica e da proteção da confiança, integrantes do princípio do Estado de direito democrático contido no artigo 2º da CRP[205].

Um problema que se coloca respeita ao facto de, no âmbito do RAU, estas limitações à denúncia pelo senhorio deixarem de subsistir quando este, sendo já proprietário, comproprietário ou usufrutuário do prédio ou parte de prédio à data do seu arrendamento, pretenda regressar ou tenha regressado há menos de um ano ao País, depois de ter estado emigrado durante, pelo menos, 10 anos (art. 108º RAU). Ora, o NRAU não contém disposição semelhante, o que nos parece levar a concluir que esta excepção às limitações deixa de se aplicar após a entrada em vigor do NRAU.

Esta limitação à denúncia para habitação cessa, no entanto, a partir do momento em que se verifica a transmissão para filho ou enteado na vigên-

[205] Ac. TC 297/2015 (João Pedro Caupers), de 2/6/2015.

cia do NRAU (art. 26º, nº 5). Continua assim a aplicar-se o referido regime, caso a transmissão por morte do arrendamento seja deferida ao cônjuge, pessoa que vivesse em união de facto com o arrendatário ou ascendente (art. 57º, nº 1, *a)*, *b)* *c)* NRAU).

15.2.3.3.3. Valor da indemnização em caso de denúncia do contrato pelo senhorio

Uma outra especificidade do regime transitório é a elevação da indemnização a pagar pelo senhorio, quer em caso de denúncia para habitação (art. 1102º, nº 1), quer em caso de denúncia para demolição ou para a realização de obras de restauração ou restauro profundos (art. 1103º, nº 6, *a)*). A mesma mantém-se fixada em dois anos de renda, só que deixa de tomar como referência a renda efectivamente praticada, passando a ter sempre por base o valor anual actualizado de 1/15 do valor do locado, avaliado nos termos dos arts. 38º e ss. CIMI. O mesmo critério é ainda aplicável quanto à indemnização de 10 anos de renda, prevista no art. 1103º, nº 9, para a hipótese de incumprimento do prazo para a ocupação pelo senhorio da habitação ou para o início das obras (art. 27º, nº 4, *b)* NRAU).

Esta actualização da indemnização cessa, no entanto, também a partir do momento em que se verifica a transmissão para filho ou enteado na vigência do NRAU (art. 26º, nº 5 NRAU).

15.2.3.3.4. Exclusão em certos casos da denúncia por aviso prévio

Uma outra especificidade do regime transitório nesta situação é a exclusão da denúncia por aviso prévio de cinco anos prevista no art. 1101º, nº 1, *c)* se o arrendatário tiver idade igual ou superior a 65 anos ou deficiência com grau comprovado de incapacidade igual ou superior a 60% (art. 26º, nº 4, *c)* NRAU). Os inquilinos nesta situação continuam assim a beneficiar de um regime vinculístico neste tipo de contratos.

15.3. Os contratos habitacionais celebrados antes da vigência do Regime do Arrendamento Urbano e os contratos não habitacionais celebrados antes do D.L. 257/95, de 30 de Setembro

15.3.1. Generalidades

Os contratos habitacionais celebrados antes da vigência do Regime do Arrendamento Urbano e aos contratos não habitacionais celebrados antes do D.L. 257/95, de 30 de Setembro, regem-se pelo disposto nos arts. 27º e ss.

do NRAU, os quais contêm disposições de direito transitório material relativamente à transição para o NRAU e actualização das rendas, restituição por benfeitorias, realização de obras e sua exigência pelo arrendatário, transmissão por morte e denúncia do contrato pelo senhorio.

Examinemos sucessivamente estes regimes:

15.3.2. O regime da transição para o NRAU e actualização das rendas

15.3.2.1. Generalidades

Em ordem a corrigir a grande desactualização que se tem mantido em relação ao valor da renda nos arrendamentos habitacionais celebrados antes da vigência do RAU e aos contratos não habitacionais celebrados antes da vigência do Decreto-Lei nº 257/95, de 30 de Setembro, a lei vem admitir a possibilidade de o senhorio efectuar a transição para o NRAU e uma actualização da renda nestes arrendamentos, que actualmente se processa mediante uma negociação entre as partes ou, em certos casos, através de critérios legalmente fixados.

Na versão inicial do NRAU (Lei 6/2006, de 27 de Fevereiro), o legislador estabelecia que a actualização das rendas apenas se pode fazer se nos arrendamentos habitacionais o prédio atingisse um nível médio de conservação (art. 33º Lei 6/2006), era sempre limitada a um valor anual correspondente a 4% do valor do imóvel (art. 31º Lei 6/2006) e processava-se por um grande prazo, consoante os casos, de dois, cinco ou mesmo dez anos no arrendamento habitacional (arts. 38º a 40º Lei 6/2006) e de cinco ou mesmo dez anos no arrendamento comercial (art. 53º Lei 6/2006). A lei actual estabeleceu um regime bastante mais favorável à actualização das rendas. Permite, no entanto, aos senhorios que iniciaram o processo de actualização das rendas ao abrigo da lei anterior manterem-se nesse regime se já estiver a decorrer o período de actualização faseada das rendas ou já exista avaliação do locado nos termos do CIMI, com o nível de conservação legalmente exigido (art. 11º, nº 1, da Lei 31/2012, de 14 de Agosto). Para esse efeito, o senhorio deverá comunicar essa opção ao Instituto de Habitação e Reabilitação Urbana no prazo de 30 dias a contar da data de entrada em vigor da presente lei (art. 11º, nº 2, da Lei 31/2012, de 14 de Agosto).

Analisemos o actual regime vigente, distinguindo entre os arrendamentos para habitação (arts. 30º e ss. NRAU) e os arrendamentos para fim não habitacional (arts. 50º e ss. NRAU).

15.3.2.2. Arrendamento para habitação

No âmbito do arrendamento para habitação, a transição para o NRAU e a actualização da renda dependem de iniciativa do senhorio, que deve comunicar a sua intenção ao arrendatário, indicando o valor da renda, o tipo e a duração do contrato propostos e o valor do locado avaliado nos termos dos arts. 38º e ss. CIMI, juntando ainda cópia da caderneta predial urbana (art. 30º *a) b)* e *c)* NRAU). Para além disso, o senhorio terá que informar na comunicação o arrendatário da resposta que pode apresentar, indicando-lhe que o prazo de resposta é de 30 dias, e qual o conteúdo que pode apresentar a resposta, nos termos do nº 3 do art. 31º NRAU. O arrendatário deve ainda ser informado das circunstâncias que pode invocar, isolada ou conjuntamente com essa resposta, e no mesmo prazo, conforme previsto no nº 4 do art. 31º NRAU, e a necessidade de serem apresentados os respectivos documentos comprovativos, nos termos do disposto no artigo 32º NRAU. Finalmente o arrendatário deve ser informado das consequências da falta de resposta, bem como da não invocação de qualquer das circunstâncias previstas no nº 4 do art. 31º NRAU (art. 30º *d) e) f)* e *g)* NRAU).

Assim, apenas o prédio após o prédio estar avaliado, nos termos dos arts. 38º e ss. CIMI, está o senhorio em condições de proceder à transição para o NRAU e actualização das rendas. Essa avaliação é realizada de acordo com a seguinte fórmula:

$Vt = Vc \times A \times Ca \times Cl \times Cv$, em que:
Vt = valor patrimonial tributário;
Vc = valor base dos prédios edificados, previsto no art. 39º CIMI;
A = área bruta de construção mais a área excedente à área de implantação, calculada nos termos do art. 40º CIMI;
Ca = coeficiente de afectação, obtido nos termos do art. 41º CIMI;
Cl = coeficiente de localização, previsto de acordo com o art. 42º CIMI;
Cq = coeficiente de qualidade e conforto, calculado nos termos do art. 43º CIMI;
Cv = coeficiente de vetustez, calculado de acordo com o disposto no art. 44º CIMI.

Nos termos do art. 9º, nº 1, NRAU, a comunicação terá que ser efectuada por carta registada com aviso de recepção, dirigida para o endereço constante do contrato de arrendamento (art. 9º, nº 2, NRAU). Uma vez que o arrendamento para habitação constitui normalmente casa de morada de família, sendo o arrendatário casado, essa comunicação deve ser dirigida a cada um dos cônjuges, sob pena de ineficácia (art. 12º, nº 1, NRAU).

Também no caso de pluralidade de arrendatários, as comunicações para actualização da renda devem ser dirigidas a cada um dos arrendatários (art. 11º, nº 4, NRAU). No caso de existir mais do que um senhorio a comunicação deve, sob pena de ineficácia, ser subscrita por todos ou por quem a todos represente (art. 11º, nº 1, NRAU).

Caso a carta venha a ser devolvida por o destinatário se recusar a recebê-la ou o aviso de recepção for assinado por pessoa diferente (art. 10º, nº 1, NRAU), a comunicação não se considera eficaz (art. 10º, nº 2, *a)* NRAU), devendo o senhorio remeter nova carta registada com aviso de recepção decorridos que sejam 30 a 60 dias sobre a data de envio da primeira carta (art. 10º, nº 3, NRAU). Se a nova carta vier a ser devolvida, por o senhorio se recusar a recebê-la ou a mesma não tiver sido levantada no prazo previsto nos serviços postais, considera-se a comunicação recebida no 10º dia posterior ao do seu envio (art. 10º, nº 4, NRAU).

O arrendatário pode responder à comunicação do senhorio em 30 dias (art. 31º, nº 1, NRAU devendo essa comunicação obedecer igualmente aos requisitos constantes dos arts. 9º e ss. NRAU. No caso de o arrendatário ser casado, as comunicações podem subscritas por ambos ou por um só dos cônjuges (art. 12º, nº 2, NRAU), salvo se a mesma determinar aextinção do contrato, caso em que já se exige a assinatura de ambos os cônjuges (art. 12º, nº 3, NRAU). No caso de existirem vários arrendatários com prazos que terminem em datas diferentes, a resposta pode ser oferecida até ao termo do prazo que começou a correr em último lugar (art. 31º, nº 2, NRAU). Se existirem respostas diferentes por parte dos diversos arrendatários, tal equivale ao silêncio do mesmo (art. 11º, nº 6, NRAU).

A ausência de resposta pelo arrendatário vale como aceitação da renda, bem como do tipo ou duração do contrato propostos pelo senhorio, ficando o contrato submetido ao NRAU com esses termos a partir do primeiro dia do segundo mês seguinte ao termo do prazo (art. 31º nº 6 NRAU). Resulta, no entanto, claro hoje do art. 30º *g)* do NRAU, na redacção da Lei 79/2014, de 19 de Dezembro, que o arrendatário ter que ser advertido previamente das consequências da falta de resposta, sem o que essa consequência não se poderá aplicar[206].

[206] Efectivamente, o Ac. TC 393/2020 (Joana Fernandes Costa), de 13/7/2020, julgou "inconstitucional, por violação do artigo 65º, nº 1, conjugado com os artigos 17º e 18º, nº 2, todos da Constituição, a norma extraível dos artigos 30º e 31º, nº 6, da Lei nº 6/2006, de 27

Na resposta, o arrendatário adoptar qualquer das seguintes três reacções à proposta do senhorio (art. 31º, nº 3, NRAU):

a) Denunciar o contrato de arrendamento, nos termos e para os efeitos previstos no art. 34º.
b) Aceitar o valor da renda proposto, podendo ainda pronunciar-se quanto ao tipo e duração do contrato;
c) opor-se ao valor da renda proposto, indicando um novo valor nos termos e para os efeitos previstos no art. 33º, podendo ainda pronunciar-se quanto ao tipo e duração do contrato.

No caso de se opor ao valor da renda, o arrendatário que tenha no locado a sua residência permanente, ou que só não o tenha devido a força maior ou doença (art. 31º, nº 5, NRAU), pode ainda invocar, isolada ou cumulativamente, as seguintes circunstâncias, sendo esse o caso (art. 31º, nº 4, NRAU):

a) Rendimento anual bruto corrigido (RABC)[207] do seu agregado familiar inferior a cinco retribuições mínimas anuais (RMNA)[208], nos termos e para os efeitos previstos nos arts. 35º e 36º;

de fevereiro, na redação conferida pela Lei nº 31/2012, de 14 de agosto, segundo a qual a falta de resposta do arrendatário à comunicação prevista no artigo 30º determina a transição do contrato para o NRAU e vale como aceitação da renda, bem como do tipo e da duração do contrato propostos pelo senhorio, ficando o contrato submetido ao NRAU, sem que ao primeiro tenham sido comunicadas as alternativas que lhe assistem e sem que o mesmo tenha sido advertido do efeito associado ao seu eventual silêncio".

[207] O Regime de Determinação do Rendimento Anual Bruto Corrigido (RABC) consta presentemente do D.L. 156/2015, de 10 de Agosto. Nos termos da sua actual versão, toma-se inicialmente em consideração o rendimento anual bruto (RAB) correspondente à soma de todos os rendimentos anuais ilíquidos para efeitos de IRS, auferidos por todos os elementos do agregado familiar do arrendatário (art. 3º, nº 1). Esse quantitativo é depois corrigido pela inclusão dos seguintes factores: *a)* total dos rendimentos anuais ilíquidos auferidos pelas pessoas que vivam em comunhão de habitação com o arrendatário há mais de um ano; *b)* número de dependentes do agregado familiar do arrendatário e das pessoas que vivam em comunhão de habitação com o arrendatário há mais de um ano; *c)* número de pessoas do agregado familiar portadoras de deficiência com grau comprovado de incapacidade igual ou superior a 60 % (art. 4º, nº 1). Caso existam outras pessoas em comunhão de habitação com o arrendatário há mais de um ano, o RAB é corrigido pela inclusão da soma dos rendimentos ilíquidos para efeitos de IRS dessas pessoas (art. 4º, nº 2). Caso o agregado familiar do arrendatário inclua dependentes, o RAB é igualmente corrigido pela dedução de 0,5 da RMNA por cada dependente (art. 4º, nº 3), bem como por cada membro do agregado familiar deficiente, sendo esta última dedução cumulável com a anterior (art. 4º, nº 4). O resultado obtido corresponde ao Rendimento Anual Bruto Corrigido (RABC).

b) Idade igual ou superior a 65 anos ou deficiência com grau comprovado de incapacidade igual ou superior a 60%.

O arrendatário pode ainda reclamar de qualquer incorrecção na inscrição da matriz (art. 31º, nº 7, NRAU). Essa reclamação não suspende o processo de actualização da renda, mas caso venha a determinar a redução da mesma, permite ao arrendatário recuperar os montantes anteriormente pagos em excesso nas rendas seguintes (art. 31º, nº 8, NRAU), com o limite de 50% do valor da renda (art. 31º, nº 9, NRAU).

Examinemos sucessivamente as diversas situações:

Caso o arrendatário denuncie o contrato de arrendamento, a denúncia produz efeitos no prazo de dois meses a contar da recepção pelo senhorio da respectiva comunicação, devendo então o arrendatário desocupar o locado e entregá-lo ao senhorio no prazo de 30 dias. Nesse caso não há lugar a qualquer actualização de renda (art. 34º NRAU).

Caso o arrendatário aceite o valor da renda proposto, o contrato fica submetido ao NRAU a partir do primeiro dia do segundo mês seguinte ao do termo da recepção da resposta do arrendatário ou do termo do prazo para o efeito, na ausência dela. O tipo e a duração do contrato serão os acordados pelas partes, sendo que no seu silêncio ou na falta de acordo, o contrato considera-se celebrado por prazo certo pelo período de cinco anos (art. 31º, nº 10, NRAU).

Caso o arrendatário se oponha ao valor de renda proposto, podendo ainda opor-se ao tipo e duração do contrato, deverá propor outro valor ou outro tipo e duração. No caso de se limitar a manifestar oposição ao valor da renda, mas não indique um novo valor considera-se que propõe a manutenção da renda em vigor à data da comunicação do senhorio (art. 33º, nº 2, NRAU).

Perante a contraproposta do arrendatário, o senhorio terá que responder no prazo de 30 dias, indicando a sua aceitação ou a sua rejeição da mesma, considerando-se que a aceita se nada responder, quer quanto à renda, quer quanto ao tipo e duração do contrato (art. 33º, nº 3, NRAU).

Em caso de aceitação do senhorio, o contrato fica submetido ao NRAU a partir do primeiro dia do segundo mês seguinte ao da recepção pelo

[208] Nos termos do art. 2º, nº 1, *a)* do Decreto-Lei 156/2015, a Retribuição mínima nacional anual (RMNA) correspnde ao valor da retribuição mínima nacional garantida (RMNG) a que se refere o nº 1 do artigo 273º do Código do Trabalho, multiplicado por 14 meses.

arrendatário da comunicação do senhorio ou do termo do prazo para o efeito na ausência dela. O tipo e a duração do contrato serão os acordados pelas partes, sendo que no seu silêncio ou na falta de acordo, o contrato considera-se celebrado por prazo certo pelo período de cinco anos (art. 33º, nº 4, NRAU).

Já se o senhorio não aceitar o valor da renda proposto pelo arrendatário pode na mesma comunicação, nos termos do art. 33º, nºs 5 e 6 NRAU:

a) Denunciar o contrato de arrendamento, pagando ao arrendatário uma indemnização equivalente a cinco anos de renda resultante do valor médio das propostas formuladas pelo senhorio e pelo arrendatário, a qual é agravada para o dobro ou 50%, se a proposta do arrendatário não for inferior à do senhorio em mais de 10% ou 20% respectivamente;

b) Actualizar a renda, fixando-a no duodécimo de 1/15 do valor patrimonial do locado avaliado nos termos dos arts. 38º e ss. CIMI, considerando-se o contrato celebrado com prazo certo, pelo período de cinco anos a contar da respectiva comunicação.

Se o senhorio optar pela denúncia, a mesma produz efeitos no prazo de seis meses a contar da recepção da correspondente comunicação, devendo então o arrendatário desocupar o locado e entregá-lo ao senhorio no prazo de 30 dias (art. 33º, nº 7, NRAU). Se, porém, o arrendatário tiver a seu cargo filho ou enteado menor de idade ou que, tendo idade inferior a 26 anos, frequente o 11º ou o 12º ano de escolaridade ou cursos de ensino pós-secundário não superior ou de ensino superior, a denúncia só produz efeitos no prazo de um ano, sendo só passado esse prazo que o arrendatário tem que desocupar o locado e entregá-lo ao senhorio no prazo de 30 dias (art. 33º, nº 8, NRAU). A indemnização só é paga no momento da entrega do locado (art. 33º, nº 9, NRAU), sendo que até essa data vigora a renda antiga ou a renda proposta pelo arrendatário, consoante a que for mais elevada (art. 33º, nº 10, NRAU).

A denúncia pelo senhorio mediante indemnização não é, porém, aplicável *caso o arrendatário invoque e comprove que o RABC do seu agregado familiar é inferior a cinco RMNA*. A comprovação deve ser feita através de documento comprovativo emitido pelo serviço de finanças competente (art. 32º, nº 1, NRAU) ou prova de já o ter requerido, devendo então juntá-lo num prazo de 15 dias após a sua obtenção (art. 32º, nº 2, NRAU). Nesse caso, o contrato só fica submetido ao NRAU mediante acordo entre as partes ou, na falta deste, no prazo de dez anos a contar da recepção pelo senhorio da resposta pelo arrendatário (art. 35º, nº 1, NRAU, na redacção da Lei 2/2020, de 31 de Março). O senhorio pode, porém, durante esse período actualizar a renda com base no rendimento do inquilino, tendo como limite máximo o duodécimo de 1/15 do valor patrimonial do prédio avaliado nos termos dos arts. 38º e ss. do CIMI, podendo o arrendatário requerer a sua reavaliação. A fixação da renda será em 25% do RABC do agregado familiar no inquilino, valor que se reduz para 17% se o rendimento do agregado familiar estiver abaixo de € 1500 mensais, para 15% se esse valor estiver abaixo dos € 1000 mensais, para 13% se for inferior a € 750 mensais e para 10% se esse rendimento for inferior a € 500 mensais (art. 35º, nº 2, NRAU). A nova renda é devida no primeiro dia do segundo mês seguinte ao da recepção pelo arrendatário da comunicação do seu valor (art. 35º, nº 3, NRAU), e não pode ser actualizada durante os dez anos referidos, salvo havendo alteração do RABC do agregado familiar do arrendatário (art. 35º, nº 4, NRAU), o qual deve ser comprovado por este até 30 de Setembro de cada ano, caso tal lhe seja exigido pelo senhorio até ao dia 1 de Setembro anterior, sob pena de não poder prevalecer-se dessa situação (art. 35º, nº 5, NRAU). Passados dez anos, o senhorio pode promover a transição para o NRAU nos termos normais, não podendo o arrendatário voltar a invocar a situação dos seus rendimentos, considerando-se na falta de acordo das partes quanto ao tipo e duração do contrato, o mesmo celebrado com prazo certo, pelo período de cinco anos (art. 35º, nº 6, NRAU, na redacção da Lei 2/2020, de 31 de Março).

O art. 228º, nº 1, da Lei do Orçamento de Estado para 2022 (Lei 12/2022, de 27 de Junho) suspendeu, porém, o prazo do art. 35º, nº 1, NRAU, durante o ano de 2022 ou, se posterior, após publicação no Diário da República de um relatório sobre o mercado de arrendamento, a elaborar pelo Observatório da Habitação e da Reabilitação Urbana (art. 228º, nºs, 2 e 3 da Lei 12/2022). A lei permitiu, no entanto, que durante esse período de suspensão, por iniciativa de qualquer das partes, a renda dos contratos de arrendamento abrangidos pelas disposições previstas no presente artigo pode ser alvo de nova atualização, nos termos do nº 2 do artigo 35º NRAU, sendo este o valor a considerar para efeitos do nº 4 do artigo 35º NRAU (art. 228º, nº 4, da Lei 12/2022). Nesse caso, a renda actualizada é devida no primeiro dia do segundo mês seguinte ao da recepção, pelo arrendatário, da comunicação com o respetivo valor (art. 228º, nº 5, da Lei 12/2022).

O senhorio vê ainda a faculdade de denúncia mediante indemnização excluída se *o arrendatário alegar que tem idade igual ou superior a 65 anos ou deficiência com grau comprovado de incapacidade superior a 60%*, o que deve comprovar documentalmente na sua resposta ao senhorio, sob pena de não poder prevalecer-se das referidas circunstâncias (art. 32º, nº 4, NRAU).

No caso de o arrendatário possuir idade igual ou superior a 65 anos e deficiência com grau comprovado de incapacidade igual ou superior a 60% e ainda no caso de residir há mais cinco anos no locado cônjuge, unido de facto ou parente do arrendatário no primeiro grau da linha recta que se encontre nessas situação, sendo o RABC do agregado familiar inferior a 5 RMBA, o contrato só ficará submetido ao NRAU mediante acordo das partes, podendo, no entanto, haver lugar a actualização da renda (art. 36º, nº 1, *a)* e *b)* NRAU). As partes procedem à sua negociação de acordo com o mesmo processo (art. 36º, nº 2, 3, e 5), mas, caso não seja obtido acordo, o senhorio terá que fixar a renda no duodécimo de 1/15 do valor patrimonial do locado avaliado nos termos dos arts. 38º e ss. CIMI. No caso de o RABC do agregado familiar do arrendatário ser inferior a 5 RMNA, o valor da renda é igualmente fixado com base no rendimento do arrendatário nos termos acima expostos (art. 36º, nºs 7 e 8, NRAU), valor esse que vigora durante dez anos, findos os quais haverá nova negociação em que o arrendatário não poderá voltar a invocar o nível de rendimento do agregado familiar, mas o contrato só fica submetido ao NRAU mediante acordo das partes (art. 36º, nº 8, NRAU). O arrendamento manter-se-á assim como vinculístico, sendo a renda fixada no duodécimo de 1/15 do valor patrimonial do imóvel, avaliado nos termos do CIMI (art. 36º, nº 9, NRAU).

O art. 228º, nº 1, 2, e 3 da Lei 12/2022, veio, no entanto, suspender igualmente o prazo do art. 36º, nº 7, NRAU durante o ano de 2022 ou após a publicação do relatório do Observatório da Habitação e Reabilitação Urbana, podendo, no entanto, ser promovida uma nova actualização durante o período de suspensão (art. 228º, nºs 4 e 5 da Lei 12/2022).

No caso de transição de contrato para o NRAU, sem que o arrendatário tenha invocado as referidas circunstâncas, se o arrendatário residir há mais de 15 anos no locado e o demonstrar mediante atestado emitido pela junta de freguesia da sua área de residência, e tiver, à data da transição do contrato, idade igual ou superior a 65 anos de idade ou grau comprovado de deficiência igual ou superior a 60 %, o senhorio apenas pode opor-se à renovação do contrato através da denúncia para obras de remodelação ou restauro profundo, nos termos do art. 1101º *b)* do Código Civil, aplicando-se com as devidas adaptações os requisitos estabelecidos no artigo 1102º do mesmo código (art. 36º, nº 10, NRAU).

Na altura da renovação do contrato, o senhorio pode, porém, proceder à actualização extraordinária da renda até ao limite estabelecido nas alíneas *a)* e *b)* do nº 2 do artigo 35º do NRAU, aplicando-se para o efeito o disposto nos artigos 30º e seguintes daquele regime jurídico, mantendo-se o valor da referida renda quando este seja igual ou superior àquele limite (art. 36º, nº 11, NRAU). Essa actualização extraordinária da renda não pode, no entanto, ultrapassar anualmente 20 % do valor da diferença entre 1/15 do VPT do locado e da renda anterior à actualização extraordinária ali prevista (art. 36º, nº 12, NRAU).

O legislador prevê, porém, a hipótese de o arrendatário ter nessa altura direito a subsídio de renda, nos termos de diploma próprio, sem prejuízo do acesso às demais modalidades de apoio habitacional aplicáveis (art. 36º, nº 10 NRAU). Esse diploma corresponde presentemente ao D.L. 156/2015, de 10 de Agosto, alterado pela Lei 13/2019, de 12 de Fevereiro.

15.3.2.4. Arrendamento para fim não habitacional

Os arrendamentos não habitacionais celebrados antes da vigência do Decreto-Lei nº 257/95, de 30 de Setembro, podem igualmente ser sujeitos à transição para o NRAU e actualização da renda (arts. 50º e ss. NRAU), com um regime muito semelhante ao do arrendamento para habitação (cfr. arts. 30º NRAU), com as modificações constantes dos arts. 52º e ss. NRAU.

Assim, a transição para o NRAU e a actualização da renda dependem de iniciativa do senhorio, que deve comunicar a sua intenção ao arrendatário, por carta registada com aviso de recepção, nos termos dos art. 9º e ss. NRAU, indicando o valor da renda, o tipo e a duração do contrato propostos e o valor do locado avaliado nos termos dos arts. 38º e ss. CIMI, juntando ainda cópia da caderneta predial urbana (art. 50º NRAU).

O arrendatário pode responder à comunicação do senhorio em 30 dias (art. 51º, nº 1, NRAU devendo essa comunicação obedecer igualmente aos requisitos constantes dos arts. 9º e ss. NRAU. No caso de existirem vários arrendatários com prazos que terminem em datas diferentes, a resposta pode ser oferecida até ao termo do prazo que começou a correr em último lugar (art. 51º, nº 2, NRAU). A ausência de resposta pelo arrendatário vale como aceitação da renda, bem como do tipo ou duração do contrato propostos pelo senhorio, ficando o contrato submetido ao NRAU com esses termos a partir do primeiro dia do segundo mês seguinte ao termo do prazo (art. 31º nº 6 e art. 51º, nº 7, NRAU).

À semelhança do que se prevê para o arrendamento para habitação, o arrendatário adoptar qualquer das seguintes três reacções à proposta do senhorio (art. 51º, nº 3, NRAU):

a) Denunciar o contrato de arrendamento, nos termos e para os efeitos previstos no art. 53º;
b) Aceitar o valor da renda proposto, podendo ainda pronunciar-se quanto ao tipo e duração do contrato;
c) Opor-se ao valor da renda proposto, indicando um novo valor nos termos e para os efeitos previstos no art. 52º, podendo ainda pronunciar-se quanto ao tipo e duração do contrato.

No caso de se opor ao valor da renda, o arrendatário, sendo esse o caso, pode ainda invocar uma das seguintes circunstâncias (art. 51º, nº 4, NRAU):

a) Que existe no locado um estabelecimento comercial aberto ao público[209], e que é uma microempresa[210];
b) Que no locado funciona uma pessoa coletiva de direito privado sem fins lucrativos, regularmente constituída, que se dedica à atividade cultural, recreativa, de solidariedade social ou desportiva não profissional, e declarada de interesse público ou de interesse nacional ou municipal, ou uma pessoa coletiva de direito privado que prossiga uma atividade declarada de interesse nacional;
c) Que o locado funciona como casa fruída por república de estudantes, nos termos previstos na Lei 2/82, de 15 de Janeiro, alterada pela Lei 12/85, de 20 de Junho;

[209] Em face da legislação anterior sustentaram MANTEIGAS MARTINS/RAPOSO SUBTIL/CARVALHO, *op. cit.*, p. 68, a referência legal a "estabelecimento comercial aberto ao público" exclui os arrendamentos para estabelecimento industrial, exercício de profissão liberal e outros fins lícitos.

[210] Nos termos do art. 51º, nº 5, NRAU, é considerada microempresa a empresa que, independentemente da sua forma jurídica não ultrapasse, à data do balanço, dois dos três limites seguintes: *a)* € 2.000.000 de volume total do balanço; € 2.000.000 de volume de negócios líquido; *c)* 10 empregados como número médio durante o exercício. O conceito não coincide com a definição de microempresa prevista no art. 100º, nº 1 *a)* CT.

d) Que existe no locado um estabelecimento ou uma entidade de interesse histórico e cultural ou social local reconhecidos pelo município, nos termos do respectivo regime jurídico[211].

Examinemos sucessivamente estas diversas situações:

Caso o arrendatário denuncie o contrato de arrendamento, a denúncia produz efeitos no prazo de dois meses a contar da recepção pelo senhorio da respectiva comunicação, devendo então o arrendatário desocupar o locado e entregá-lo ao senhorio no prazo de 30 dias. Nesse caso não há lugar a qualquer actualização de renda (arts. 53º e 34º NRAU).

Caso o arrendatário aceite o valor da renda proposto, o contrato fica submetido ao NRAU a partir do primeiro dia do segundo mês seguinte ao do termo da recepção da resposta do arrendatário ou do termo do prazo para o efeito, na ausência dela. O tipo e a duração do contrato serão os acordados pelas partes, sendo que no seu silêncio ou na falta de acordo, o contrato considera-se celebrado por prazo certo pelo período de cinco anos (arts. 51º, nº 7, e 31º, nº 7, NRAU).

Caso o arrendatário se oponha ao valor de renda proposto, podendo ainda opor-se ao tipo e duração do contrato, deverá propor outro valor ou outro tipo e duração. No caso de se limitar a manifestar oposição ao valor da renda, mas não indique um novo valor considera-se que propõe a manutenção da renda em vigor à data da comunicação do senhorio (arts. 52º e 33º, nº 2, NRAU).

Perante a contraproposta do arrendatário, o senhorio terá que responder no prazo de 30 dias, indicando a sua aceitação ou a sua rejeição da mesma, considerando-se que a aceita se nada responder, quer quanto à renda, quer quanto ao tipo e duração do contrato (arts. 52º e 33º, nº 3, NRAU).

[211] O regime jurídico de reconhecimento desses estabelecimentos consta da Lei 42/2017, de 14 de Junho. Nos termos do art. 2º *c)* são considerados estabelecimentos de interesse histórico e cultural ou social local "as lojas com história ou os estabelecimentos de comércio tradicional, restauração e bebidas, abertos ao público, que, pela sua atividade e património material ou imaterial, constituam uma referência viva na atividade económica cultural ou social local". Por sua vez, o art. 2º *d)* considera como entidades de interesse histórico e cultural ou social local "as entidades, com ou sem fins lucrativos, nomeadamente coletividades de cultura, recreio e desporto ou associações culturais, pela sua atividade e património material ou imaterial, constituam uma relevante referência na atividade económica cultural ou social a nível local".

Em caso de aceitação do senhorio, o contrato fica submetido ao NRAU a partir do primeiro dia do segundo mês seguinte ao da recepção pelo arrendatário da comunicação do senhorio ou do termo do prazo para o efeito na ausência dela. O tipo e a duração do contrato serão os acordados pelas partes, sendo que no seu silêncio ou na falta de acordo, o contrato considera-se celebrado por prazo certo pelo período de cinco anos (arts. 52º e 33º, nº 4, NRAU).

Já se o senhorio não aceitar o valor da renda proposto pelo arrendatário pode na mesma comunicação, nos termos dos art. 52º e 33º, nºs 5 e 6 NRAU:

c) Denunciar o contrato de arrendamento, pagando ao arrendatário uma indemnização equivalente a cinco anos de renda resultante do valor médio das propostas formuladas pelo senhorio e pelo arrendatário, a qual é agravada para o dobro ou 50%, se a proposta do arrendatário não for inferior à do senhorio em mais de 10% ou 20% respectivamente;

d) Actualizar a renda, fixando-a no duodécimo de 1/15 do valor patrimonial do locado avaliado nos termos dos arts. 38º e ss. CIMI.

Se o senhorio optar pela denúncia, a mesma produz efeitos no prazo de seis meses a contar da recepção da correspondente comunicação, devendo então o arrendatário desocupar o locado e entregá-lo ao senhorio no prazo de 30 dias (arts. 52º e 33º, nº 7, NRAU). A indemnização só é paga no momento da entrega do locado (arts. 52º e 33º, nº 9, NRAU), sendo que até essa data vigora a renda antiga ou a renda proposta pelo arrendatário, consoante a que for mais elevada (arts. 52º e 33º, nº 10, NRAU).

A denúncia pelo senhorio mediante indemnização não é, porém, aplicável *caso o arrendatário invoque e comprove que existe no locado um estabelecimento comercial aberto ao público qualificável como microempresa, uma pessoa coletiva de direito privado sem fins lucrativos, regularmente constituída, que se dedica à atividade cultural, recreativa, de solidariedade social ou desportiva não profissional, e declarada de interesse público ou de interesse nacional ou municipal, uma pessoa coletiva de direito privado que prossiga uma atividade declarada de interesse nacional, uma república de estudantes ou um estabelecimento ou uma entidade de interesse histórico e cultural ou social local, reconhecidos pelo município.* A comprovação deve ser feita através de junção de documento comprovativo dessa situação, sem o que o arrendatário não se poderá prevalecer da mesma (art. 51º, nº 6, NRAU). Nesse caso, o contrato só fica submetido ao NRAU mediante acordo entre as partes ou, na falta deste, no prazo de dez anos a contar da recepção pelo senhorio da resposta pelo arrendatário (art. 54º, nº 1, NRAU). O senhorio pode, porém, durante esse período actualizar a renda, fixando-a no duodécimo de 1/15 do valor patrimonial do prédio avaliado nos termos dos arts. 38º e ss. do CIMI (art. 54º, nº 2, NRAU), salvo se o mesmo ficar abaixo do valor que resultaria da actualização anual, caso em que é este o aplicável (art. 54º, nº 3, NRAU). A nova renda é devida no primeiro dia do segundo mês seguinte ao da recepção pelo arrendatário da comunicação do seu valor (art. 54º, nº 4, NRAU), devendo o arrendatário comprovar anualmente até ao dia 30 de Setembro de cada ano a manutenção da situação invocada, caso tal lhe seja exigido pelo senhorio até ao dia 1 do referido mês, sob pena de não se poder prevalecer da mesma (art. 54º, nº 5, NRAU). Passados dez anos, o senhorio pode promover a transição para o NRAU nos termos normais, já não beneficiando o arrendatário dessa excepção, considerando-se que, na falta de acordo das partes quanto ao tipo e duração do contrato, o mesmo é celebrado com prazo certo, pelo período de cinco anos (art. 54º, nº 6 *a)*, NRAU). Durante esses cinco anos, e na falta de acordo das partes acerca do valor da renda, o senhorio pode actualizar a renda, de acordo com os critérios previstos nas alíneas *a)* e *b)* do nº 2 do artigo 35º, com aplicação dos coeficientes de actualização anual respectivos, definidos nos termos do artigo 24º (art. 54º, nº 6 *c)*, NRAU)[212].

15.3.3. O regime das benfeitorias

No âmbito do regime transitório relativo a estes arrendamentos, estabelece-se um regime especial relativo a benfeitorias. O art. 29º, nº 1, NRAU, estabelece-se que, salvo estipulação em contrário, o arrendatário tem direito a uma "compensação" por obras licitamente feitas, nos termos aplicáveis às benfeitorias realizadas pelo possuidor de boa fé, o que não difere do regime agora consagrado no art. 1074º, nº 5. Conforme acima se referiu, o

[212] O art. 13º, nºs 2 e 3 da Lei 42/2017, de 14 de Junho, estabelece ainda um regime transitório especial para os casos dos estabelecimentos ou entidades de interesse histórico e cultural ou social local, reconhecidos pelo município, a que se refere o art. 51º, nº 4, *d)* NRAU. Sem prejuízo da aplicação do procedimento de transição para o NRAU, estes estabelecimentos ou entidades não podem ser submetidos ao NRAU pelo prazo de cinco anos. Caso já tenham transitado para o NRAU ao abrigo de lei anterior, não podem os senhorios opor-se à renovação do novo contrato, celebrado à luz do NRAU, por um período adicional de cinco anos. Posteriormente o art. 228º, nº 7, da Lei 12/2022, viria ainda a prorrogar esse prazo para 31 de Dezembro de 2027.

arrendatário terá consequentemente direito ao reembolso das benfeitorias necessárias e ao *ius tollendi*, em relação às benfeitorias úteis, quando este possa ser efectuado sem detrimento da coisa, tendo direito à restituição do enriquecimento por despesas no caso contrário (art. 1273º). O arrendatário pode ainda levantar as benfeitorias voluptuárias que tenha feito, não se dando detrimento da coisa, perdendo as mesmas na hipótese contrária (art. 1275º, nº 1). O arrendatário terá ainda direito de retenção (art. 754º). A lei admite, porém, estipulação em contrário, pelo que, se as partes tiverem derrogado esse regime, designadamente estabelecendo que o arrendatário não terá direito a qualquer indemnização pelas obras que venha a fazer no prédio, conforme costuma ser previsto nas cláusulas contratuais gerais relativas ao arrendamento urbano, o arrendatário perderá o direito a reclamar a restituição das benfeitorias.

No caso, porém, de o contrato ser denunciado pelo arrendatário por não aceitar a actualização da renda ao abrigo das disposições dos arts. 31º, nº 3, *d)* e 51º, nº 3, *d)* NRAU, ou, nos arrendamentos não habitacionais, ser denunciado pelo senhorio ao abrigo do art. 1101º, *b)* ou dos arts. 52º e 33º, nº 5, nRAU, o arrendatário tem direito à referida "compensação" por obras licitamente feitas, independentemente do que tiver sido convencionado pelas partes em relação a esta matéria (art. 29º, nºs 2 e 3 NRAU). Apesar da violação da autonomia privada que implica, esta solução compreende-se pois, embora o arrendatário tivesse realizado as obras sabendo que o contrato não lhe permitia solicitar ao senhorio o reembolso das mesmas, a verdade é que contava tirar delas o proveito resultante de o arrendamento ser vinculístico e a renda não vir a sofrer alteração significativa. Deixando de se verificar essas circunstâncias, justifica-se que o arrendatário passe a poder solicitar a restituição por obras licitamente feitas, independentemente do que tiver sido convencionado[213]. Haverá, no entanto, que ponderar adequadamente o valor dessas obras para o senhorio, no quadro da compensação a estabelecer, uma vez que poderá ser excessivo o senhorio ter que indemnizar obras de onde não pode retirar benefício pessoal, mesmo que as mesmas fossem necessárias para o arrendatário.

[213] Neste sentido, Manteigas Martins/Raposo Subtil/Carvalho, *op. cit.*, p. 40.

15.3.4. O regime da transmissão por morte

Também em relação aos arrendamentos habitacionais celebrados antes da vigência do RAU e aos arrendamentos não habitacionais celebrados antes do D.L. 257/95, se aplica o regime de transmissão por morte constante dos arts. 57º e 58º do NRAU, o qual já foi anteriormente por nós examinado, pelo que para aí remetemos[214].

15.3.5. O regime da denúncia pelo senhorio

15.3.5.1. Generalidades

Em relação ao regime da denúncia pelo senhorio, rege o disposto no art. 28º do NRAU que manda aplicar com as devidas adaptações o disposto no art. 26º, com as especificidades constantes do próprio art. 28º. É, no entanto, manifesta a inaplicabilidade do nº 3 do art. 26º, dada a inexistência nesta data de contratos de duração limitada. O regime aplicável é assim apenas o dos contratos sem duração limitada, constante dos nºs 4 e 5 do art. 26º.

Analisemos este regime distinguindo entre a diversa modalidades de denúncia pelo senhorio.

15.3.5.2. Limitações à denúncia para habitação

A denúncia para habitação segue exactamente o mesmo regime dos contratos habitacionais celebrados antes da vigência do NRAU, aplicando-se assim as limitações já examinadas previstas no art. 26º, nº 4, *a)* e nº 5.

15.3.5.3. Especialidades da denúncia para demolição ou para realização de obras de remodelação ou restauro profundo

No âmbito do RJOPA, encontra-se prevista nos seus arts. 24º e ss., um regime especial transitório para a denúncia do senhorio para a realização de demolição ou de obras de remodelação e restauro profundos, apenas aplicável em relação aos arrendamentos para habitação celebrados antes da entrada em vigor do RAU (art. 23º do RJOPA).

Em relação à denúncia para demolição, esta ocorre nos casos previstos no art. 7º RJOPA e ainda no disposto no art. 25º RJOPA.

Estando em causa uma denúncia para demolição ou para realização de obra de remodelação ou restauro profundo, rege o disposto no art. 25º RJOPA, o qual determina que, quando o arrendatário tenha idade igual ou

[214] Cfr. supra.

superior a 65 anos ou deficiência com grau comprovado de incapacidade igual ou superior a 60%, tem direito a ser realojado, nos termos gerais do art. 6º (art. 25º, nº 1 RJOPA). Nessa situação, o alojamento do arrendatário dá lugar à celebração de novo contrato de arrendamento por duração indeterminada, não sendo aplicável a denúncia prevista no art. 1101º, nº 1, *c)* do Código Civil (art. 25º, nº 2, RJOPA). Nesse caso, a renda a pagar pelo novo contrato de arrendamento é fixada com base no disposto nas alíneas *a)* e *b)* do nº 2 do artigo 35º do NRAU (art. 25º, nº 3, RJOPA). Se, porém, o arrendatário invocar e comprovar que o RABC do seu agregado familiar é inferior a cinco RMNA, aplica-se para efeitos do valor da renda a que se refere o número anterior o disposto no nº 7, na alínea *a)* do nº 9 e no nº 10 do artigo 36º do NRAU (art. 25º, nº 4, RJOPA).

15.3.5.4. Exclusão da denúncia por aviso prévio

Nos contratos de arrendamento habitacionais celebrados antes do NRAU e nos não habitacionais celebrados antes do D.L. 257/95, o senhorio continua a não poder efectuar a denúncia mediante comunicação ao arrendatário, ao contrário do que hoje se prevê no art. 1101º *c)* (art. 28º, nº 2, NRAU). Desta forma, é mantido o vinculismo que sempre caracterizou estes contratos, o que limita a faculdade de denúncia pelo senhorio aos casos agora referidos nos arts. 1101º *a)* e b[215].

[215] Em sentido contrário perante o texto de 2006, em posição que não podemos acompanhar, o Ac. STJ 27/5/2010 (HÉLDER ROQUE), em *CJ-ASTJ* 18 (2010), 2, pp. 96-99 = *CDP* nº 33 (Janeiro-Março 2011), pp. 50-58, admitiu que o senhorio pudesse denunciar para o termo do prazo um contrato de arrendamento comercial celebrado em 1978. Para uma crítica a esse acórdão, cfr. a anotação de FERNANDO GRAVATO MORAIS, "Arrendamento (vinculístico) para comércio e a questão da "oposição à renovação" do contrato pelo senhorio – Ac. do STJ de 27.5.2010", em *CDP* nº 33 (Janeiro-Março 2011), pp. 58-62. No sentido defendido, veja-se Ac. RP 28/3/2011 (CALMOTO JÁCOME), em *CJ* 36 (2011), 2, pp. 207-212.

16
Disposições processuais relativas ao arrendamento urbano

16.1. Generalidades

No âmbito das acções relativas ao arrendamento urbano, se a acção não for de despejo e o valor da causa não exceder € 15.000, a competência é atribuída aos julgados de paz (arts. 8º e 9º, nº 1*g)* da Lei 78/2001, de 13 de Julho, alterada pela Lei 54/2013, de 31 de Julho). Estando em causa uma acção de despejo, ou uma acção que exceda o valor da alçada dos tribunais de 1ª instância serão naturalmente os tribunais de comarca os competentes (art. 79º da LOSJ). A competência em razão do território é atribuída ao tribunal ou ao julgado de paz da situação do imóvel (art. 70º, nº 1 CPC e 11º da Lei 78/2001, de 13 de Julho, alterada pela Lei 54/2013, de 31 de Julho).

Em termos de legitimidade processual, ela é naturalmente atribuída às partes na relação de arrendamento (art. 30º CPC). Se a acção tiver por objecto, directa ou indirectamente a casa de morada de família, ou respeitar a arrendamento que se tenha comunicado ao cônjuge, de acordo com o regime de bens (art. 1068º), a acção deve ser proposta por ambos os cônjuges ou por um deles com o consentimento do outro (art. 34º, nº 1, CPC), devendo igualmente ser instaurada contra âmbos os cônjuges (art. 34º, nº 3, CPC). A lei atribui actualmente ainda uma legitimidade própria às associações representativas das partes, quando autorizadas pelos interessados para a defesa judicial dos seus membros em questões relativas ao arrendamento (art. 13º, nº 1, NRAU), exigindo-se para esse efeito cumulativamente que: *a)* tenham personalidade jurídica; *b)* não tenham fins lucrativos; *c)* tenham como objectivo principal proteger os direitos e interesses dos seus associados na qualidade de senhorios, inquilinos ou comerciantes; *d)* possuam um número mínimo de 3000 associados, para as associações de âmbito nacional, 500 associados, para as associações de âmbito regional, e 100 associados, para as associações de âmbito local (art. 13º, nº 2, NRAU).

Relativamente ao regime dos recursos, o art. 629º, nº 3 *a)* CPC estabelece que eles são admissíveis para a Relação, independentemente do valor da causa e da sucumbência, em todas as acções em que se aprecie a validade, a subsistência ou a cessação de contratos de arrendamento, com excepção dos arrendamentos para habitação não permanente ou para fins especiais transitórios. Assim, em relação ao arrendamento urbano em geral é sempre admissível o recurso em um grau para a Relação, independentemente do valor, tendo esse recurso efeito suspensivo, nos termos do art. 647º, nº 3 *b)* CPC[216]. Já em relação aos arrendamentos para habitação não permanente ou para fins especiais transitórios, para além de só haver recurso para a Relação se o valor da causa o permitir, esse recurso terá em princípio efeito meramente devolutivo, apenas lhe podendo ser atribuído efeito suspensivo nos casos referidos no art. 647º, nº 4. Salienta-se, no entanto, que a categoria legal de arrendamentos para habitação não permanente ou fins especiais transitórios já não existe desde a alteração efectuada pela Lei 31/2012, de 14 de Agosto, devendo por esse motivo esta disposição ser interpretada como fazendo referência aos arrendamentos celebrados por prazo inferior a 30 dias e não sujeitos a renovação automática (art. 1096º, nº 2).

O NRAU contempla actualmente seis tipos de processos relativos ao arrendamento urbano: a acção de despejo, regulada no art. 14º NRAU, a acção executiva para entrega de imóvel arrendado, prevista nos arts. 862º e ss, CPC, o procedimento especial de despejo, regulado nos arts. 15º e ss. NRAU, a acção executiva para cobrança de rendas e compensação por obras, a que se refere o art. 14º-A NRAU, a consignação em depósito de rendas, regulada nos arts. 17º e ss. NRAU, e as injunções em matéria de arrendamento, previstas nos arts. 15º-T e ss. do NRAU.

[216] Conforme salientam CUNHA DE SÁ/COUTINHO, *op. cit.*, pp. 16-17, foi consideravelmente ampliado o regime anteriormente vigente, pois que enquanto na redacção anterior os arts. 678º, nº 5, e 692º, nº 2, *b)* CPC, apenas contemplavam a situação do arrendamento para habitação, passam agora a abranger todo o arrendamento urbano, com excepção dos arrendamentos para habitação não permanente ou para fins especiais transitórios.

Examinemos sucessivamente estes processos:

16.2. A acção de despejo

16.2.1. Regime geral

Nos termos do art. 14º, nº 1, NRAU a acção de despejo destina-se a fazer cessar a situação jurídica do arrendamento, sempre que a lei imponha o recurso à via judicial para promover essa cessação[217]. Não cabe, portanto, na acção de despejo a discussão relativa à validade de um contrato de arrendamento urbano[218], nem pode a mesma ser usada para solicitar a restituição do prédio de outros possuidores após a extinção do arrendamento, cabendo neste caso antes a acção de reivindicação (arts. 1311º e ss.)[219].

Actualmente, a lei impõe o recurso à via judicial para cessação do contrato de arrendamento apenas nos casos de resolução pelo senhorio baseada nas hipóteses de incumprimento do contrato pelo arrendatário referidas no art. 1083º, nº 2 (art. 1084º, nº 1). Efectivamente, a acção de despejo é dispensada quando a lei admite a cessação do vínculo pelo senhorio mediante comunicação à contraparte (art. 9º, do NRAU) o que, conforme se referiu, ocorre nos casos de cessação por revogação, caducidade por decurso do prazo, oposição à renovação e denúncia do contrato, e ainda em caso da resolução pelo senhorio fundada em falta de pagamento de rendas[220] ou oposição do inquilino à realização de obras, a que se refere o art. 1084º, nº 2, sendo que neste último caso a comunicação tem que obedecer ao formalismo do art. 9º, nº 7, NRAU. Em todas estas situações o

[217] Sobre a acção de despejo, cfr. MIGUEL TEIXEIRA DE SOUSA, *A acção de despejo*, 2ª ed., Lisboa, Lex, 1995, CARDONA FERREIRA, "Breves apontamentos acerca de alguns aspectos da acção de despejo urbano", em ANTÓNIO MENEZES CORDEIRO/LUÍS MENEZES LEITÃO/JANUÁRIO DA COSTA GOMES (org.), *Estudos em Homenagem ao Professor Doutor Inocêncio Galvão Telles*, III – *Direito do Arrendamento Urbano*, Coimbra, Almedina, 2002, pp. 593-611, ROMANO MARTINEZ, *Da cessação*, pp. 354 e ss., e RUI PINTO, *Manual da execução e despejo*, Coimbra, Coimbra Editora, 2013,

[218] Neste sentido, TEIXEIRA DE SOUSA, *A acção de despejo*, p. 15, e CARDONA FERREIRA, *op. cit.*, p. 598, e RUI PINTO, *Manual*, p. 1085.

[219] Neste sentido, cfr. TEIXEIRA DE SOUSA, *A acção de despejo*, p. 22, ROMANO MARTINEZ, *Da cessação*, p. 355, nota (698), MANTEIGAS MARTINS/RAPOSO SUBTIL/CARVALHO, *op. cit.*, p. 22, e RUI PINTO, *Manual*, p. 1084.

[220] Anteriormente, o art. 21º, nº 2, do NRAU obrigava, porém, o senhorio que quisesse resolver o contrato, em caso de depósito de rendas sem fundamento, a instaurar acção de despejo. A revogação dessa disposição pela Lei 79/2014, de 19 de Dezembro, acabou com essa exigência inútil, face ao cariz extrajudicial da resolução por falta de pagamento por rendas.

senhorio pode recorrer antes ao procedimento especial de despejo, a que se referem os arts. 15º e ss. NRAU[221]. Naturalmente que não se pode utilizar, no âmbito da resolução do contrato de arrendamento, o procedimento especial de injunção[222].

A acção de despejo segue a forma de processo declarativo comum (art. 14º, nº 1, *in fine* NRAU)[223], o que permite a cumulação do pedido de despejo com qualquer outro que não siga a forma de processo especial (cfr. art. 555º, nº 1, e 37º CPC), designadamente o pedido de condenação em rendas vencidas ou numa indemnização. É por isso deslocado o facto de o art. 14º, nº 2, NRAU vir autorizar nesta sede o senhorio, quando a acção

[221] É, porém, questionável se o senhorio poderá antes optar pela acção de despejo. Sustenta Maria Olinda Garcia, *A acção executiva para entrega de imóvel arrendado*, Coimbra, Coimbra Editora, 2006, p. 27, que, face ao disposto no art. 14º do do NRAU, a acção de despejo destina-se apenas a fazer cessar o arrendamento, quando a lei impõe a via judicial para recorrer a essa acção, pelo que, nos casos em que a lei admite a cessação do contrato por comunicação ao arrendatário e permite ao senhorio obter título executivo por essa via, a acção de despejo não é aplicável, não podendo o senhorio a ela recorrer. A maioria da doutrina entende, no entanto, que o senhorio não está impedido de recorrer à acção de despejo, ainda que propugne nesse caso a suportação das custas pelo senhorio, nos termos do art. 535º, nº 2 *c)* CPC. Cfr., neste sentido, Rui Pinto, *Manual*, pp. 1083 e 1097 e ss. e António Menezes Cordeiro (org.), em ID, *Leis do Arrendamento Anotadas*, sub art. 1047º, nº 12, p. 94. Na jurisprudência, tem-se tambem defendido maioritariamente que a lei não proíbe nesses casos o senhorio de recorrer à acção declarativa. Assim, cfr. Ac. RL 24/5/2007 (Catarina Manso) na *CJ* 32 (2007), 3, pp. 94-96, Ac. RP 31/1/2008 (Madeira Pinto) na *CJ* 33 (2008), 1, pp. 185-187, Ac. RL 31/3/2009 (Ana Resende), em *CJ* 34 (2009), 2, pp. 105-107, e Ac. STJ 6/5/2010 (Custódio Montes), em *CJ-ASTJ* 18 (2010), 2, pp. 66-69. Em sentido contrário, propugnando a ausência de interesse em agir no recurso à acção declarativa, cfr. Ac. RC 15/4/2008 (Isaías Pádua), em *CDP* nº 24 (Outubro/Dezembro 2008), pp. 65-72, com anotação favorável de Maria Olinda Garcia, "Resolução do contrato de arrendamento urbano por falta de pagamento de rendas – vias processuais. Acórdão do Tribunal da Relação de Coimbra de 15.4.2008, Proc. 937/07", *ibid*, a pp. 72-75. Por nossa parte entendemos hoje que, nos termos do art. 15º, nº 1, NRAU, o procedimento especial de despejo é apenas um meio processual colocado à disposição do senhorio em alternativa à acção de despejo, pelo que nada o impede de recorrer a essa acção em lugar de instaurar esse procedimento. Neste enquadramento, não há sequer lugar à suportação das custas da acção pelo senhorio, nos termos do art. 535º, nº 2 *c)* CPC, uma vez que o senhorio não dispõe actualmente de qualquer título executivo prévio à acção, só o podendo formar por recurso ao BNA.

[222] Neste sentido, cfr. Ac. RP 31/5/2010 (Maria de Deus Correia), em *CJ* 35 (2010), 3, pp. 161-163.

[223] Apesar disso, Teixeira de Sousa, *A acção de despejo*, pp. 12 e ss., propugnava a sua qualificação como uma forma de processo especial.

se funde em falta de residência permanente e o arrendatário possua outra residência, a pedir simultaneamente com o despejo uma condenação numa indemnização com base no valor das rendas objecto de actualização nos termos do regime transitório, uma vez que essa cumulação seria sempre admissível, de acordo com as regras gerais[224].

O valor da acção de despejo corresponde ao montante da renda de dois anos e meio, acrescido do valor das rendas em dívida ou o da indemnização requerida, consoante o que for superior (art. 298º, nº 1, CPC). Durante a pendência da acção de despejo, as rendas, encargos ou despesas que se forem vencendo devem ser pagas ou depositadas nos termos gerais (art. 14º, nº 3, NRAU). No caso de o arrendatário faltar ao pagamento ou depósito de rendas, encargos ou despesas, vencidos por período superior a três meses, é notificado para, em 10 dias proceder ao seu pagamento ou depósito e ainda da importância da indemnização devida, juntando prova aos autos (art. 14º, nº 4, primeira parte, NRAU). No caso de o arrendatário obedecer à notificação, não deixa de ser condenado nas custas do incidente e nas despesas de levantamento do depósito, que são contadas a final (art. 14º, nº 4, segunda parte, NRAU). Caso, porém, o arrendatário desobedeça a essa notificação, o senhorio pode requerer o despejo imediato, sendo aplicável em caso de deferimento as disposições dos arts. 15º, nº 7, 15º-L, 15º-L e 15º-M a 15º-O NRAU (art. 14º, nº 5, NRAU).

Julgada procedente a acção de despejo, é decretada a resolução do contrato de arrendamento, retroagindo os seus efeitos à data da citação[225].

16.2.2. Regime especial durante a pandemia Covid-19

A pandemia Covid-19 determinou ainda o estabelecimento de um regime especial para as acções de despejo. Assim, a versão actual do art. 6º-A, nº 6, *c)* da Lei 1-A/2020, estabelece a suspensão das acções de despejo quando

[224] Não se admite é a reclamação dessa quantia na acção executiva para entrega de imóvel arrendado, a que se referem os arts. 15º NRAU e 862º e ss. CPC, tendo o senhorio que instaurar uma execução para pagamento de quantia certa, nos termos gerais. Cfr. MARIA OLINDA GARCIA, *A acção executiva*, pp. 30-31.

[225] Neste sentido, TEIXEIRA DE SOUSA, *A acção de despejo*, pp. 70 e ss., ARAGÃO SEIA, *Arrendamento*, p. 406 e, na jurisprudência, Ac. RC 4/3/2008 (JORGE ARCANJO), na *CJ* 33 (2008), 2, pp. 5-7. Em sentido algo diferente PIRES DE LIMA/ANTUNES VARELA, *op. cit.*, II, sub art. 1047º, nº 4, p. 385, admitem mesmo que os efeitos da acção possam retroagir ao momento do incumprimento.

o arrendatário por força da decisão final a proferir, possa ser colocado em situação de fragilidade por falta de habitação própria ou por outra razão social imperiosa. Desta norma não resulta assim uma suspensão geral das acções de despejo, mas apenas da decisão judicial, a qual depende da demonstração pelo inquilino de razões sociais imperiosas, designadamente o facto de ficar em situação de fragilidade por falta de habitação própria. Nada impede assim o senhorio de recorrer às acções de despejo, sempre que tenha fundamento para o efeito, havendo depois que averiguar se existem motivos para a suspensão das mesmas.

Apesar disso, no entanto, o art. 6º-A, nº 6 *d)* da Lei 1-A/2020 prevê ainda a suspensão dos "prazos de prescrição e caducidade relativos aos processos e procedimentos previstos nas alíneas anteriores", acrescentando o nº 8 que esta suspensão "prevalece sobre quaisquer regimes que estabeleçam prazos máximos imperativos de prescrição ou caducidade, sendo os mesmos alargados pelo período de tempo correspondente à vigência da suspensão". Assim, por exemplo, os prazos de caducidade da acção relativa à resolução do contrato previstos no art. 1085º CC ficam suspensos durante este período de pandemia[226].

16.3. A acção executiva para entrega de imóvel arrendado

16.3.1. Generalidades

Tradicionalmente a acção de despejo compreendia tanto uma fase declarativa como uma fase executiva, através do denominado mandado de despejo (cfr., por último, art. 59º do RAU). Essa solução desapareceu com o NRAU que institui antes a execução para entrega de imóvel arrendado (arts. 862º e ss. CPC)[227]. Constitui esta uma modalidade especial da execução para entrega de coisa certa, que se caracteriza por admitir mais facilmente a suspensão da execução, bem como o diferimento da desocupação do prédio.

Assim, e nos termos do art. 862º CPC, são-lhe aplicáveis as disposições relativas à execução comum para entrega de coisa certa (arts. 859º e ss. CPC), bem como, nos termos dos art. 551º, nº 2, CPC, as disposições dos arts. 724º e ss., CPC relativos à execução para pagamento de quantia certa.

[226] Neste sentido, Maria Olinda Garcia, *Julgar Online*, Setembro de 2020, p. 31.

[227] Cfr., sobre esta, Maria Olinda Garcia, *A acção executiva*, passim.

16.3.2. Título executivo

A execução para entrega de imóvel arrendado tem, em primeiro lugar, como título executivo a sentença proferida na própria acção de despejo (art. 703º, nº 1 *a)* CPC), a qual, se viu actualmente é apenas exigida nos casos de resolução pelo senhorio baseada nas hipóteses de incumprimento do contrato pelo arrendatário referidas no art. 1083º, nº 2 (art. 1084º, nº 1). Para além disso, poderão servir de título executivo ainda as sentenças judiciais em que se discuta a validade ou a subsistência de contratos de arrendamento.

No entanto, dado que destas sentenças, salvo quando respeitam a arrendamentos para habitação não permanente ou para fins especiais transitórios, é sempre admissível recurso para a Relação (art. 629º, nº 3 *a)* CPC), com efeito suspensivo (art. 647º, nº 3, *b)*), apenas após a decisão do mesmo, e decorrida a moratória prevista no art. 1087º será possível a interposição da correspondente execução para entrega do imóvel arrendado[228].

16.3.3. Requerimento executivo e despacho liminar

A execução para entrega de imóvel arrendado inicia-se pela apresentação de requerimento executivo, obedecendo aos requisitos do art. 724º do CPC, em modelo legalmente aprovado para o efeito, que actualmente consta da Portaria nº 282/2013, de 29 de Agosto.

Apresentado o requerimento executivo, o processo é concluso ao juiz para despacho liminar (art. 726º, nº 1, CPC). No despacho liminar, o juiz pode indeferir liminarmente o requerimento executivo, nos casos previstos no art. 726º, nº 2, CPC, ou convidar o requerente a suprir as suas irregularidades (art. 726º, nº 4, CPC), podendo o requerente sempre recorrer das decisões de indeferimento liminar (art. 853º, nº 3, CPC). Não se verificando nenhuma destas situações, o executado é então citado para, no prazo de 20 dias, fazer a entrega do imóvel arrendado ou opor-se à execução (art. 859º CPC).

16.3.4. Oposição à execução

A oposição à execução é limitada aos fundamentos referidos no art. 729º CPC, podendo ainda o arrendatário opor-se com fundamento no seu direito ao reembolso por benfeitorias realizadas no imóvel, desde que tenha feito valer esse direito na acção declarativa (art. 860º, nº 1, *in fine* e nº 3 CPC).

[228] Cfr. MARIA OLINDA GARCIA, *A acção executiva*, p. 25.

A oposição à execução corre por apenso ao respectivo processo, sendo indeferida liminarmente nas situações referidas no art. 732º, nº 1 CPC, aplicável por força do art. 551º, nº 2, CPC. Não sendo esse o caso, o senhorio é citado para contestar no prazo de 20 dias, seguindo-se sem mais articulados os termos do processo comum declarativo (art. 732º, nº 2, CPC). Caso a oposição seja julgada procedente, extingue a execução, no todo ou em parte (art. 732º, nº 4 CPC).

A decisão da oposição à execução pode ser impugnada por via de recurso de apelação (art. 853º, nº 1, CPC), podendo ainda recorrer-se, nos termos gerais, de revista do acórdão da Relação proferido nesse recurso (art. 854º CPC).

16.3.5. Responsabilidade do exequente

O legislador sentiu necessidade de sancionar o exequente que recorra injustificadamente à execução para entrega de imóvel arrendado. É assim que o art. 866º CPC determina que "procedendo a oposição à execução que se funde em título extrajudicial, o exequente responde pelos danos culposamente causados ao executado, e incorre em multa correspondente a 10% do valor da execução, mas não inferior a 10 UC nem superior ao dobro do máximo da taxa de justiça, quando não tenha agido com a prudência normal, sem prejuízo da responsabilidade criminal em que possa também incorrer".

16.3.6. Suspensão da execução

16.3.6.1. Generalidades

Do art. 863º CPC resulta que a suspensão da execução ocorre essencialmente em três situações:

a) O executado requerer o diferimento da desocupação do local arrendado para habitação;

b) Ser encontrado outro detentor do imóvel, não ouvido e convencido na acção declarativa, que exiba título que legitime a ocupação do prédio, com data anterior ao início da execução;

c) No arrendamento para habitação, existir doença aguda de pessoa que ocupe o prédio, que a coloque em risco de vida, em caso de desocupação do locado.

Examinemos sucessivamente estas situações:

16.3.6.2. Pedido de diferimento da desocupação

16.3.6.2.1. Regime geral

A primeira causa de suspensão da execução, prevista no art. 863º, nº 1, CPC é o pedido de diferimento da desocupação do imóvel, agora regulado nos arts. 864º e 865º do CPC. O pedido de diferimento de desocupação é apenas aplicável no âmbito do arrendamento para habitação e funda-se na existência de razões sociais imperiosas que obstem à restituição imediata do imóvel, após a extinção do arrendamento. Numa situação deste género, o executado, no prazo da oposição à execução e eventualmente em cumulação com ela[229], pode apresentar requerimento solicitando o diferimento da desocupação do prédio.

Nos termos do art. 864º, nº 2, CPC, os fundamentos para o diferimento da desocupação correspondem a um dos seguintes:

a) Tratando-se de resolução por não pagamento de rendas, tal ser devido à carência de meios do arrendatário, o que se presume relativamente ao beneficiário de subsídio de desemprego, de valor igual ou inferior à remuneração mínima mensal garantia, ou rendimento social de inserção;

b) O executado ser portador de deficiência com grau comprovado de incapacidade superior a 60%.

Uma vez que a acção executiva para entrega de imóvel arrendado tem hoje como título executivo apenas a sentença condenatória, e a resolução fundada no não pagamento das rendas é efectuada por comunicação à contraparte (art. 1084º, nº 2), dando origem ao procedimento especial de despejo (art. 15º nº 2, *e)* NRAU), será de verificação mais rara a primeira situação[230].

A petição de diferimento da desocupação assume carácter de urgência (art. 865º, nº 1, CPC, devendo nela ser logo oferecidas as provas dispo-

[229] Efectivamente, a lei admite a possibilidade de cumulação da oposição à execução com o requerimento de diferimento da desocupação, prevendo-se a hipótese de aquela não ser julgada procedente, dado que têm que ser apresentados no mesmo prazo. Cfr., neste sentido, MARIA OLINDA GARCIA, *A acção executiva*, p. 88.

[230] Precisamente por essa razão é igualmente previsto um regime de diferimento de desocupação no procedimento especial de despejo (arts. 15º-N e O NRAU).

níveis e indicadas as testemunhas a apresentar, até ao limite de três (art. 864º, nº 1, CPC). A petição pode ser indeferida liminarmente nas hipóteses referidas no art. 865º, nº 1, CPC. Não sendo caso de indeferimento liminar, o exequente é citado para contestar no prazo de dez dias, devendo igualmente oferecer logo as provas disponíveis e indicar as testemunhas a apresentar, até ao limite de três (art. 865º, nº 2, CPC). O juiz deve decidir do pedido no prazo máximo de 20 dias a contar da sua apresentação, sendo a sua decisão, com a fundamentação correspondente, no caso de se fundar na carência de meios do executado, comunicada oficiosamente ao Fundo de Socorro Social do Instituto de Gestão Financeira da Segurança Social (art. 865º, nº 3, CPC).

O diferimento da desocupação é decidido de acordo com o prudente arbítrio do tribunal, apenas podendo ser deferido se estiver em causa algum dos fundamentos referidos no art. 864, nº 2, CPC. Na sua decisão, o juiz deve ainda ter em conta as exigências da boa fé, o facto de o executado não dispor imediatamente de outra habitação, o número de pessoas que habitam com o executado, a sua idade, o seu estado de saúde e, em geral, a situação económica e social das pessoas envolvidas (art. 864º, nº 2, proémio, CPC). No entanto, o diferimento não pode exceder o prazo de 5 meses, a contar da data do trânsito em julgado da decisão que o conceder (art. 865º, nº 5, CPC).

Sendo o diferimento da desocupação decretado com base no fundamento o fundamento referido na alínea 864º, nº 2, CPC, cabe ao Fundo de Socorro Social do Instituto de Gestão Financeira da Segurança Social indemnizar o exequente pelas rendas correspondentes ao período de diferimento e ficando sub-rogado nos direitos daquele (art. 865º, nº 3, CPC).

Tendo obtido o diferimento da desocupação do local arrendado, o executado e qualquer elemento do agregado familiar que com ele coabite perdem o direito de fazer pedido idêntico antes de decorridos cinco anos sobre anterior decisão favorável (art. 864º, nº 4, CPC).

16.3.6.2.2. O caso especial da existência de salários em atraso

O art. 28º da Lei 105/2009, de 14 de Setembro, que regulamenta o Código do Trabalho, prevê que "a execução de sentença de despejo em que a causa de pedir tenha sido a falta de pagamento das rendas suspende-se quando o executado prove que a mesma se deveu a ter retribuições em mora por período superior a 15 dias". Trata-se assim de um caso especial de diferimento da desocupação fundado em razões sociais, a processar nos mesmos termos do art. 864º, nº 2, *a)* e 865º do CPC.

Uma vez suspensa a execução para entrega do imóvel arrendado, o art. 29º da Lei 105/2009, de 14 de Setembro, estabelece que o Tribunal deve notificar o Fundo de Socorro Social do Instituto de Gestão Financeira da Segurança Social, I. P., para que este assegure o respectivo pagamento, nos termos a regulamentar.

Sempre que o pagamento das rendas não tenha sido assegurado pelo Fundo de Socorro Social, a suspensão da instância cessa oito dias após o recebimento pelo trabalhador das importâncias em mora (art. 30º, nº 1, da Lei 105/2009). "Se o trabalhador não tiver recebido as retribuições em mora, a suspensão cessa decorrido um ano sobre o seu início, salvo se provar que se encontra pendente acção judicial destinada ao pagamento dessas retribuições, caso em que a suspensão cessa na data em que se verifique o pagamento coercivo das mesmas ou a impossibilidade do pagamento" (art. 30º, nº 2, da Lei 105/2009). Uma vez requerido o prosseguimento dos autos, o executado é notificado para no prazo de 10 dias proceder ao pagamento em singelo das rendas em mora (art. 30º, nº 3, da Lei 105/2009).

16.3.6.3. Detenção da coisa por terceiro não ouvido e convencido em acção declarativa, que exiba título que legitime a ocupação do prédio, com data anterior ao início da execução

Outro fundamento de suspensão da execução encontra-se referido no art. 863º, nº 2 CPC, e consiste no facto de o imóvel se encontrar na detenção de terceiro, que não tenha sido ouvido e convencido em acção declarativa e exiba perante o agente de execução "algum dos seguintes títulos com data anterior ao início da execução:

a) título de arrendamento ou de outro gozo legítimo do prédio, emanado do exequente;

b) título de subarrendamento ou de cessão da posição contratual emanado do executado, e documento comprovativo de ter sido requerida no prazo de 15 dias a respectiva notificação ao exequente, ou de o exequente ter especialmente autorizado o subarrendamento ou a cessão, ou de o exequente ter conhecido [sic] o subarrendatário ou cessionário como tal".

Perante a exibição destes títulos o agente da execução deve suspender as diligências executivas (art. 863º, nº 2, *in principio*, CPC), lavrando certidão da ocorrência, a que junta os documentos recebidos e adverte o detentor de que a execução prossegue, salvo se, no prazo de dez dias, solicitar ao juiz a confirmação da suspensão, juntando ao requerimento os documentos disponíveis, dando do facto imediato conhecimento ao exequente ou ao seu representante (art. 863º, nº 4). No prazo de cinco dias, o juiz de execução, ouvido o exequente, decide manter a execução suspensa ou ordena a imediata prossecução dos autos (art. 863, nº 5, CPC).

O alcance da suspensão dependerá, porém, da eficácia dos títulos exibidos pelo detentor. Se estiver em causa o título de arrendamento ou de uma cessão da posição contratual eficaz perante o senhorio, este fica vinculado pelo tempo de duração do referido arrendamento, pelo que a execução deverá ser suspensa até que seja proferida decisão judicial sobre a questão. Já no caso de o detentor exibir título de subarrendamento, uma vez que este caduca com a extinção do arrendamento (art. 1089º), parece que a suspensão se manterá apenas pelo tempo estritamente necessário para conceder ao subarrendatário prazo para desocupar o imóvel[231].

16.3.6.4. Doença aguda da pessoa que se encontre no local arrendado para habitação, que a coloque em risco de vida, em caso de desocupação do locado

Outro fundamento de suspensão da execução, este restrito ao arrendamento para habitação, consiste na existência de doença aguda da pessoa que se encontre no prédio, que a coloque em risco de vida, em caso de desocupação do locado. Neste caso, e perante a exibição de atestado médico que comprove esse facto, o qual deve igualmente indicar fundadamente o prazo durante o qual se deve suspender a execução, o agente da execução suspende as diligências executivas (art. 863º, nº 3), e lavra certidão da ocorrência, a que junta o referido atestado médico, devendo advertir a pessoa que se encontra no local, de que a execução prosseguirá, a menos que, no prazo de dez dias, seja solicitada ao juiz a confirmação da suspensão, juntando ao requerimento os documentos disponíveis, e dando do facto imediato conhecimento ao exequente ou ao seu representante (art. 863º, nº 4). No prazo de cinco dias, o juiz de execução, ouvido o exe-

[231] Cfr. Maria Olinda Garcia, *A acção executiva*, p. 91.

quente, decide manter a execução suspensa ou ordena a imediata prossecução dos autos (art. 863º, nº 5). O exequente pode requerer, à sua custa, o exame do doente por dois médicos nomeados pelo juiz, decidindo este da suspensão, segundo a equidade (art. 863º, nº 6).

O âmbito da suspensão é neste caso o do período que consta do atestado, salvo se após o exame do doente pelos dois médicos nomeados pelo juiz, o referido exame apontar para um prazo diferente.

16.3.7. Apreensão e entrega do imóvel ao exequente

A execução para entrega de imóvel arrendado termina naturalmente com a apreensão do imóvel e sua entrega ao exequente. Esta apreensão é regulada pelo art. 861º CPC e subsidiariamente pelas disposições que regulam a penhora dos bens imóveis. Assim, o agente de execução investe o exequente na posse, entregando-lhe os documentos e as chaves, se os houver e notifica o executado, os arrendatários e quaisquer outros detentores para que respeitem e reconheçam o direito do exequente (art. 861º, nº 3 CPC)). Quando as portas estejam fechadas ou seja oposta alguma resistência, bem como quando haja receio justificado de que tal se verifique, o agente de execução requer ao juiz que determine a requisição do auxílio da força pública, arrombando-se aquelas, se necessário, e lavrando-se auto da ocorrência (art. 757º, nº 2 CPC). No entanto, quando a diligência deva efectuar-se em casa habitada ou numa sua dependência fechada, só pode realizar-se entre as 7 e as 21 horas, podendo o detentor do imóvel assistir à diligência ou fazer-se representar por pessoa da sua confiança (art. 757º, nº 3 CPC).

Uma questão que se suscita é agora o problema do destino a dar aos móveis pertencente ao executado e que se encontram no local arrendado. No âmbito da legislação anterior previa o art. 59º, nº 2 do RAU que o requerente do despejo deveria pôr à disposição do executor os meios necessários para remoção, transporte e depósito dos móveis e objectos que sejam encontrados no local, mas essa disposição desapareceu do NRAU. Maria Olinda Garcia sustenta a aplicação neste caso, com as necessárias adaptações, do então art. 848º, hoje 754º CPC, relativo à penhora de bens móveis, sendo os bens removidos para um depósito, e ficando o agente de execução na condição de fiel depositário dos mesmos[232]. Não nos

[232] Cfr. Maria Olinda Garcia, *A acção executiva*, p. 95.

parece, porém, que essa disposição possa ser aplicável a este caso, pois os bens não se encontram penhorados, não havendo qualquer razão para o agente de execução assumir a qualidade de depositário. A nosso ver, actualmente deverá ser aplicada analogicamente a regra prevista para o procedimento especial de despejo, constante do art. 15º-L NRAU, devendo os móveis encontrados deverão ser arrolados no auto da ocorrência, devendo o arrendatário removê-los no prazo de 30 dias, sob pena de os mesmos se considerarem abandonados.

16.3.8. Regime especial durante a pandemia Covid-19

A versão actual do art. 6º-A, nº 6, da Lei 1-A/2020, estabelece igualmente a suspensão dos processos para entrega da coisa imóvel arrendada quando o arrendatário por força da decisão final a proferir, possa ser colocado em situação de fragilidade por falta de habitação própria ou por outra razão social imperiosa. Parece manifesto que esta disposição igualmente se aplica à acção executiva para entrega de imóvel arrendado, embora não seja claro qual a decisão judicial a que se refere a mesma, uma vez que esta execução tem hoje apenas como título executivo a sentença judicial proferida na própria acção de despejo (art. 703º, nº 1, *a)* CPC), sendo nesta que devem ser invocados os pressupostos do art. 6º-A, nº 6, da Lei 1-A/2020. Não nos parece que faça sentido invocar esta referência como relativa aos actos do agente de execução susceptíveis de privar o executado do imóvel[233], uma vez que a lei se refere expressamente a uma decisão judicial em sentido técnico. Propendemos por isso a considerar a possibilidade de a lei admitir que este fundamento seja invocado como justificação do diferimento da desocupação, a acrescer aos previstos no art. 863º CPC.

16.4. O procedimento especial de despejo

16.4.1. Generalidades

O legislador pretendeu tornar mais céleres os despejos através do denominado procedimento especial de despejo. Nos termos do art. 15º, nº 1, NRAU, o mesmo corresponde ao meio processual destinado a efectivar a cessação do contrato de arrendamento, independentemente do fim a que se destina, quando o arrendatário não desocupe o locado na data prevista

[233] Hesitante sobre esta questão MARIA OLINDA GARCIA, *Julgar Online*, Setembro de 2020, pp. 31-32.

na lei ou na data fixada por convenção entre as partes. O procedimento especial de despejo é assim aplicável para recuperação do imóvel em todos os casos de extinção do contrato de arrendamento que não resultem de acção de despejo.

A lei estabelece que aos prazos do procedimento especial de despejo aplicam-se as regras previstas no Código de Processo Civil, não havendo lugar à sua suspensão durante as férias judiciais nem a qualquer dilação (art. 15º-S, nº 5) e que os actos a praticar pelo juiz no âmbito do procedimento especial de despejo assumem carácter urgente (art. 15º-S, nº 8). Apesar disso, no entanto, o procedimento especial de despejo não é qualificado como um processo urgente.

16.4.2. Documentos necessários para o procedimento especial de despejo

O procedimento especial de despejo opera de uma forma simplificada exigindo, no entanto, a posse pelo senhorio de determinados elementos que variam consoante a forma de extinção do contrato.

Se estiver em causa a resolução do contrato pelo senhorio, fundada na falta de pagamento de renda, serve de base ao procedimento o contrato de arrendamento, acompanhado do comprovativo da comunicação ao arrendatário prevista no nº 1 do art. 1084º (art. 15º, nº 1, *e)* NRAU). Exceptua-se, porém, o caso de a falta de pagamento da renda se verificar no decurso de acção de despejo, caso em que o despejo é decidido em incidente dessa mesma acção (art. 14º, nº 5, NRAU). É de notar, no entanto, que as rendas em dívida podem ser reclamadas no próprio procedimento especial de despejo, desde que tenha sido comunicado ao arrendatário o seu montante, se o senhorio não tiver instaurado previamente acção executiva para o efeito, ao abrigo do art. 14º-A, nº 1, NRAU (art. 15º, nº 5 NRAU).

Tendo a resolução do senhorio por fundamento a oposição do arrendatário à realização de obra, serve de base ao procedimento especial de despejo o contrato de arrendamento, acompanhado do comprovativo da comunicação prevista no nº 2 do art. 1084º, bem como, quando aplicável, do comprovativo emitido pela autoridade competente, certificando a oposição do arrendatário à realização da obra (art. 15º, nº 1, *e)* NRAU).

Ocorrendo a denúncia do contrato pelo senhorio por comunicação à outra parte, constitui base para o procedimento especial de despejo o contrato de arrendamento, acompanhado do comprovativo da comunicação prevista na alínea *c)* do artigo 1101º ou no nº 1 do artigo 1103º do Código

Civil ou da comunicação a que se refere a alínea *a)* do nº 5 do artigo 33º do NRAU. O comprovativo da comunicação prevista no nº 1 do artigo 1103º do Código Civil é ainda acompanhado dos documentos referidos nos nºs 2 e 3 do mesmo artigo.

Nos casos de denúncia do contrato pelo arrendatário, nos termos do art. 1098º e dos arts. 37º, nº 5, e 43º, nº 5, NRAU, serve de base ao procedimento especial de despejo o comprovativo da comunicação da iniciativa do senhorio e o documento de resposta do arrendatário (art. 15º, nº 1, *f)* NRAU).

Nos casos de cessação do arrendamento por oposição à renovação, quer do senhorio, quer do arrendatário, serve de base ao procedimento especial de despejo o respectivo contrato, acompanhado da comunicação prevista no art. 1097º (art. 15º, nº 1, *c)* NRAU).

Tendo o arrendamento cessado por revogação, serve de base ao procedimento especial de despejo o contrato de arrendamento, acompanhado do acordo de distrate referido no nº 2 do art. 1082º (art. 15º, nº 1, *a)* NRAU).

Finalmente, nos casos de cessação do arrendamento por caducidade pelo decurso do prazo, por não ser o arrendamento renovável, serve de base ao procedimento especial de despejo o contrato escrito donde conste a fixação desse prazo (art. 15º, nº 1 *b)* NRAU).

16.4.3. Competência para o procedimento especial de despejo

O procedimento especial de despejo irá ser da competência de um novo órgão criado na Direcção-Geral da Administração da Justiça, o Balcão Nacional de Arrendamento (BNA), o qual abrange todo o território nacional (art. 15º-A NRAU, e arts. 2º e ss. do Decreto-Lei 1/2013, de 7 de Janeiro). No entanto, esse órgão apenas faz notificações ao arrendatário, uma vez que, recebida a oposição deste, os autos são distribuídos ao tribunal competente (art. 15º-H NRAU), o qual deve aliás ser logo indicado no requerimento inicial (art. 15º-B, nº 2, *c)* NRAU). Não se compreende por isso a necessidade de criação deste órgão, uma vez que os processos serão quase sempre remetidos ao tribunal.

Muitas vezes o BNA efectua recusas do procedimento especial de despejo invocando razões de mérito do pedido. Este comportamento já foi rejeitado pela jurisprudência que salientou que o BNA é uma entidade administrativa, criada na dependência da Direcção Geral da Administração da Justiça, destinada a tramitar, no essencial, a primeira fase, administrativa e injuntória, do procedimento especial de despejo tendo em vista, na falta de oposição do requerido, a emissão do respectivo título de desocupação do locado. Por isso, sendo essa actividade extrajudicial, a recusa dos requerimentos de despejo está legalmente limitada à verificação de determinados formalismos, não lhe cabendo assim a apreciação do mérito da pretensão dos requerimentos que lhe são submetidos, em particular a bondade jurídica da sua fundamentação ou a interpretação das cláusulas contratuais que suportam a pretensão dos requerentes[234].

16.4.4. Regime do procedimento especial de despejo

Nos termos do art. 15º-B, nº 1, NRAU, o procedimento especial de despejo inicia-se com a apresentação do requerimento de despejo em modelo próprio no BNA, o qual deve conter os elementos referidos no art. 15º, nº 2, do mesmo diploma, podendo o mesmo ser apresentado pelo próprio ou por advogado ou solicitador, com menção da existência de mandato e do domicílio profissional do mandatário (art. 15º-B, nº 5, NRAU e art. 5º do Decreto-Lei 1/2013, de 7 de Janeiro). O modelo de requerimento encontra-se publicado em anexo à Portaria 9/2013, de 10 de Janeiro, tendo sido o mesmo alterado pela Portaria 30/2015, de 12 de Fevereiro.

O requerimento deve ser dirigido contra todos os arrendatários do imóvel e, quando o mesmo constitua casa de morada de família, também contra o cônjuge do arrendatário que não seja parte no contrato de arrendamento (art. 15º-B, nº 3, NRAU e art. 6º do Decreto-Lei 1/2013).

No requerimento pode cumular-se com o pedido de despejo o pedido de pagamento de rendas, encargos ou despesas (art. 15º-B, nº 2, *g)* NRAU), mas apenas contra o arrendatário e, no caso de se tratar da casa de morada de família, o respectivo cônjuge, não admitindo a lei que esse pedido seja deduzido contra o fiador (art. 7º do Decreto-Lei 1/2013, de 7 de Janeiro).

O requerimento apresentado pode ser recusado pelo BNA ocorrendo qualquer das situações previstas no art. 15º-C, nº 1, NRAU. Neste caso, o requerente pode apresentar nova petição no prazo de 10 dias (art. 15º-C, nº 2, NRAU).

[234] Cfr. Ac. RE 26/9/2019 (Sílvia Rato), processo 262/19.0T8BNV.E1, que em consequência concluiu que não cabe ao BNA apreciar da conformidade jurídica do local indicado pelo requerente para notificação do requerido, entendida essa conformidade como uma análise jurídica do contrato de arrendamento conjugando-a com as atinentes disposições do NRAU, nem tão pouco avaliar a conformidade jurídica das comunicações efectuadas pelo senhorio, tendo por pano de fundo o teor do contrato de arrendamento e as normas do NRAU.

Nos termos do art. 15º-D, nº 1, NRAU, sendo recebido o requerimento, o BNA notifica o arrendatário, por carta registada com aviso de recepção com as menções previstas no art. 15º-D, nº 4, NRAU, com, para em 15 dias:

a) Desocupar o locado e, sendo caso disso, pagar ao requerente a quantia pedida, acrescida da taxa por ele liquidada;
b) Deduzir oposição à pretensão, podendo em qualquer caso requerer o diferimento da desocupação do locado, nos termos do art. 15º-N e 15º-O.

O BNA converte o requerimento de despejo em título de desocupação do locado sempre que se verifique algumas desta situações (art. 15º-E, nº 1, NRAU):

a) Depois de notificado, o arrendatário não deduzir oposição dentro do prazo;
b) A oposição se tiver por não deduzida, por não ser paga a taxa ou a caução devidas;
c) Na pendência do procedimento o arrendatário não proceder ao pagamento ou depósito das rendas que se forem vencendo.

O arrendatário pode opor-se à pretensão de despejo no prazo de 15 dias a contar da notificação, devendo a oposição, que não tem de ser articulada, ser apresentada por voa electrónica com menção da existência de mandato e do domicílio profissional do mandatário (art. 15º-F, nº 2, NRAU, e art. 9º do Decreto-Lei 1/2013, de 7 de Janeiro). O art. 9º, nº 1, *b)* e *c)* da Portaria 9/2013, de 10 de Janeiro, admitem, porém, a entrega da oposição em suporte de papel ou o seu envio sob registo para o BNA, desde que acompanhadas do pagamento de multa no valor de 2 UC (art. 9º, nº 2, da Portaria 9/2013, de 10 de Janeiro).

A oposição tem que ser acompanhada do documento comprovativo do pagamento da taxa de justiça devida e, nos casos previstos nos nºs 3 e 4 do art. 1083º do pagamento de uma caução no valor das rendas, encargos ou despesas em atraso até ao valor máximo correspondente a seis rendas, salvo nos casos de apoio judiciário (art. 15º-F, nº 3, NRAU). A oposição tem-se por não deduzida se a taxa ou a caução não se mostrarem pagas no prazo da oposição (art. 15º-F, nº 4, NRAU) ou, no caso de ter sido requerido apoio judiciário, 5 dias após a notificação da decisão definitiva do seu indeferimento (art. 15º-F, nº 5, NRAU).

Deduzida a oposição, o BNA remete cópia ao requerente e apresenta os autos à distribuição (art. 15º-H, nº 1, NRAU). O juiz pode proferir despacho para aperfeiçoamento das peças processuais ou apresentarem novo articulado nos prazos respectivamente de 5 e 10 dias (art. 15º-H, nº 2, NRAU). Se não julgar procedente alguma excepção dilatória ou nulidade ou não conhecer logo do mérito da causa, é marcada audiência de julgamento (art. 15º-H, nº 3, NRAU), a ter lugar em 20 dias após a distribuição (art. 15º-I), NRAU).

A desocupação do locado ocorre logo que haja título ou decisão judicial para esse efeito, sendo realizada por agente de execução, notário, ou, quando a lei lhe atribuir essa competência, oficial de justiça, que se desloca ao locado para tomar posse do imóvel, lavrando auto da diligência (art. 15º-J, nº 1, NRAU), podendo solicitar o auxílio das autoridades policiais, sempre que seja necessário o arrombamento da porta e a substituição da fechadura (art. 15º-J, nº 2, NRAU e 757º, nº 3, CPC). Estando em causa o domicílio do arrendatário, a desocupação só pode realizar-se entre as 7 e as 21 horas (art. 15º-J, nº 4, NRAU, e 757º, nº 5, CPC).

O Decreto-Lei 1/2013, de 7 de Janeiro veio, no entanto, estabelecer que carece de prévia autorização judicial a entrada imediata no imóvel arrendado para tomar posse sempre que o mesmo constitua domicílio e o requerido não o desocupe de livre vontade (art. 14º, nº 1). A autorização judicial só é dispensada se existirem indícios de abandono (art. 14º, nºs 2 e 4), tendo, no entanto, o notário, agente de execução ou oficial de justiça que deixar um aviso com antecedência não inferior a 20 dias (art. 14º, nº 3).

Efectuada a desocupação do imóvel, há lugar ao arrolamento dos bens do arrendatário, devendo este retirá-los no prazo de 30 dias, sob pena de se considerarem abandonados (art. 15º-K, NRAU).

Quando o arrendatário se oponha à desocupação do imóvel e o procedimento especial de despejo não tenha sido distribuído a juiz, o agente de execução, notário ou oficial de justiça tem que requerer ao tribunal judicial da situação do locado autorização para entrada imediata no domicílio (art. 15º-L, NRAU).

Pode haver suspensão da desocupação do locado (art. 15º-M, NRAU) ou diferimento dessa desocupação (arts. 15º-N e 15º-O, NRAU), em termos semelhantes aos acima examinados para a acção executiva para entrega de imóvel arrendado.

O arrendatário pode impugnar judicialmente o título para desocupação do locado com fundamento na violação dos arts. 9º, 10º, e 15º-D NRAU, processo que segue os termos do recurso de apelação, mas com efeito meramente devolutivo (art. 15º-P NRAU). Pode ainda recorrer de apelação da decisão judicial que decretou a desocupação do locado, independentemente do valor da causa e da sucumbência, mas o recurso tem igualmente efeito meramente devolutivo (art. 15º-Q NRAU)[235].

A lei faz incorrer em responsabilidade aquele que fizer uso abusivo do procedimento especial de despejo, tendo o senhorio, o arrendatário, o detentor do prédio ou qualquer opositor à desocupação que indemnizar os danos causados à outra parte, incorrendo ainda em multa não inferior a 10 vezes a taxa de justiça devida[236]. Já a infracção à decisão judicial de desocupação do locado constitui mesmo crime de desobediência qualificada (art. 15º-R, NRAU).

16.4.5. Regime especial durante a pandemia Covid-19

A versão actual do art. 6º-A, nº 6, *c)*, da Lei 1-A/2020, estabelece igualmente a suspensão dos procedimento especiais de despejo quando o arrendatário por força da decisão final a proferir, possa ser colocado em situação de fragilidade por falta de habitação própria ou por outra razão social imperiosa. É manifesto que não basta ao arrendatário fazer esta alegação, uma vez que terá que produzir prova da mesma, a qual terá que ser deduzida na oposição ao procedimento especial de despejo, já não podendo ocorrer após ter sido emitido título de desocupação do locado[237].

Em virtude do art. 6º-A, nº 6 *d)* e nº 8 da Lei 1-A/2020 na sua versão actual são igualmente suspensos durante a pandemia os prazos de caducidade do procedimento especial de despejo por resolução do contrato por falta ou atraso no pagamento das rendas previstos no art. 1085º, nº 2, CC.

[235] Na jurisprudência tem-se considerado que, não sendo o procedimento especial de despejo qualificado como um processo urgente, uma vez que a urgência se limita aos actos a praticar pelo juiz (art. 15º-S, nº 8), o prazo para o recurso é de 30 dias, nos termos gerais do art. 638º, nº 1, CPC, e não de 15 como essa disposição impõe para os processos urgentes. Cfr. neste sentido Ac. STJ 24/11/2016 (Tomé Gomes), processo 470/15.2T8MNC.G1-A.S1, na *CJ-ASTJ* 24 (2016), 3, pp. 111-113.

[236] Cfr. Maria Olinda Garcia, "Responsabilidade civil pelo uso indevido ou abusivo do procedimento especial de despejo" em *VJ*, nº 197 (Setembro/Outubro 2016), pp. 24-25.

[237] Neste sentido, cfr. Ac. RL 24/9/2020 (Magda Geraldes), processo 1157/20.0T8CSC-A.L1.

16.5. A acção executiva para cobrança das rendas em dívida ou de compensação por obras realizadas pelo arrendatário

O art. 14º-A, NRAU, nº 1, estabelece que, para proceder à cobrança de rendas, encargos ou despesas que corram por conta do arrendatário, o senhorio terá que instaurar uma execução para pagamento de quantia certa, para a qual constitui título executivo o contrato de arrendamento, acompanhado do comprovativo da comunicação ao arrendatário do montante em dívida.

Esta formulação legal deixa surgir a dúvida relativamente a várias questões, que a seguir se examinarão.

A primeira é a de saber se o título executivo assim formado contra o arrendatário permite que a execução seja instaurada simultaneamente contra o fiador. Parece-nos que a resposta deverá ser afirmativa, uma vez que o fiador é igualmente parte no contrato de arrendamento, assumindo obrigação idêntica à do arrendatário relativamente ao pagamento da renda, e cobre as consequências da mora deste independentemente de interpelação (art. 634º CC). Por outro lado, a lei não exige, para a formação do título, que a comunicação seja efectuada igualmente ao fiador, pelo que naturalmente não estará o senhorio impedido de instaurar a acção executiva contra ambos[238].

A segunda questão é a de saber se o título executivo se limita às rendas em falta ou se abrange igualmente a indemnização pela falta do seu pagamento, nos termos do art. 1041º, nº 1. A resposta parece-nos dever ser afirmativa, uma vez que essa indemnização se encontra legalmente fixada, devendo assim considerar-se que essa importância acresce ao título executivo, permitindo a sua cobrança pelo senhorio[239].

Finalmente, questiona-se se o título executivo permite a cobrança das rendas que posteriormente se vencerem enquanto decorre a acção executiva. A resposta parece dever ser negativa, uma vez que em relação a essas rendas não foi feita qualquer comunicação ao arrendatário que permitisse a sua inclusão na mesma execução[240]. O senhorio terá assim que instaurar

[238] Neste sentido, cfr., o Ac. RP 12/5/2009 (GUERRA BANHA), em *CDP* nº 27 (Julho/Setembro 2009), pp. 57-63. Em sentido contrário, veja-se, porém, a respectiva anotação por GRAVATO MORAIS, "Título executivo para a acção de pagamento de renda (Ac. do TRP de 12.5.2009, Proc. 1358/07)", *ibid*, pp. 64-69 (66 e ss.).

[239] Neste sentido, igualmente GRAVATO MORAIS, *CDP* nº 27 (Julho/Setembro 2009), pp. 68-69.

[240] Esta solução é igualmente defendida no já referido Ac. RP 12/5/2009 (GUERRA BANHA), em *CDP* nº 27 (Julho/Setembro 2009), pp. 57-63, neste ponto com anotação favorável de GRAVATO MORAIS, *ibid*, a pp. 69.

nova execução, voltando a formar título executivo com a junção ao contrato de arrendamento de nova comunicação de rendas em falta.

A lei não estabelece, no entanto, nenhum regime especial para essa execução, pelo que parece que se terá que aplicar o processo comum de execução para pagamento de quantia certa (arts. 724º e ss. CPC)[241].

No caso de ser efectuado o pedido de pagamento das rendas encargos ou despesas em atraso no âmbito do procedimento especial de despejo, o título para desocupação do locado e a decisão judicial que condene o requerido no seu pagamento constituem igualmente título executivo para pagamento de quantia certa, aplicando-se neste caso o regime da execução baseada em injunção (art. 15º-J, nº 5, NRAU), sem possibilidade de oposição à execução (art. 15º-J, nº 6, NRAU).

A Lei 13/2019 aditou ainda ao art. 14º-A do NRAU um nº 2 acrescentando que o contrato de arrendamento, quando acompanhado da comunicação ao senhorio do valor em dívida, prevista no nº 3 do artigo 22º-C do regime jurídico das obras em prédios arrendados do RJOPA é título executivo para a execução para pagamento de quantia certa correspondente à compensação pela execução de obras pelo arrendatário em substituição do senhorio.

16.6. A consignação em depósito de rendas

A consignação em depósito de rendas encontra-se agora regulada nos arts. 17º e ss. do NRAU, que se afastam bastante do processo especial da consignação em depósito regulada nos arts. 916º e ss. CPC, e mesmo do seu regime substantivo, regulado nos arts. 841º e ss. CC. O afastamento ocorre antes de tudo, pelo facto de que, no seu regime geral, a consignação em depósito é necessariamente judicial, tendo que ser requerida ao tribunal (art. 916º, nº 1 CPC). Pelo contrário, a consignação em depósito de rendas tem uma primeira fase extrajudicial, apenas seguindo a forma judicial em caso de impugnação do referido depósito (art. 21º, nº 1, NRAU).

O art. 17º NRAU admite que o arrendatário proceda ao depósito das rendas, sempre que ocorram os pressupostos da consignação em depósito (art. 841º, nº 1), sempre que lhe seja permitido fazer cessar a mora (arts. 1042º e 1084º, nº 3) e ainda quando esteja pendente acção de despejo (art. 14º NRAU). Verifica-se, assim, que a consignação em depósito de rendas

[241] Neste sentido, Cunha de Sá/Coutinho, *Arrendamento*, p. 18.

é um instituto bastante mais amplo do que a consignação em depósito regulada nos arts. 841º e ss., na medida em que não se destina apenas a permitir que o devedor se libere da obrigação no caso de mora do credor ou outro motivo a ele respeitante que não permita ao devedor, sem culpa sua, realizar a prestação, mas também funciona como forma de o devedor pôr termo a sua própria mora sem necessidade de nova oferta da prestação ao credor, constituindo ainda outra forma liberatória de pagamento na pendência da acção de despejo[242].

O depósito de rendas é feito em qualquer agência de instituição de crédito, perante um documento em dois exemplares, assinado pelo arrendatário, ou por outrem em seu nome, devendo conter os elementos referidos no art. 18º, nº 1, NRAU, sendo um dos exemplares destinado à instituição de crédito e outro ficando em poder do depositante, com o lançamento de ter sido efectuado o depósito (art. 18º, nº 2, NRAU). A quantia depositada fica à ordem do tribunal da situação do prédio ou, quando efectuado na pendência de processo judicial, do respectivo tribunal (art. 18º, nº 3, NRAU).

A lei obriga o arrendatário a comunicar ao senhorio o depósito da renda (art. 19º, nº 1, NRAU), devendo a comunicação obedecer aos requisitos dos arts. 9º e ss. NRAU[243]. No entanto, a lei prevê que a junção do duplicado ou duplicados das guias de depósito à contestação da acção de despejo ou à oposição à execução para entrega de imóvel arrendado produz os efeitos da comunicação (art. 19º, nº 2 NRAU). Para além disso, enquanto subsistir a causa do despejo, o arrendatário pode depositar as rendas posteriores, sem necessidade de nova oferta de pagamento nem de comunicação dos depósitos sucessivos (art. 20º, nº 1, NRAU), sendo esses depósitos considerados consequência do depósito inicial, sujeitos ao que tiver sido decidido quanto a este (art. 20º, nº 2, NRAU).

[242] Conforme afirma GALVÃO TELLES, *Arrendamento*, p. 302, "o depósito é então, além de um facto (principal) *liberativo*, um facto (secundário) *confirmativo*. Tem eficácia liberativa, na medida em que é um modo de extinção de uma dívida; tem eficácia confirmativa, enquanto *consolida* o contrato de arrendamento, afastando a ameaça de um facto que, a verificar-se, lhe poria fim – o despejo, o direito ao qual nascera *in continuo* do não pagamento pontual".

[243] Alterou-se assim a solução constante do art. 24º, nº 1, do RAU que estabelecia que era facultativa a notificação do depósito ao senhorio, passando agora a consignar-se um dever de o arrendatário efectuar essa comunicação. Não parece, porém, que a ausência da comunicação afecte a eficácia liberatória do depósito, podendo apenas constituir fonte de responsabilidade civil para o arrendatário.

Entendendo o senhorio que não se verificam os pressupostos do depósito ou que não foi depositada a quantia devida, deve proceder à impugnação do depósito, a qual é realizada judicialmente. Dada a remissão efectuada pelo art. 21º, nº 1, NRAU para o processo da consignação em depósito, regulado nos arts. 916º e ss, CPC, parece que a impugnação da consignação em depósito de rendas constitui uma forma de processo especial. Se for instaurada acção de despejo, o depósito de rendas constitui um incidente da acção de despejo, a qual segue os termos do processo declarativo comum (art. 14º, nº 1, NRAU), sendo o respectivo processo apensado à mesma, devendo o juiz conhecer no despacho saneador da subsistência do depósito e dos seus efeitos, salvo se a decisão depender da prova ainda não produzida (art. 21º, nº 3).

A lei permite ao senhorio levantar o depósito mediante escrito em que declare que não o impugnou nem o pretende impugnar (art. 22º, nº 1, NRAU), sendo esse escrito assinado pelo senhorio ou seu representante, devendo a assinatura ser reconhecida por notário, sempre que não seja exibido o bilhete de identidade (art. 22º, nº 2, NRAU). No caso, porém, de o senhorio ter impugnado o depósito, perde a faculdade de o levantar, só podendo fazer após decisão judicial e de harmonia com ela (art. 22º, nº 3, NRAU). Verificando-se a falsidade da declaração relativa à não impugnação do depósito, a impugnação fica sem efeito e o declarante incorre em multa equivalente ao dobro da quantia depositada, sem prejuízo da responsabilidade penal correspondente ao crime de falsas declarações (art. 23º NRAU; cfr. art. 359º CP).

16.7. As injunções em mantéria de arrendamento

16.7.1. Generalidades

A Lei 13/2019, de 12 de Fevereiro, institui uma série de injunções em matéria de arrendamento (IMA), destinadas ao exercício de certos direitos específicos dos arrendatários, previstos no art. 15º-T NRAU. Para esse efeito foi criado no âmbito da Direcção-Geral da Administração da Justiça o Serviço de Injunção em Matéria de Arrendamento (SIMA), destinado a assegurar a tramitação dessas injunções (art. 15º-U NRAU).

Examinemos sucessivamente essas injunções.

16.7.2. A injunção para compensação de dívida por execução de obras em substituição do senhorio

A primeira injunção que se encontra prevista no art. 15º-T, nº 1, *a)* e *b)* do NRAU é a injunção destinada ao pagamento de quantia certa do valor da compensação em dívida por execução de obras em substituição do senhorio, em caso de execução de intimação emitida ao abrigo do nº 2 do artigo 89º do RJUE, do nº 1 do artigo 55º do RJRU ou do art. 1036º do Código Civil.

Caso o senhorio não cumpra os prazos de início ou de conclusão das obras a que tenha sido intimado nos termos art. 22º-A, nº 1 do RJOPA, salvo nos casos em que a demora seja imputável à administração pública, tem o arrendatário a possibilidade de fazê-las extrajudicialmente (art. 22º-B, nº 1, RJOPA). Para esse efeito, tem que comunicar ao senhorio essa intenção com antecedência mínima de 15 dias em relação à data prevista para início da execução, expondo os factos que lhe conferem o direito de as efectuar e juntando o respectivo orçamento, mapa de quantidades, data prevista para o início e conclusão das obras e indicação da necessidade de realojamento temporário de arrendatários que se mostre indispensável para o efeito (art. 22º-C, nº 1, RJOPA). A conclusão das obras é comunicada pelo arrendatário ao senhorio no prazo máximo de 30 dias, junto com a apresentação dos comprovativos das despesas realizadas e indicando: *a)* o valor da compensação devida; *b)* o valor já deduzido por conta da compensação; *c)* o valor da compensação em dívida pelo senhorio, nos termos do nº 3 do artigo seguinte; *d)* a modalidade de pagamento da compensação em dívida e as respetivas condições de pagamento (art. 22-C, nº 3, do RJOPA).

Nesse caso, a injunção é titulada pelo contrato de arrendamento, acompanhado da comunicação de conclusão das obras prevista no nº 3 do artigo 22º-C do RJOPA. No caso de as obras terem sido objecto de intimação por parte do município, é ainda exigida cópia da intimação a que se reporta (art. 15º-T, nºs 1 *a)* e *b)* do RJOPA).

16.7.3. A injunção em virtude de assédio no arrendamento

A Lei 12/2019, de 12 de Fevereiro, para além de estabelecer a proibição do assédio no arrendamento, institui um procedimento específico para reagir contra situações dessa natureza, tendo a Lei 13/2019, de 12 de Fevereiro previsto para o efeito igualmente um procedimento de injunção, nos termos do art. 15º-T, nº 1, *c)*, *d)* e *e)* do NRAU.

Efectivamente, o art. 13º-B, nº 1, do NRAU, estabelece que, sem prejuízo da responsabilidade civil, criminal ou contraordenacional decorrente dos atos e omissões em que se consubstancie o assédio, o arrendatário pode intimar o senhorio a tomar providências ao seu alcance no sentido de:

a) Cessar a produção de ruído fora dos limites legalmente estabelecidos ou de outros actos, praticados por si ou por interposta pessoa, suscetíveis de causar prejuízo para a sua saúde e a das pessoas que com ele residam legitimamente no locado;
b) Corrigir deficiências do locado ou das partes comuns do respetivo edifício que constituam risco grave para a saúde ou segurança de pessoas e bens;
c) Corrigir outras situações que impeçam a fruição do locado, o acesso ao mesmo ou a serviços essenciais como as ligações às redes de água, eletricidade, gás ou esgotos.

Naturalmente que esta intimação só faz sentido se estiver no poder do senhorio corrigir essa situação, não podendo ser este intimado no caso de a situação resultar de actos de terceiro, nos termos do art. 1037º, nº 1, *in fine*. O enquadramento desta disposição no âmbito da secção relativa ao assédio no arrendamento permite concluir que apenas as situações de assédio permitem o recurso a este processo.

Essa intimação é comunicada ao senhorio, nos termos do art. 9º NRAU, devendo conter a exposição dos factos em que se fundamenta (art. 13º-B, nº 2). Não ocorrendo essa exposição dos factos, a mesma tem que se considerar ineficaz, nos termos gerais. Para além da intimação, o arrendatário pode ainda requerer à câmara municipal competente a realização de uma vistoria ao locado para verificação das situações acima descritas, a qual possui natureza urgente e deve ser realizada no prazo máximo de 20 dias, devendo o respetivo auto ser emitido até 10 dias após a sua realização (art. 13º-B, nº 3).

A lei estabelece que no prazo de 30 dias a contar da recepção da referida intimação, o senhorio deve, mediante comunicação a enviar ao arrendatário também, nos termos do art. 9º NRAU, demonstrar a adopção das medidas necessárias para corrigir a situação visada ou expor as razões que justifiquem a não adopção do comportamento pretendido pelo arrendatário (art. 13º-B, nº 4).

Caso o senhorio não responda dentro do respectivo prazo, ou caso a situação se mantenha injustificadamente por corrigir, o art. 13º-B, nº 5 prevê que o arrendatário possa, sem prejuízo da responsabilidade civil ou criminal que possa resultar dos mesmos factos e da possibilidade de recurso aos demais meios judiciais ou extrajudiciais ao seu dispor:

a) Requerer uma injunção contra o senhorio, destinada a corrigir a situação exposta na intimação; e
b) Exigir ao senhorio o pagamento de sanção pecuniária no valor de 20 € por cada dia a partir do final do prazo previsto no número anterior, até que o senhorio lhe demonstre o cumprimento da intimação nos termos do artigo 9º NRAU ou, em caso de incumprimento, até que seja decretada a injunção prevista na alínea anterior.

A referida sanção pecuniária ainda é agravada em 50% quando o arrendatário tenha idade igual ou superior a 65 anos ou grau comprovado de deficiência igual ou superior a 60 % (art. 13º-B, nº 6).

A intimação caduca, porém, extinguindo-se a referida sanção pecuniária compulsória, se a injunção não for requerida no prazo de 30 dias a contar do termo do prazo para a resposta do senhorio, ou se for indeferida (art. 13º-B, nº 7).

A injunção encontra-se prevista no art. 15º-T, nº 1, *c)*, *d)* e *e)* NRAU, sendo titulada pela intimação dirigida pelo arrendatário acompanhada por auto emitido pela autoridade policial ou equiparada ou pela câmara municipal competente (15º-T, nº 1, *c)* e *e)* NRAU), salvo no caso de se destinar à correcção de deficiências do locado causadoras de risco grave para a saúde ou para a segurança de pessoas ou bens em que a injunção é apenas titulada pela intimação dirigida pelo arrendatário acompanhada por auto emitido pela câmara municipal competente (15º-T, nº 1, *d)* NRAU). Pode ainda ser apresentado o requerimento de vistoria solicitado à câmara, caso em que esta é notificada para envio do referido auto no prazo de 20 dias, suspendendo-se o processo até à recepção do referido auto (art. 15º-T, nº 2).

Com o decretamento das injunções, a sanção pecuniária prevista no nº 5 do artigo 13º-B do NRAU, passa a ser, por cada dia de incumprimento a partir dessa data, no valor de 50 euros, podendo ser deduzida pelo arrendatário do pagamento das rendas mensais vincendas a partir dessa data, até que o cumprimento da injunção seja demonstrado pelo senhorio ao arrendatário nos termos do artigo 9º. Essa sanção pecuniária é também agravada em 50% quando o arrendatário tenha idade igual ou superior a 65 anos ou grau comprovado de deficiência igual ou superior a 60 % (art. 13º-B, nº 6 e art. 15º-T, nº 4, NRAU).

Trata-se de um regime que nos parece extremamente desproporcionado, parecendo-nos de duvidosa constitucionalidade a possibilidade de fixação unilateral pelo arrendatário, sem qualquer apreciação judicial, de uma sanção pecuniária compulsória num valor fixo, que pode ser muito superior à própria renda que ele paga ao senhorio.

BIBLIOGRAFIA

ARAÚJO, FERNANDO, "O problema económico do controlo das rendas no arrendamento para habitação" em ANTÓNIO MENEZES CORDEIRO / LUÍS MENEZES LEITÃO / JANUÁRIO DA COSTA GOMES, *Estudos em Homenagem ao Professor Doutor Inocêncio Galvão Telles*, III – *Direito do Arrendamento Urbano*, Coimbra, Almedina, 2002, pp. 177-236

ASCENSÃO, JOSÉ DE OLIVEIRA, *Direito Civil. Reais*, 5ª ed., Coimbra, Coimbra Editora, 1993

— "Locação de bens dados em garantia (Natureza jurídica da locação)", na *ROA* 45 (1985), 2, pp. 345-390

— "Subarrendamento e direitos de preferência no novo regime do arrendamento urbano", na *ROA* 51 (1991), 1, pp. 45-73

— "Direito de preferência do arrendatário", em ANTÓNIO MENEZES CORDEIRO/ LUÍS MENEZES LEITÃO/JANUÁRIO DA COSTA GOMES, *Estudos em homenagem ao Prof. Doutor Inocêncio Galvão Telles*, III – *Direito do Arrendamento Urbano*, Coimbra, Almedina, 2002, pp. 249-273

BARATA, CARLOS LACERDA, "Formação do contrato de arrendamento urbano", em ANTÓNIO MENEZES CORDEIRO/ LUÍS MENEZES LEITÃO/JANUÁRIO DA COSTA GOMES, *Estudos em homenagem ao Prof. Doutor Inocêncio Galvão Telles*, III- *Direito do Arrendamento Urbano*, Coimbra, Almedina, 2002, pp. 49-83

COELHO, FRANCISCO MANUEL PEREIRA, *Arrendamento. Direito substantivo e processual*, Coimbra, polic., 1988

CORDEIRO, ANTÓNIO MENEZES, *Da natureza do direito do locatário*, Lisboa, Separata da ROA, 1980

— *A posse: Perspectivas dogmáticas actuais*, 3ª ed., Coimbra, Almedina, 2000

— "A modernização do Direito português do arrendamento urbano", em *O Direito* 136 (2004), II-III, pp. 235-253

— *Tratado de Direito Civil Português*, I- *Parte Geral*, tomo IV- *Exercício Jurídico*, Coimbra, Almedina, 2005

— "A aprovação do NRAU (Lei nº. 6/2006, de 27 de Fevereiro): primeiras notas", em *O Direito* 138 (2006), II, pp. 229-242

— IX - *Direito das Obrigações. Cumprimento e não cumprimento, transmissão, modificação e extinção, garantias*, 3ª ed., Coimbra, Almedina, 2017

CORDEIRO (org.), ANTÓNIO MENEZES, *Leis do Arrendamento Urbano Anotadas*, Coimbra, Almedina, 2014

CORDEIRO, ANTÓNIO MENEZES/FRAGA, FRANCISCO CASTRO, *Novo regime do arrendamento urbano*, com a colaboração de Ana Sousa Botelho e Maria Esperança Espadinha, Coimbra, Almedina, 1990

FALCÃO, JOSÉ DIOGO, "A transmissão do arrendamento para habitação por morte do arrendatário no NRAU", na *ROA* 67 (2007), 3, pp. 1163-1194

FARIA, JORGE RIBEIRO DE, *Direito das Obrigações*, II, Coimbra, Almedina, s.d. (mas 1987)

FERNANDES, LUÍS A. CARVALHO/LABAREDA, JOÃO, *Código da Insolvência e da Recuperação de Empresas Anotado*, 2ª ed., Lisboa, Quid Juris, 2008

FERREIRA, CARDONA, "Breves apontamentos acerca de alguns aspectos da acção de despejo urbano", em ANTÓNIO MENEZES CORDEIRO/LUÍS MENEZES LEITÃO/JANUÁRIO DA COSTA GOMES (org.), *Estudos em Homenagem ao Professor Doutor Inocêncio Galvão Telles*, III – *Direito do Arrendamento Urbano*, Coimbra, Almedina, 2002, pp. 593-611

FRADA, MANUEL CARNEIRO DA, "O Regime dos novos Arrendamentos Urbanos: nótula", em *O Direito* 136 (2004), II-III, pp. 255-259

— "Os deveres (ditos) "acessórios" e o arrendamento", na *ROA* 73 (2013), I, pp. 267-290

FRAGA, FRANCISCO CASTRO, "O regime do novo arrendamento urbano – As normas transitórias (Título II da Lei 6/2006), na *ROA* 66 (2006), I, pp. 51-77

FRAGA, FRANCISCO CASTRO / CARVALHO, CRISTINA GOUVEIA DE, "O regime transitório" em *O Direito* 136 (2004), II-III, pp. 355-381

FURTADO, JORGE HENRIQUE DA CRUZ PINTO, *Manual do Arrendamento Urbano*, 3ª ed., Coimbra, Almedina, 2001

— "Evolução e estado do vinculismo no arrendamento urbano". em ANTÓNIO MENEZES CORDEIRO / LUÍS MENEZES LEITÃO / JANUÁRIO DA COSTA GOMES, *Estudos em Homenagem ao Professor Doutor Inocêncio Galvão Telles*, III-*Direito do Arrendamento Urbano*, Coimbra, Almedina, 2002, pp. 647-680

— "Do arrendamento para comércio ou indústria no Regime dos Novos Arrendamentos Urbanos", em *O Direito* 136 (2004), II-III, pp. 335-352

— *Manual do Arrendamento Urbano*, 4ª ed., I e II, Coimbra, Almedina, 2007

GARCIA, MARIA DA GLÓRIA, "A utilização dos edifícios para fins habitacionais, a sua conservação e a certificação das condições mínimas de habitabilidade dos edifícios arrendados", em *O Direito* 136 (2004), II-III, pp. 385-406

GARCIA, MARIA OLINDA, "Transmissão do direito ao arrendamento habitacional por morte do arrendatário (alterações introduzidas pelas Leis nºs 6/2001 e 7/2001, ambas de 11 de Maio)", no *BFD* 78 (2002), pp. 629-637

— *A nova disciplina do arrendamento urbano*, 2ª ed., Coimbra, Coimbra Editora, 2006

— *A acção executiva para entrega de imóvel arrendado*, Coimbra, Coimbra Editora, 2006

— *Arrendamentos para comércio e* equiparados, Coimbra, Coimbra Editora, 2006

— "Resolução do contrato de arrendamento urbano por falta de pagamento de rendas – vias processuais. Acórdão do Tribunal da Relação de Coimbra de 15.4.2008, Proc. 937/07", em *CDP* nº 24 (Outubro/Dezembro 2008), pp. 72-75

— *Arrendamento Urbano Anotado. Regime substantivo e processual*, 2ª ed., Coimbra, Coimbra Editora, 2013

— "Alterações ao regime substantivo do arrendamento urbano – Apreciação crítica da reforma de 2012", na *ROA* 72, II--III (Abr./Set 2012), pp. 691-713"

— "Responsabilidade civil pelo uso indevido ou abusivo do procedimento especial de despejo" em *VJ*, nº 197 (Setembro/Outubro 2016), pp. 24-25

— "Alterações excecionais ao regime do arrendamento urbano (legislação COVID-19)", na *Julgar Online*, Setembro de 2020, disponível em http://julgar.pt/alteracoes-excecionais-ao-regime-do-arrendamento-urbano-legislacao-covid-19/

Gemas, Laurinda/Pedroso, Albertina/ Jorge, João Caldeira, *Arrendamento Urbano*, Lisboa, Quid Juris, 2006

Gomes, Manuel Januário da Costa, *Constituição da relação de arrendamento urbano*, Coimbra, Almedina, 1980

— *Arrendamentos para habitação*, 2ª ed., Coimbra, Almedina, 1996

— "Cessão da posição de arrendatário e direito de preferência do senhorio", em António Menezes Cordeiro/ Luís Menezes Leitão/Januário da Costa Gomes, *Estudos em homenagem ao Prof. Doutor Inocêncio Galvão Telles*, III - *Direito do Arrendamento Urbano*, Coimbra, Almedina, 2002, pp. 493-536

— "A desvinculação *ad nutum* no contrato de arrendamento urbano na reforma de 2012. Breves notas", na *ROA* 72, II-III (Abr./Set 2012), pp. 619-651

Gonçalves, António Luís, "Anotação Ac. RC 30/3/1993" em *RDES* 40 (1999), nº 1, pp. 95-101

Gonçalves, Luís da Cunha, *Tratado de Direito Civil em Comentário ao Código Civil Português*, VIII, Coimbra, Coimbra Editora, 1934

— *Dos contratos em especial*, Lisboa, Ática, 1953

Grave, Margarida, *Novo regime do arrendamento urbano. Anotações e comentários*, 3ª ed., Lisboa, ed. autor, 2006

Justo, António Santos, "A *locatio conductio rei* (Direito Romano)", no *BFD* 78 (2002), pp. 13-41

Leitão, João Menezes, "Morte do arrendatário habitacional e sorte do contrato", em António Menezes Cordeiro/ Luís Menezes Leitão/Januário da Costa Gomes, *Estudos em homenagem ao Prof. Doutor Inocêncio Galvão Telles*, III - *Direito do Arrendamento Urbano*, Coimbra, Almedina, 2002, pp. 275-371

Leitão, Luís Menezes, "Direito a novo arrendamento", em António Menezes Cordeiro/Luís Menezes Leitão/Januário da Costa Gomes, *Estudos em homenagem ao Prof. Doutor Inocêncio Galvão Telles*, III - *Direito do Arrendamento Urbano*, Coimbra, Almedina, 2002, pp. 373-389

— "Primeiras observações sobre as disposições preliminares do Regime dos Novos Arrendamentos Urbanos e sobre os novos artigos 1064º a 1069º do Código Civil" em *O Direito* 136º (2004), II-III, pp. 263-272

— *Direito das Obrigações*, I- *Introdução. Da constituição das obrigações*, 14ª ed., Coimbra, Almedina, 2017 e III- *Contratos em especial*, 11ª ed., Coimbra, Almedina, 2016

— *Código da Insolvência e da Recuperação de Empresas Anotado*, 8ª ed., Coimbra, Almedina, 2015

— *Direito da Insolvência*, 6ª ed., Coimbra, Almedina, 2015

Lima, Fernando Andrade Pires de/ Varela, João De Matos Antunes, *Código Civil Anotado*, II, 4ª ed., Coimbra, Coimbra Editora, 1997

Loureiro, José Pinto, *Tratado da locação*, 3 vols., Coimbra, Coimbra Editora, 1946

Machado, João Baptista, "Resolução do contrato de arrendamento comercial. Uso do prédio para ramo de negócio diferente (Parecer)", na *CJ* 9 (1984), 2, pp. 16-22

Magalhães, David, *A resolução do contrato de arrendamento urbano*, Coimbra, Coimbra Editora, 2009

MARTINEZ, PEDRO ROMANO, *O subcontrato*, Coimbra, Almedina, 1989

— *Direito das Obrigações (Parte especial). Contratos. Compra e venda. Locação. Empreitada*, 2ª ed., Coimbra, Almedina, 2001

— "Regime da locação civil e contrato de arrendamento urbano", em ANTÓNIO MENEZES CORDEIRO/LUÍS MENEZES LEITÃO/JANUÁRIO DA COSTA GOMES, *Estudos em homenagem ao Prof. Doutor Inocêncio Galvão Telles*, III – *Direito do Arrendamento Urbano*, Coimbra, Almedina, 2002, pp. 7-32

— "Subarrendamento", em ANTÓNIO MENEZES CORDEIRO/LUÍS MENEZES LEITÃO/JANUÁRIO DA COSTA GOMES, *Estudos em homenagem ao Prof. Doutor Inocêncio Galvão Telles*, III – *Direito do Arrendamento Urbano*, Coimbra, Almedina, 2002, pp. 237-247

— "Celebração e execução do contrato de arrendamento segundo o Regime dos Novos Arrendamentos Urbanos", em *O Direito* 136 (2004), II-III, pp. 273-288

— *Da cessação do contrato*, 2ª ed., Coimbra, Almedina, 2006

MARTINS, MANTEIGAS, "Na transmissão dos arrendamentos não habitacionais", no *BOA* nº 41 (Março-Abril 2006), pp. 6-7

MARTINS, MANTEIGAS/SUBTIL, A. RAPOSO/CARVALHO, LUÍS FILIPE, *O novo regime do arrendamento urbano*, Lisboa, Vida Económica, 2006

MATEUS, CARLOS, "A actualização das rendas nos arrendamentos não habitacionais: algumas considerações", em *Maia Jurídica* 4, nº 2 (Julho/Dezembro 1986), pp. 39-46, igualmente disponível em http://www.verbojuridico.com/doutrina/civil/actualizacaorendas_naohabitacional.pdf

MATOS, JOÃO DE, *Manual do Arrendamento e do Aluguer*, 2 vols., Porto, Fernando Machado, 1968

MESQUITA, HENRIQUE, *Obrigações reais e ónus reais*, Coimbra, Almedina, 1990

MILLER, RUI VIEIRA, *Arrendamento Urbano. Breves notas às correspondentes disposições do Código Civil*, Coimbra, Almedina, 1967

MONTEIRO, ANTÓNIO PINTO / HENRIQUES, PAULO VIDEIRA, "A cessação do contrato no Regime dos Novos Arrendamentos Urbanos", em *O Direito* 136 (2004), II-III, pp. 289-313

MONTEIRO, JOÃO ANTÓNIO PINTO, "O Regime dos Novos Arrendamentos Urbanos sob uma perspectiva de Direito comparado", em *O Direito* 136 (2004), II-III, pp. 407-448

MORAIS, FERNANDO DE GRAVATO, *Novo Regime do Arrendamento Comercial*, 2ª ed., Coimbra, Almedina, 2007

— "Título executivo para a acção de pagamento de renda (Ac. do TRP de 12.5.2009, Proc. 1358/07)", em *CDP* nº 27 (Julho/Setembro 2009), pp. 64-69

— "Arrendamento (vinculístico) para comércio e a questão da "oposição à renovação" do contrato pelo senhorio – Ac. do STJ de 27.5.2010", em *CDP* nº 33 (Janeiro-Março 2011), pp. 58-62

Ordenações Manuelinas. IV, Reprodução em fac-símile da edição de Valentim Fernandes, Lisboa, 1512-1513, Lisboa, Centro de Estudos Históricos da Universidade Nova, 2002

Ordenações Filipinas, IV, reprodução da edição de Cândido Mendes de Almeida, Rio de Janeiro, 1870, Lisboa, Fundação Calouste Gulbenkian, 1985

PINTO, CARLOS MOTA, *Cessão da posição contratual* (reimp.), Coimbra, Almedina, 1982

PINTO, PAULO MOTA, *Declaração tácita e comportamento concludente no negócio jurídico*, Coimbra, Almedina, 1995

PINTO, RUI, *Manual da execução e despejo*, Coimbra, Coimbra Editora, 2013

PROENÇA, JOSÉ CARLOS BRANDÃO, "Proteção do arrendatário urbano, teoria geral do incumprimento e técnica legislativa", em *CDP* nº 56 (Outubro-Dezembro 2016), pp. 11-22

RIBEIRO, ANTÓNIO SEQUEIRA, *Sobre a denúncia do contrato de arrendamento urbano para habitação*, Lisboa, Lex, 1996

— "Renda e encargos no contrato de arrendamento urbano", em ANTÓNIO MENEZES CORDEIRO/LUÍS MENEZES LEITÃO/JANUÁRIO DA COSTA GOMES, *Estudos em homenagem ao Prof. Doutor Inocêncio Galvão Telles*, III – *Direito do Arrendamento Urbano*, Coimbra, Almedina, 2002, pp. 87-157

RIBEIRO, JOAQUIM SOUSA, "O novo regime do arrendamento urbano: contributos para uma análise", em *CDP* nº 14 (Abril/Junho 2006), pp. 3-24

SÁ, FERNANDO AUGUSTO CUNHA DE, *Caducidade do contrato de arrendamento*, 2 vols., Lisboa, CEF, 1969

SÁ, FERNANDO AUGUSTO CUNHA DE/ COUTINHO, LEONOR, *Arrendamento Urbano 2006*, Coimbra, Almedina, 2006

SEIA, JORGE ALBERTO ARAGÃO, *Arrendamento Urbano*, 7ª ed., Coimbra, Almedina, 2003

SERRA, ADRIANO VAZ, "Anotação Ac. STJ 3/12/1968", na *RLJ* 103 (1970), pp. 52-55 e 55-61

SILVA, LUÍS GONÇALVES DA, "Cessação do contrato de arrendamento para aumento da capacidade do prédio", em ANTÓNIO MENEZES CORDEIRO/ LUÍS MENEZES LEITÃO/JANUÁRIO DA COSTA GOMES, *Estudos em homenagem ao Prof. Doutor Inocêncio Galvão Telles*, III – *Direito do Arrendamento Urbano*, Coimbra, Almedina, 2002, pp. 537-571

SOUSA, ANTÓNIO PAIS DE, "Obras no locado e sua repercussão nas rendas", em ANTÓNIO MENEZES CORDEIRO/ LUÍS MENEZES LEITÃO/JANUÁRIO DA COSTA GOMES, *Estudos em homenagem ao Prof. Doutor Inocêncio Galvão Telles*, III – *Direito do Arrendamento Urbano*, Coimbra, Almedina, 2002, pp. 159-176

SOUSA, MIGUEL TEIXEIRA DE, *O concurso de títulos de aquisição da prestação. Estudo sobre a dogmática da pretensão e do concurso de pretensões*, Coimbra, Almedina, 1988

— *A acção de despejo*, 2ª ed., Lisboa, Lex, 1995

TELLES, INOCÊNCIO GALVÃO, *Arrendamento. Lições ao Curso do 5º ano jurídico no ano lectivo de 1944/1945*, publicadas pelos alunos Bento Garcia Domingues e Manuel A. Ribeiro, Lisboa, Pro Domo, 1945/1946

— "Contratos civis (Projecto completo de um título do futuro Código Civil Português e respectiva exposição de motivos", no *BMJ* 83 (1959), pp. 114-283

XAVIER, RITA LOBO, "O Regime dos Novos Arrendamentos Urbanos e a Perspectiva do Direito da Família", em *O Direito* 136 (2004), II-III, pp. 315-334

ÍNDICE